企业经管之道（第二版）

QIYE JING GUAN ZHI DAO

◎ 何信文 著

華中科技大學出版社
http://press.hust.edu.cn
中国·武汉

内 容 提 要

企业之管理，无外乎“理事”与“管人”，最终的目标，则是“成事”与“达人”。本书作为笔者对自身多年企业经营管理经验的总结，涉及企业管理有关的战略目标、组织架构、风险、人事等各个层面，尝试对其中常见的共性问题进行梳理和解答，充分回答企业如何“做正确的事”和“正确地做事”，以及企业管理者“需要什么样的人”和“如何用好人”。

全书主要分为两篇，上篇关注企业管理之“事”，下篇讨论企业管理之“人”，围绕战略、运营、风控、管理、能力、素质等六大关键命题，系统阐述了企业应该如何举旗定向、如何降本增效、如何管控风险、如何激发活力、如何提升能力与素质等方面的内容。本书可作为企业管理人员的工作参考，也可作为工商管理专业师生的读物。

图书在版编目(CIP)数据

企业经管之道 / 何信文著. —2 版. —武汉：华中科技大学出版社，2023.10
ISBN 978-7-5772-0123-8

Ⅰ. ①企…　Ⅱ. ①何…　Ⅲ. ①企业管理　Ⅳ. ①F272

中国国家版本馆 CIP 数据核字(2023)第 207510 号

企业经管之道(第二版)　　何信文　著
Qiye Jingguan zhi Dao (Di-er Ban)

策划编辑：周清涛　庹北麟
责任编辑：董　雪　余晓亮　　封面设计：廖亚萍
责任校对：张汇娟　　责任监印：周治超
出版发行：华中科技大学出版社(中国·武汉)　　电话：(027)81321913
武汉市东湖新技术开发区华工科技园　　邮编：430223
录　　排：华中科技大学惠友文印中心
印　　刷：武汉市洪林印务有限公司
开　　本：710mm×1000mm　1/16
印　　张：20.5　　插页：1
字　　数：335 千字
版　　次：2023 年 10 月第 2 版第 1 次印刷
定　　价：78.00 元

代　序

“千淘万漉虽辛苦，吹尽狂沙始到金。”时隔两年，信文的《企业经管之道（第二版）》将与大家正式见面了。这是一件可喜可贺的幸事，既是作者自身之幸，更是广大读者之幸。

记得2021年，凝聚作者多年心血的《企业经管之道》出版，使原本在军工领域知名的信文，逐步走进大众视野，被广大读者认识、认同、认可。渐渐地，一些熟知的或素未谋面的读者开始关心：何时能再读到他的新书呢？或许，这次新书的出版，正是延续作者与读者心灵之约的桥梁吧！

这本倾注作者深情的耕耘之作，可谓采英撷华、颇具匠心，既摘选了首版书中的精华部分，又增加了他新悟出的很多灼见真章。字里行间能感受到作者深刻的管理智慧和严谨的治学作风，很值得去研读。

信文从事军工科研与管理30多年，在企业战略、经营管理、人力资源、风险管控等领域的政策研究，以及实操层面经验颇丰。他热爱学习、善于思考、勤于动笔，长期坚持“白天走干讲、晚上读写想”的工作方式，几十年如一日。该书的出版，也是他扎实理论功底与丰富管理实践互融互通的真实写照。

《道德经》有言，“万物之始，大道至简，衍化至繁”，经管之道亦如此。“管理”二字，简言之就是“理事”和“管人”。该书聚焦这两个核心展开，上篇围绕“战略、运营及风险”，侧重于理“事”，即“做正确的事”和“正确地做事”；下篇围绕“管理、能力及素质”，侧重于管“人”，即“需要什么样的人”和“如何用好人”。该书以“成事”和“达人”为目标，并将二者水乳交融，既体现了管理的科学性，又彰显了管理的艺术性。

从结构布局上看,该书中的每篇文章,形式看似相互独立,但思维逻辑又丝丝入扣,似乎有无形的“手”,牵引着读者不自觉地进入“桃花源”,一口气读完才觉有酣畅淋漓之感。该书源自实践,又高于实践,内容上干货满满,文字上通俗易懂,无论是对仍有相关困惑的各级管理者,还是初出茅庐的职场新人,抑或是有一定管理造诣的业内专家,都能在不同程度上产生心灵上的共情乃至共鸣。

行而不辍,未来可期。我们真诚期待,信文有更多充满智慧的优秀作品涌现,中国有更多像他这样有情怀、有担当、有胸怀的企业管理者来不吝分享他们的知识宝藏!

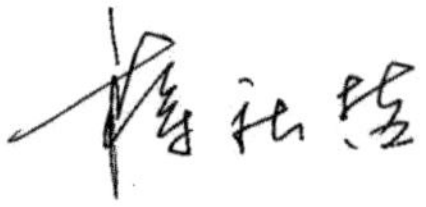

2023 年 4 月

目　　录

上篇　战略、运营及风控

下篇　管理、能力及素质

上篇　战略、运营及风控

企业管理要追求卓越

管理是一门集战略性、科学性、组织性、艺术性于一体的实践性学科。管理既是科学，也是艺术。科学为主、艺术为辅；科学为本、艺术为用。管理的精髓就是尊重人性，经营细节，让人愉快地做事。

一、管理的基本要义

1. 管理的基本对象

管理并不是言之无物的，在任何组织中，管理都是有标的物、有对象的。我们谈管理，一般离不开人、事、物、资、时、效，这是管理的对象所在，也是管理产生作用，实现价值的目标、目的所在。

一是人。人是首要的生产力，组织经营最终的支撑和落脚点还得围绕人来做文章。人是任何组织实现目标、履行职责的核心资源。以经济利益为根本的商业组织则更需要人来不断创造价值。放眼望去，任何经济组织即便是夫妻老婆店，或者只有两三个员工的蚂蚁般新生经济载体，一旦人数超过两人，也就形成了事实上的“从或众”之势，如何将这种势（资源与形势）变成优势，而不是沦落为颓势，这还真不是一个简单的问题，它要靠管理来“勾兑”。无论什么组织，不管团队规模大小、员工数量多少，只要有第二人，就面临如何让两个人心往一处想、劲往一处使并且围绕目标而努力奋斗的问题。事实上，管理活动与行为，管理来、管理去，最终都会回归到人这一根本对象上来。

二是事。梦想很大，目标不远，目标与现实之间只差一个“事”的距离。企业是以“事”为中心，以“事”为线索来构建价值、产生价值、实现价值、稳固价值的。“事”就是企业将愿景转化为目标、目标转化为计划、计划转化为职责与工作、工作转化为常规与非常规执行与落实的行动。对于企业经营者、管理者而言，所有围绕价值链而展开的工作都是事，只有把事做好、做到位了，才可能取得好的结果。企业作为经济组织的主要形式之一，无论经营理念如何更新，管理手段如何迭代，企业核心之事却始终未变，一直是围绕“产、供、销”的供应链上的“事”而展开，有事才可能有势，有势才会成事。

三是物。事物指事情(问题与工作)与物体(物件、设备、产品)，靠物来辅助达成事，以事促进物的开发与利用。不管是“无中生有”式的资源整合，还是“自力更生”式的厚积薄发，物是创业与企业经营过程中必不可少的基础支撑之一。说到企业之“物”，就离不开基本的物件、设备、产品、生产或经营场地等资源型之物，这是构成企业有形平台的要素组成部分。如何运用、利用“物”的要素发挥、产生能量和价值，需要靠管理来完成。企业之“物”是企业管理必须要抓住、抓牢的对象之一。

四是资。企业亏钱不一定会死，但没钱、资金链断裂一定活不了，资金流尤其现金永远是企业的“血液与命脉”，血液能正常流动则生命延续，血液不流生命则会戛然而止。尽管资金如此重要，但资金只是“资”的一个方面。对于经营者来说，“资”除了资金外，还包括资产、资本、资源，对“资”的管理其实是对资金、资产、资本、资源的管理。对资金、资产、资本、资源的管理，最要做的是不能把资金变成了低效、无用的成本资产，不能让资金变成了泡沫、沉没资产，而要在“资源变资产、资产变资本”上多下功夫。资金只有流动才能产生价值，价值只有增值才有收益，收益只有可变现才有意义。

五是时。我们经常说经营不善，但很少有人能把经营不善到底“不善在哪，为什么不善”说清楚、说明白。其实，企业经营不善，除了经营的方向和战略外，大部分问题都出在管理及运营方面。很多企业之“死”并不是方向、战略的问题，而是时间节点、节奏、火候等方面的问题，而是被熬死、拖死、耗死、跑死、慢死的。企业经营过程是一个与时间赛跑的过程，是一个分秒必争的过程，抓住了时间窗口就是抓住了“天时”，抓住了时机、节点就是抓住了“转机”，抓住了时间沉淀、有了良好的积累就会迎来“爆发期”。“时”通常是指时空、时机、时长、节奏，也是火候和尺度的主要维度之一。对“时”的管理与掌控，是对经营者的巨大挑战与考验之一。

六是效。有效率才有效益，有效益才会盈利。企业的根本是盈利，即以效率为前提、以盈利为目的。企业要实现“盈利”这一根本目的，就需要通过整合、开发、运用等各种谋略与手段，对人、事、物、资、时等对象，让其产生、发挥出最大的价值。而能否实现创业与企业的价值最大化，关键还要靠效率、效果、效益这三个效用的指标来支持和衡量，这是管理者所追求的出发点与落脚点。无论是管人做事，还是利势用物，都是期望通过效所涵括的“效率、效果、效益”来实现个人与组织的目的、目标，没有“效”做支撑与保障，一切都是空中楼阁。

2. 管理的基本职能

毋庸置疑，管理服务于经营，对经营结果负责。因此，管理必然承担自身的职责，也必定拥有自己的职能。事实上，管理不是为控制而存在，而是为激活与释放生产要素的能量与活力而存在。管理要履行好职能，务必抓好目标与计划、组织与实施、指挥与协调、督导与纠察、评估与优化。

一是目标与计划。经营企业是经营愿景、达成目标。企业的愿景是企业前进的大致方向，那目标就是企业前进路上的导航坐标，通过一个个阶段性目标的导航，最终抵达愿景目的地。愿景只是主意、主张，目标则是坐标、指标，只有实现了目标，才能达成愿景。

要实现目标，没有可执行、可落地的计划是万万不能的，目标是将愿景变得具象，计划是将目标变得可落地。在企业经营中，目标在前，计划在后，经营定目标，管理做计划。计划是管理工作的基本抓手之一，也是管理的架构与功能之一。根据经营愿景和方向，树目标、能分解、可衡量、便实施、有考核是制订实施计划和行动方案的五个基准。

二是组织与实施。组织一般包括硬组织与软组织，硬组织是企业的组成机构与部门，软组织是企业的流程、规则、制度、文化价值等。要发挥组织职能，就需要构建起相应的机构与形式、确定组织的路程与程序，确保组织的运转与协作。麻雀虽小，五脏俱全。经营者的核心使命与职责之一是构建与塑造组织，即搭平台、建团队。

无论是组织还是个人,要达到想要的目的,实现确立的目标,只有靠一个字——“干”,换言之,就是只能依靠实施的行动来兑现,除此之外,别无他路。如果说企业经营者看问题、想问题,要学会“剥洋葱”,梳理和厘清交织复杂的系列现象和问题,最终看清全面、穿透现象,抓住本质和核心的话,那么实施就是“包饺子”,通过系列材料、分清先后、找准步骤和程序,通过一个个点上的简单最终形成系统的复杂。一句话,所有经营的意图与主张、目标与计划都要通过具体的行动来实施,只有行动才能将战略、谋略、想法、计划、方案、方法转化为成果。

三是指挥与协调。在管理活动中,指挥的意义绝非我们常规理解的动嘴、挥手,让别人做事、干活这么粗暴简单,而是给人指引方向、指示决定、指导工作、指出问题。在“人、事、物、资、时、效”的管理六对象中,人是唯一具有能动性、主动性的资源,后面的五对象都要靠人来发挥、掌控,正因为每个人都有各自的思维、认知、看法、想法、主张,存在千人千面的特质,所以,对人的指挥、把控是最难的。

管理的一个重要作用与功能,就是将不同的、有差异的人在求同存异的基础上达到目标、价值、利益的趋同,从而为结果服务。要让企业组织内外部的人为目标服务,除了依靠传统权利和基于利益外,更要通过协调人与人之间的关系、资源,才可能产生协同、协作的效果。协调的最重要的手段就是“沟通、沟通、再沟通”,这也正如日本“经营之圣”所说的:“企业管理,过去是沟通,现在是沟通,将来还是沟通。”事实上,只有良好的沟通,才能带来良好的协调效果。

四是督导与纠察。没有监督的权力会因失控沦落为“私器”,没有约束的行动会脱缰演变为无为或乱作为。想要让权力用在该用的地方,让行动按设定的方向前行,这离不开督导。督导不是简单地指手画脚,也不是束缚督导对象的手脚,而是通过躬身入局、抵达现场对计划实施、工作推进进行预判,同时发现问题、解决问题并积极提供相应的帮扶。通过督导,确保团队、组织按既定与预设的方向、目标、计划执行和实施。

在管理活动中,如果说督导是为了确保计划实施的进度,那纠察就是为了确保实施过程的质量和预期的结果,是为了预判趋势、发现问题、解决问题。管理中的督导与纠察的核心是要紧紧抓好指标、过程、纠偏、修正、协助、优化。督导的核心是预判问题、发现问题、解决问题,进而确保工作进展与效果。

五是评估与优化。评估是根据目标、指标、参数、流程等对实施过程和结果进行评判、分析、考核，总结不足、找到优势、调整修正。事前分析与预判、事中审视与修正、事后复盘与总结的三部曲，是工作计划与执行的核心步骤，也是工作闭环的核心环节。管理有没有效，其中一个重要的维度是能否形成闭环，评估作为管理闭环中重要的一环，不能缺少，少了就会“掉链子”。

评估是对工作流程、标准、步骤、方法、人员、资源等，根据不同阶段的发展需要和可能发生的问题进行研判、分析后，努力找到最佳解决和应对方案。企业经营是一个动态发展的过程，这就决定了管理的思想、方法、工具必须与事物的发展和环境的变化相匹配，而优化就是匹配和精进的必然环节和动作。企业经营、管理在发展中实践，在实践中优化，在优化中精进，从而促使企业高质量、可持续发展。

3. 管理的基础支撑

管理尽管不易，但并不玄乎，它有着自己的脉络、支撑，抓住这些脉络和支撑，也就搭建起管理的架构。机制、流程、制度、标准、方法、工具，不仅是管理架构的六大支柱，也是开展管理活动的六大切面。

一是机制。机制是指企业中构成要素之间相互联系、互相作用的关系与功能。机制由价值链、流程、组织、能力、管控模式、激励等要素组成，需要“激励、制约、保障”三驾马车来保驾护航。要管理企业，需要构建并打造一些行之有效，适合企业、适合部门、适合团队、适合创新创造的机制。比如团队及员工的管理机制：识人、选人机制，用人、育人机制，考核奖励、激励机制，优胜劣汰机制；再比如创始合伙人或投资人的管理机制：进入与退出机制，协作与协调机制，责权利分配与处理机制等。

二是流程。流程是对做事路径、程序、步骤等简明扼要的概括，一般会以图形表现，也称流程图。流程及流程图旨在简单明了地告知执行者在执行任务时的大致实施路径、所要走的步骤与顺序、所要协调与配合的人或者部门、由谁决策、向谁请示等。流程是标准的体现之一，也是保障组织运转秩序、提高工作效率的工具与手段之一。管理流程的核心目的是在分工、分责、分权的基础上，提高工作的协作、协同效率和达到理想的产出效果。

三是制度。规章制度一般指涉及企业行政办公、物资供应与采购、人力资源、财务与投资、市场与销售、生产计划与组织、产品质量保障与检验、仓库产品出入库的盘点与统计、物流与配送、售前售中与售后的服务、各种投诉与危机应对与处理、内部组织体系运转的流程、协调、协作、合作合同与协议等有关企业经营与营运方面人与事的各种规定。规章一般包括总则、细则、流程、方法、责权、执行时间、补充说明等基本内容。规章的系统性及完善程度与企业规模大小有关,企业规模越大、组织机构越完善、团队人数越多,规章的分类越全,制度的数量就越多。管理者要根据企业的实际状况、资源情况,进行有针对性、适用与匹配性、适当具有前瞻性的制度建设。

四是标准。管理标准化、精细化是企业界永恒的话题,也是管理追求的目标。尽管标准化、精细化很重要,却并不一定适合每个企业(根据所处的行业、阶段、规模而论),但管理中的一些基本标准却是每个管理者不可或缺的行动指导和结果衡量指标。

标准是将经营目标分解后,通过明确的行动流程与路径来实现各种支出、产出的数字、数据的达成。要管理好企业,就应对经营活动的人、事、物、资、时等,根据企业自身现状、阶段、资源与条件,建立相对明确的行动准则与流程,确立明确而具体的预期指标与参数。

五是方法。方法是为了达到某种目的或获得某种结果而采用的手段。企业管理就是要针对企业经营活动中各种工作、问题、矛盾,采取有针对性的手段去完成、解决、化解。管理企业最终会通过各种具体的手段积极达成企业目的,驱动、驱使企业迈上健康、高速的发展之路,实现企业阶段性直至长期性的各种预期的经营指标。管理者要管理好企业,就必须找到或掌握涉及企业各个层面的一些具体有效的管理方法与手段。

六是工具。工具包括各类保障并维系正常生产、生活、团队建设、市场营销宣传与推广、终端活动陈列与展示、客户服务、内外部信息传递与沟通所需要的平台、设施、设备、道具;各种标明或指出企业价值、文化、愿景和工作执行实施的原则、路径、程序、步骤、统计、汇总等方面的图表;各类提升工作效率、协同效用的办公与管理硬软件。

4. 管理的基本准则

《孙子兵法·军形篇》中有兵法"五曰",即"一曰度,二曰量,三曰数,四曰称,五曰胜”，简单的解释就是度、数、量、称等要素的把控与拿捏将决定战场最后的取胜。如果说管理不易的话，最不易之处就在于对管理的度量、火候、节奏、程度等方面的掌控。因此，把控好成本、匹配、效率、度量是决定管理效果的四个基本准则。

一是效率原则。互联网行业推崇“小步快跑，持续迭代”，实际上就是讲究行动、办事的效率。效率是衡量企业经营管理水平的主要指标维度之一，也是实现效益的前提和基础。没效率就不会有好的效益，向管理要效益，先要从管理上抓效率。管理者要抓企业效率，就离不开改善、加强、提升管理对象——人、事、物、资等在单位时间内的运转与周转的速度、使用与交易的频次、产出与流动的力度。抓效率就是要抓好速度、频次、效果。

二是匹配原则。有个成语叫“量体裁衣”，也就是说，只有根据个人的体型、尺寸做出的衣服才是适合自己的，做事要结合自己的状态、条件、实际，只有适合自己的才是最合适的。企业管理也存在这种现象，可以借鉴别人的有效的管理模式、方法，但不能照搬照抄，毕竟所经历的发展阶段、所处的环境、所形成的组织规模、所具有的文化价值等诸多方面都有不同，没有消化、吸收而直接“照葫芦画瓢”，结果往往都不太好。所以，无论是管理的思路、理念，还是管理的模式、方法，适合企业自身的才是最好的。要做到适合自身，就需要把握好匹配原则，即针对性、有效性、阶段性、发展性。

三是度量原则。“高台始于垒土”，“垒土”会因材质、力度等不同，致使产生的影响和形成的结果不同。暂且别说管理的方法、工具、模式是否有别，即便使用同样的工具、方法，只因力度、幅度上的差异，就会导致截然不同的结果。尽管尺度、程度是企业管理中一个始终存在而又必须面对的“两难”问题，但有难度不畏惧、有问题不回避是经营者的精神与素养所在，管理者只要勇往直前、义无反顾，就能运用自己的智慧，结合企业自身条件与特征，两相比较取其轻、取其利、取其用。管理中的尺度、程度一般会在粗与细、宽与长、严与松、多与少、大与小、高与低等维度中显现，把控好企业经营管理中的度量，的确需要智慧、胆识与水平。

四是成本原则。管理能出效益，也需要成本，更能制造成本。管理是一把双刃剑，用好了能把企业盘活，用不好则会将企业带向没落。有效的管理是在降低各种成本的基础上激活、整合、激发各种生产经营要素，产出直接或间接的溢出收益与效益。在企业经营活动中，成本是动态的，存在着两面性，既要降低死成本，也要用活活成本。在很多时候，成本也是利润，也能创造价值，比如人力成本、采购成本、资金支付等都是活成本，有可能创造价值、创造利润。经营者或管理者在履行管理角色或职能时，必须具有成本意识，把成本拿捏准、把控好。

二、管理的科学与艺术

1. 管理在于做正确的事

管理是人们为了实现一定目标、达成一定目的而采取的有计划、有目的的组织行为，目的性是管理的重要特征。目标正确与否是衡量管理是否成功的最重要根据。试想，如果管理的目标是错误的，就算管理制度再有效，管理过程再严密，员工执行再有力，最终的结果也不是管理者需要的，有时其负面影响甚至更大。做正确的事包括以下几项内容。

一是管理目标必须符合相关法律法规的要求。法律法规是全社会必须共同遵守的公共准则，违反了它，不但难以实现管理目标，而且还会受到法律的制裁，给组织带来纠纷和麻烦。所谓正确的事，首先应当是合法合规的事，既符合法律法规的要求，也符合行业共同遵守的行规和惯例。

二是管理目标要符合组织的特点和优势。要充分研究和把握组织的优势，本着“有所为有所不为”的原则，坚持做自己能够做并做得好的事，在同行竞争中赢得比较优势。要避免贪大求全、盲目扩张造成资源浪费，使组织陷于被动，濒临险地。

三是管理目标要与组织的总体目标和上级的要求相一致。任何一项管理工作都是为实现组织的总体目标服务的，都是在上级的要求下进行的，这就要求管理者必须正确理解组织的总体目标，理解上级意图，准确定位管理的地位和作用，使各项管理工作有力服务组织战略目标的实现，有效切合上级意图，只有这样才能把事情做对做好。

2. 管理在于高效地做事

管理之所以成为科学，就在于通过有效管理，能以最小的代价、在最短的时间内完成任务，高效地达成目标。同样一件事，不同的组织、不同的人去做，其消耗的资源、花费的时间、取得的效果是不同的，导致这种现象的一个重要原因就是管理水平的差别。高效是衡量管理成败的重要标准，失去了高效性，科学管理就无从谈起，管理也就失去其存在的价值。而要实施高效管理，必须做到以下几点。

一是科学设定管理目标。管理目标是管理工作的行动方向，是工作团队的共同指向，是管理成败的重要条件。在具体设定目标的过程中，要特别注意以下几点。

必须和组织的总体目标及上级的要求相一致。每一项具体工作目标必须为组织的总体目标服务，必须和上级组织的要求相一致，必须与组织目标和上级要求形成统一而不是矛盾，必须对实现总体目标有促进作用而不是阻碍作用。这就要求管理者正确理解组织目标和上级要求，理解具体工作的定位和作用，理解上级对自身的要求，在系统中谋划，在大局下行动。

必须充分发挥组织的优势。每个组织都有其独特优势和核心竞争力，有的组织善谋划，有的组织擅长执行，有的组织创意好，有的组织技术强。设定目标要充分考虑这些因素，发挥优势，扬长避短，做别人没有做、不会做、做不好的事，做自己最熟悉、最拿手、最擅长的事。

必须有合适的难度。目标定得过低，没有挑战性，员工的工作热情就不能被激发，组织的潜能就得不到充分发挥，资源的效用就没有发挥到极致。目标定得过高，根本无法达到，又会影响整个组织的效率和士气。组织要么知难而退，达不成目标；要么费了九牛二虎之力也无法实现目标，浪费资源，错失良机。

二是周密细致制订计划。制订工作计划是对管理工作进行全面谋划和周密安排的过程，是对重要环节认真思考、仔细分析的过程，也是整合有关资源、科学谋划的过程，是管理活动的核心环节，在某种意义上决定了管理活动的成败。工作计划应包括工作任务、工作标准、工作措施、完成时限、责任区分、奖惩措施等内容，力求做到科学、合理、严谨、规范，使之成为管理活动的重要依据。

三是明确安排工作任务。要采取措施使有关人员明确任务、职责、要求、标准、方法及注意事项，明确时间表和路线图。要对管理过程提出明确要求，对具体工作进行详细布置。

四是督促检查执行情况。在管理过程中要随时掌握情况，及时发现和解决问题，督促各部门、各环节按预定计划落实管理任务。

3. 管理在于让别人做事

管理重在组织、引导、整合有关资源，让特定人员去执行具体任务，而不是自己去执行。在具体管理工作中，管理者往往承担的是计划、组织、引导、督促的职能。衡量一个管理者是否称职，不是看他亲自做了多少事，而是看他有没有把管理对象组织起来，朝着预定的管理目标努力。

牢固树立组织观念是每一个管理者必须优先解决的问题。在管理实践中，经常可以看到两类不同的管理者，一类使组织内目标清晰、分工明确、运转高效，全体人员各司其职、配合默契、良性互动，最后高效达成管理目标；另一类没有全局观念，没有组织意识，不明白管理的职责，不理解管理的精髓，有了事情不是考虑如何调动和组织现有资源解决问题，而是一头埋进具体事务之中，没有分工和协作，没有统筹和整合，事无巨细、事必躬亲，结果是组织内很多资源没被利用，很多人在看热闹甚至成了解决事情的阻力，而自己则顾此失彼、丢三落四，整天忙得不可开交，但工作效果并不理想。这就是管理工作有没有组织性的差别。

4. 管理在于让人愉快地做事

人是管理工作中最为重要和关键的因素，也是最难管理的对象。让人愉快地做事，体现了“以人为本”“人才是第一资源”“没有人才，一切归零”的理念，体现对人的尊重。同时，只有让人愉快地做事，才能充分地调动人的积极性，发挥人的主观能动性，激发人的创造性，才能极大地提高工作效率，达成管理目标。

一是充分尊重人。人是有特殊需求的个体，按照马斯洛需求层次理论，人在满足了基本的生存需要后，就会追求更高层次的获得尊重、信任和自我发展的需要，这是人的天性。管理工作顺应这一天性，就能把人管好，否则将导致失败。

二是放手使用人。要本着“用人不疑，疑人不用”的原则，大胆放权，放手用人，在分配工作任务、明确工作目标的同时，给予相应权力，提供必要条件，解决有关困难。

三是合理调配人。每个人都有各自的特长和优势，也有相应的短板和弱项，要用人所长，扬长避短，把合适的人用在合适的岗位做合适的事。要尽量根据个人的兴趣爱好，安排其愿意做的事，让他们把做事的过程当作一种享受，一种满足。

四是适时奖励人。人是需要激励的，当态度积极、工作主动、完成任务出色时，要采取表扬、评优、晋级等多种激励方式及时给予肯定，不断增强其工作热情。要根据个人的不同需要，采取适当的方式方法实施奖励。奖励只有满足个人需要，才能使奖励的效果最优、最好。

简而言之，管理就是六个字：管人、管事、管心。管人，最重要的是识别人的优势和不足，做好引领者；管事，最重要的是尊重事物发展规律，做好督察者；管心，最重要的是发自内心地平等地对待每一位员工，做好组织者。

三、管理要为经营服务

为什么同样的资源和人，交给不同的管理者进行管理，结果却相去甚远？为什么这么多人陷入无效的，甚至毫无意义的工作中？影响人们工作效率的关键要素是什么？人员为什么会流动？为什么很多人都觉得组织并没有让他们发挥作用？这些问题的出现，其实都源于管理观的差异。

1. 管理应为经营服务

经营是指用营运来搞活经济，管理是指有条理的管制。经营与管理，两者相辅相成，相互交融，不可分割。两者的目的不同，经营创造利润，管理降低成本。两者的方向不同，经营以市场为导向，会随着市场调整经营方向；管理以企业制度为准绳，相对稳定。两者的立场不同，经营主抓外部市场，管理侧重企业内部治理。两者的内容不同，经营关注实物，重视产品和服务；管理关注文化理念，重视制度和流程。

对二者，我有两点感悟：第一，管理做什么必须由经营决定；第二，管理水平不能超越经营水平。

在一个企业中,薄利多销式的经营,对应的是规模化和成本管理;一分价钱一分货式的经营,对应的是品质和品牌管理;服务化经营,对应的是流程管理;定制化经营,对应的是柔性管理;等等。

一个企业的管理能力大于经营能力的话,那就意味着亏损。这就是有的企业文化理念很先进、制度流程很健全、人才队伍很优秀,但就是经营不景气、业绩无起色的原因。虽然企业的管理者很懂管理,但其管理观一定有问题,不适合企业的经营。

我们不妨看一看自己所在的企业:最优秀的人是在做经营,还是在做管理?总经理开内部会议多,还是开外部会议多?如果所在企业的高管团队每次都是开内部会议,每天看到的都是他们的下属,那么企业的管理就大过经营了。

2. 管理只对绩效负责

一是功劳和苦劳。功劳是结果,苦劳是过程。功劳是可量化、标准化、透明化的,而苦劳是不可量化、非标准化、非透明化的。在现实中,很多人有了苦劳之后,就会觉得自己已经很对得起企业了。其实很多管理者也会接受这样的看法,不少企业还是以苦劳为考量标准,这说明他们对管理没有认识清楚。一味讲苦劳会造成错误的激励,形成资源的浪费,所以必须以功劳为前提来看苦劳。

二是能力和态度。管理只对绩效负责。直接产生绩效的是能力,而不是态度。谁产生绩效谁就更重要,态度只有转化为能力时才有用。

我们不妨反思一下自己所在的企业,是不是事没干好但态度讨好的员工比事干得好的员工更加如鱼得水。如果是这样,那么你所在企业的管理一定出了问题。

如果考核标准中大部分权重放在了态度的考核上,那你所在企业的能干事的人的负担自然就重了。而这就意味着如果有机会,他们就会用脚投票。

三是才干和品德。一个人的品德只有在遇到重大挑战时才好评价。通常情况下,我们很难去评价一个人的品德是好还是坏,管理不能把赌注押在这里。管理要承担的责任是让人没有机会去犯错误,将品德转化为才干,提升绩效,创造价值。所以,我们学管理,重点要学经济学和组织行为学。

何时“德”比“才”更重要？只有在两个时间节点上，“德”比“才”重要：一个是在招聘时，另一个是在提拔时。

3. 管理是一种分配

管理者一定要懂得把责任、权力、利益分成等边三角形，即责、权、利三足鼎立。管理出问题，几乎都是因为这三者的不对等。

管理实际上是一种分配，特别需要指出的是，这里分配的是责任，而不是权力。管理者在管理中犯的最大错误就是分配权力。必须明确的是，权力分配的依据不是岗位，而是责任。比如，如果完成绩效的责任最大的是事业部，那么权力最大的就应该是事业部经理，但在现实中常常不是这样。大家不妨思考一下下面两个问题。

问题一：总经理是经常和职能部门的人，如人力资源部主任、财务管理部主任开会，还是经常和事业部经理、一线项目经理开会？经常和总经理开会的人通常做决定的权力较大，只不过这个决定是通过总经理部署下去的。

问题二：企业的头衔体系中，是一线人员的称谓级别高，还是职能部门的称谓级别高？称谓具有象征意义，称谓的级别背后是权力的级别。如果总经理的会议室里多是职能部门的人，且二线职能部门负责人的称谓级别比事业部经理、一线岗位人员的称谓级别还要高，这如何让职能部门主任去为一个小小的一线项目经理服务？这样的权力分配就不是基于责任的分配，管理效力自然会大打折扣。

总的来说，企业是经营出来的，管理要为经营服务。管理做什么必须由经营决定，管理水平不能超越经营水平。管理要以结果为导向，只对绩效负责。管理是一种分配，分配的是责任而不是权力。

四、管理如何走向卓越

1. 商业模式不只是赚钱模式

所谓商业模式，是为实现用户价值最大化，把企业运行的各个要素整合起来形成高效率的具有核心竞争力的运行系统,并通过提供产品和服务达成持续盈利目标的整体解决方案。

有人说商业模式就是盈利模式,这并没有错。但除了是盈利模式,商业模式还包括产品模式、用户模式和推广模式。简言之,商业模式就是你能提供什么产品,给哪些用户创造什么价值,在创造用户价值的过程中用什么方法获取商业价值。管理要走向卓越,就必须突破把商业模式简化为盈利模式的错误认识。

产品模式考虑的是提供什么产品和服务,提供的产品和服务能为用户创造什么价值,解决了用户什么问题,能不能把贵的变成便宜的,把复杂的变成简单的。这些是每个创业者首先要考虑的问题。

作为创业公司,除产品模式外,还要做好用户模式。这就是说,一定要找到对你的产品需求最强烈的目标客户。

推广模式考虑的是以怎样的方式使产品到达目标用户群。不要相信“酒香不怕巷子深”。如果仅仅靠口碑,即使产品做得再好,也可能在接触到大多数目标客户前就夭折了。

广告是一种推广方式,但不是推广模式。真正的推广是对产品的不断完善和提升。在推广过程中,要研究市场,跟目标客户打交道,了解用户真正的需求及使用产品时遇到的困惑和问题,再对产品加以改进和完善。

这样的话,即使推广没有达到理想的结果,但是如果通过推广发现了产品的问题,了解到用户真正的需求,发现了新的用户群,其价值将比单纯的产品销量的提升高得多。

2. 管理与领导的区别

领导与管理是两个密切相关、交叉重合又容易混淆的概念。仔细思量,你就能发现领导与管理的根本不同在于:领导是把握方向,做决策,率领团队;而管理是抓落实,处理具体事务。领导不仅靠职能、权威和制度,更要靠人格和艺术;管理则以职能为依据,以专业为依靠,照章办事。领导的对象主要是人,管理的对象侧重于事。

一个管理者,如果以管理理念为主导,就容易滋生官僚气息,对待员工动不动就像对待机器一样想要实施控制，与此相应的是员工的“工具感”会很强，干事的主动性和积极性就欠佳。而如果以领导理念为主导，管理者就会更多地把员工作为独立的人来看待，会更多地进行同理思考：假如我是他的话，会怎样？总之，管理关注并修正行为，领导影响并引导人生。

事情都是人干出来的，要想把事做好，必须把人的工作做好，而人的工作更多地属于领导范畴。一个想取得卓越成就的管理者，必须实现从管理者向领导者的蜕变。

3. 管理者必备的五项技能

一是时间管理。如果做事情不分轻重缓急，不能有效支配自己的时间，那么一定会时刻处于疲于应付的状态，毫无效率可言。所以，一定要做到当日事当日毕，一次做好、次次做好。

二是充分授权。如果本是下属应该做的事情都被你一个人揽了过来，你一定会顾此失彼，什么都做不好。授权可能是管理中最难学的功课，但管理者必须过这一关。授权的关键是知人善任，对受权人做好培训辅导和沟通监控工作，做到放手不失控、授权不授责。

三是定期梳理。如果你碰到一件需要“救火”的事情，救完火却不从根上把失火的原因找到，不从组织、制度、流程以及日常管理方面把事情理顺，同样的事情就还会发生，你就得再次救火。查失火原因的关键是要树立梳理意识，把问题的暴露当作改进工作的机会。

四是防患于未然。如果等出了问题再来解决问题，可能会让我们损失惨重，所以尽量不要让坏事发生，及时把隐患消灭在萌芽状态。做到这点的关键是增强自己对问题的敏感度，并在自己管理范围内建立“既报喜也报忧”的信任氛围。

五是“管理”好上级。各方只有达成共识，才会共行。上级对下级有权下指令，下级对上级有责提建议，但下级对上级不能一味盲从，机械执行命令，应与上级有效开展互动沟通。“管理”好上级意味着及时向上级反映他不知道的相关信息，及时给上级提出建议方案，及时向上级充分说明你的主张及其“5W2H”（Why、What、Where、When、Who、How、How much），及时提示动态风险和应对预案，及时阻止上级的错误倾向。“管理”上级的关键在于,学会积极主动、心平气和、就事论事地沟通,既坚守原则又不损颜面。

总之,管理者不仅要有专业技术知识,还要有预判未来的能力,更要有凝聚团队的人格魅力和领导艺术。

企业管理的关键

一、创新是企业的生命力

正如习近平总书记所说：不创新不行，创新慢了也不行。作为一个创新型企业，应在技术创新、产品创新和产业创新上下真功夫、花大气力，始终坚守前沿技术的探索、核心技术的开发和产品技术的应用。搞创新要重点把握以下三点。一是善于学习。要常思能力不足、常怀本领恐慌、常找学习差距，始终保持强烈的求知欲望和积极的进取精神，持之以恒地学习、一丝不苟地钻研，进而培育创造性思维、掌握创新性方法。二是永不满足。要敢于打破常规和现状，不断挑战自我、追求卓越。不能因过去取得的成绩而骄傲自满，更不能陶醉于已有的成果而停滞不前，始终践行“没有最好，只求更好”的理念，从岗位创新做起，从身边创新做起。三是自我革新。要经常思考自己头脑中哪些东西已被淘汰、哪些东西应被淘汰、哪些东西即将被淘汰，使自己的大脑跟上时代的步伐、融入发展的潮流。

二、管理的本质在于行

管理是一种实践，其本质在于行，重在知行合一。各级管理者应科学把握管理的本质，做到躬行、执行、力行。躬行，即亲力亲为、率先垂范。《尚书·说命中》有云：“非知之艰，行之惟艰。”工作靠抓，事业靠干。如俗语所说：“喊破嗓子，不如做出样子。”要求别人做到的，自己首先做到；要求别人不做的，自己首先不做。以良好的形象影响人、感染人、带动人。执行,即落实要求、照章办事。对公司的决策部署和规章制度,必须坚决执行,不能打折扣、搞变通绝不能“有令不行、有禁不止”“上有政策、下有对策”,搞“软对抗”。“行有律则正,为无规则乱。”力行,即迎难而上、开拓创新。当前,全球经济回升乏力,国内经济“三期叠加”,改革发展举步维艰。越是这个时候,越要敢于担当,勇于淌险滩、涉深水。

三、多在“专”上下功夫

“专”就是要有本领、能力强、业绩好,专业素养、专业水准、专业能力行业领先。“专”是工匠精神的重要内涵。“专”就是专心专注、专业专一。无论从事研究开发、生产制造,还是从事经营管理、保障服务,都应在“专”字上狠下功夫。三心二意、三天打鱼两天晒网,是学不到好手艺的,也成不了本领域、本专业的行家里手。既然我们选择了这个行业,就要初心不改、忠心不变、重心不移,热爱本行、忠于本职。既然我们从事了这个职业,就要如饥似渴地学习、一刻不停地实践,切实做到以知促行、以行促知、知行合一。既然我们承包了“责任田”,签下了“责任状”,就要心无旁骛、深入钻研,不能“种了别人的地,荒了自己的田”,这样才有可能出成果、造精品、成名家,在为祖国、为人民立功立德立言中成就自我、实现价值。

战略是企业的头等大事

小赢靠智，大赢靠德，常赢靠战略。靠小聪明、好点子赚钱的时代已经一去不复返，靠关系做生意的模式永远也做不大。随着我国经济由高速增长阶段转向高质量发展阶段，未来一定是优胜劣汰、大浪淘沙的过程。在商品丰盈的今天乃至未来，没有战略的企业是无法凝聚人心、有效整合资源的，以不断试错谋求发展的企业也是看不到未来的。因此，企业必须高度重视战略。

一、企业战略的本质特征

企业战略是关乎企业发展的谋略，企业战略有四个特征，即整体性、长期性、基本性、谋略性。整体性是相对于局部性而言的，长期性是相对于短期性而言的，基本性是相对于具体性而言的，谋略性是相对于常规性而言的。企业战略必须同时具有这四个特征，缺任何一个都不是企业战略。

1. 整体性

企业是一个由若干相互联系、相互作用的局部构成的整体，局部有局部性问题，整体有整体性问题，整体性问题不是局部性问题之和，与局部性问题有着本质区别。企业发展面临的整体性问题很多，如对重大环境变化的反应问题，对资源的开发、利用与整合问题，对生产要素和经营活动的平衡问题，等等。正确认识和处理整体性问题，是企业发展的重要条件。

2. 长期性

企业有寿命,寿命有长短。为使企业长寿,不但要重视短期发展问题,也要重视长期发展问题。企业长期发展问题不是短期发展问题之和,与短期发展问题有着本质区别。企业发展面临的长期性问题很多,如发展目标问题、发展步骤问题、产品与技术创新问题、品牌与信誉问题、人才开发问题、文化建设问题等。希望企业长寿就要关心未来,对未来问题不但要提前想到,而且要预先付诸行动。

预测未来是困难的,谁也无法预测未来的偶然事件,但总可以把握各类事物的发展趋势。领导者不关心企业未来,就是在拿企业的寿命开玩笑。

3. 基本性

树叶长在树枝上,树枝长在树杈上,树杈长在树干上,树干长在树根上。树枝类问题有成千上万,树杈类问题成百上千,但树根类问题可就不多了。这类问题虽然不多,但非常重要,要是树根烂了,任凭你怎么摆弄,树叶也不会变绿。

领导者应集中精力谋划企业发展的基本性问题,假如基本性问题解决不好,动员员工努力奋斗就不会收到成效。领导者要增强基本问题意识,不要只注意实施既定的决策,也要注意审查决策本身是否有问题;不要只忙于摆脱困境,也要及时铲除困难产生的根源。

4. 谋略性

企业战略不同于常规战术,常需要奇思妙想。企业战略应使企业少投入、多产出,少走弯路、快速发展。谋略是智慧的结晶,不是重复经验和堆砌理论的产物。智慧中包含知识,但知识本身并不是智慧。许多军事家都有“空城计”知识,但没有诸葛亮那样的智慧。智慧是对知识的灵活运用,也是对信息的机敏反应,智慧与知识有着本质区别。谋划企业发展靠智慧,谋划企业整体性、长期性发展靠大智慧。谋划企业发展固然要借鉴先进理论和优秀经验,但如何借鉴还得靠智慧。

二、企业战略应坚持的原则

企业战略必须坚持五个原则，即以利他为基准、以价值为核心、以需求为导向、以竞争为手段、以共识为目的。

1. 以利他为基准

利己生存，利他发展。企业存在的价值是帮助客户提高幸福指数，或者帮助客户降低痛苦指数。换句话说，企业必须有其独特的价值来帮助客户，否则企业的存在就没有意义了。企业领导者树立了利他理念，企业才会有生命力，才能赢得客户的尊重与信任。

2. 以价值为核心

价值是企业发展的基础，是第一位的。价值承载着企业的愿景、使命，产品和服务是企业所有抽象东西的承载体。企业要想生存发展，必须把提供满足消费者需求的产品和服务作为经营的核心。党中央提出供给侧结构性改革，正是为了实现价值理念的回归，让企业创造价值、服务社会。

3. 以需求为导向

很多企业考量价值时始终站在企业领导者的角度，结果却不遂己愿。脱离客户需求、自说自话的战略是没有意义的。既然企业的目标是满足消费者需求，自然应以市场消费需求为导向，提供消费者期望获得的产品和服务，提供的产品和服务只能比消费市场的预期好，不能比消费市场的预期差。

4. 以竞争为手段

企业提供的产品和服务不可能独此一家，企业只有以对手为师、以对手为标杆,不断地提高自己、完善自己,才能让消费者认可自己,才有获得发展的可能。任何战略规划如果没有把竞争要素考虑进来,没有对竞争对手的分析和应对竞争的策略,都是不完整的。

5. 以共识为目的

以共识为目的,就是让企业领导者与中高级管理人员、各类骨干人才,就企业未来2～5年的发展方向、目标、战略、战术和监控等五个层面达成共识,让大家发自内心地认同、喜欢企业的战略规划,知道未来自己能成为什么、能得到什么。一个没有共同愿景和使命的团队,是没有战斗力的乌合之众。

三、企业战略的五个原型

日益复杂的商业环境,可从可预测性、可塑造性、环境严苛性三个维度,划分为能预测但无法改变、无法预测也无法改变、能预测也能改变、不能预测但能改变、企业资源严重受限等五种类型,每种商业环境对应一个战略,具体如下。

1. 经典型战略

企业在竞争基础稳固、所处市场环境相对稳定且可预测时,应采取经典型战略。只要做好定位、扩大规模、规范管理、提高效率,就可建立起竞争优势。

(1) 核心理念:做大。

(2) 适合行业:汽车、石油、天然气等。

(3) 特征:行业结构稳定,竞争基础稳定,技术基础稳定,监管环境稳定,前景可预测,行业增长平衡持续、集中度高、趋于成熟。

(4) 常用做法:分析—规划—执行。

(5) 成功标准:市场规模、市场份额。

(6) 相关模型:经验曲线、波士顿矩阵、波特五力模型等。

2. 适应型战略

企业在可塑性低且优势转瞬即逝的商业环境中，可采取适应型战略。

（1）核心理念：求快。

（2）适合行业：半导体、互联网零售等。

（3）特征：行业不断变化、难以预测，市场以变化的技术为基础、结构不成熟、呈高增长趋势。

（4）做法：变化—选择—推广，即战略并非来自分析、预测及自上而下的命令，而是产生于变化、选择、拓展的循环往复的过程中。

（5）成功标准：产品周期、新产品活力。

（6）相关模型：时基竞争、暂时优势、适应型优势。

3. 愿景型战略

愿景型战略的制定者能发现他人忽略的商机或新的技术，带领企业开创全新的市场。例如苹果的乔布斯、小米的雷军等都是愿景型战略的大师。

（1）核心理念：抢先。

（2）适合行业：不针对特定行业（打破旧格局，创造新产业）。

（3）特征：市场处于具备高增长潜力的空白区，无直接竞争者，监管法规不健全。

（4）做法：设想—构建—坚持。

（5）成功标准：率先进入市场的时间、新用户满意度。

（6）相关方法：蓝海战略、创新者窘境。

4. 塑造型战略

当有机会在整个产业演变初期定义或重新定义产业规划时，可采取塑造型战略，通过建立平台或生态系统来获得统治地位。如苹果、谷歌和阿里巴巴等公司。

（1）核心理念：协调。

（2）适合行业：智能手机软件、操作系统、互联网等。

（3）特征：市场碎片化、平台化，无主导企业，监管法规尚不完善。

(4) 做法:吸引—协调—发展。

(5) 成功标准:外部生态环境、利润率、新产品活力指数。

(6) 相关模型:网络效应、外部生态环境、平台战略等。

5. 重塑型战略

重塑型战略是给陷入困境的企业准备的。如果企业遇到困难,则应采用一些非常手段。首要目标是争取生存下来,重塑企业未来的竞争基础。

(1) 核心理念:求存。

(2) 适合行业:负增长、亏损、濒临破产、现金流面临断裂风险的企业。

(3) 特征:行业低增长,陷入衰退,融资能力有限,现金流紧张。

(4) 做法:应对—节约—增长。

(5) 成功标准:成本控制、现金流。

(6) 相关方法:转型、变革、自我颠覆。

四、战略制定的管理工具

管理工具是应用于宏观背景分析、机遇挑战分析、科学决策分析、任务进度控制、任务过程纠偏、任务风险管理等战略制定一系列过程的有效工具。针对规划编制工作的特点,选择管理工具并有效应用于规划编制之中,可以提高规划编制的效率,达到事半功倍的效果。规划编制中常用的管理工具主要有以下七种。

1. 用 PEST 分析宏观背景

宏观环境是社会发展的大气候,是一切规划活动顺利进行的土壤、阳光,包括一系列影响战略目标实现的外部要素,是规划工作的前提。所以,在规划编制前,用 PEST 分析宏观背景是有必要的。

PEST 分析是指对宏观环境的分析,宏观环境包括影响一切行业的各种宏观因素,主要包括政治、经济、社会和技术等四个方面。

分析政治背景，了解政治制度、经济体制、安全政策以及国际环境，可以发现新的机遇或者提前识别潜在风险。具体来说，可以结合内部控制工作，定时进行“合规义务评审”，即对组织活动必须遵守的法律法规以及其他相关要求的控制与评价，探讨规划编制中适用的政策清单，进而做应用分析。

经济环境分析，可以识别国家经济增长、失业率等关键指标的经济周期是处于上升期还是下降期，然后作出科学判断。通常有必要参考一些官方报告和统计数据，准确性和全面性对于规划至关重要，需要运用统计学方法进行建模。

社会背景分析，是指通过研究社会收入分配、社会福利和劳动力供需关系等，对发展成本作出预测。分析社会背景变化，重在及早发现趋势变化，及时评估成本带来的影响。

分析技术环境，关注信息技术变革、技术革新速度和产业技术生命周期等，在制定战略时可以使研究方向具有竞争力。具体来说，可以通过新技术带来的新工艺，不断降低成本、拓宽渠道、创新服务。

根据 PEST 分析的结论，规划制定者可以全面识别宏观背景带来的机遇与挑战，并对战略作出调整。

2. 用 SWOT 分析机遇与挑战

SWOT 分析法包括对优势、劣势、机会和威胁的分析，是综合概括企业内外部环境各方面情况，进而采用系统的思想分析企业的优劣势、面临的机会和威胁的一种方法。

通过 SWOT 分析，可以将资源集中在优势和机会最多的地方，使战略执行顺畅。一般来说，SWOT 分析的步骤是：

制定当前的规划战略—确认外部环境的变化（使用 PEST）—根据资源情况，确认主体的优势和限制—将分析结果填入 SWOT 矩阵—进行战略分析。

运用 SWOT 分析，必须对自身的优势与劣势有一个客观认识，考虑要全面，并与同行业的竞争对手进行比较。

3. 用甘特图控制任务进度

在甘特图中，横坐标表示时间，纵坐标表示目标任务，用线段表示目标计划与实际完成情况,由此可以直观地表明计划何时进行、进展与要求等,任务剩余进度清晰,便于管理者评估工作进度。在规划编制中运用甘特图,可以加强任务执行过程的可视化管理,让项目有序进行、优化流程,从而提升效益。甘特图在规划编制中得到广泛运用,为此我们可以先找出并行的任务,合理组合,不断优化时间安排,使规划更加科学合理。

4. 用控制理论进行规划过程纠偏

控制是企业在动态环境中为了实现既定战略目标而检查和纠正偏离的环节,要坚持突出重点原则、及时性原则、灵活性原则。控制的前提是要有一个科学可行的战略计划、专职控制职能的组织机构以及畅通的信息反馈渠道。在规划编制中,实施预防性控制或事前控制,可以找出影响目标进度的因素,如物资供应、资金、设计方案变更、环境、自身管理问题等,从而明确执行过程中存在的主要问题及原因,比如各个主体责任划分不明确、内外组织不协调、战略可实施性不强等。通过反馈控制和纠正性控制,可以及时采取措施,调整预期与实际之间的偏差。编制规划时,首先确定总进度控制目标和分进度控制目标,科学编制进度计划清单,然后以控制循环理论为指导,不断进行调整。

5. 将 PDCA 模型应用于整个规划编制过程

PDCA 循环模型主要由四个阶段构成。计划,即确定战略任务,制定具体的任务目标;执行,即根据掌握的信息设计出具体方案,通过运作来实现计划中的内容;检查,即总结执行的结果,找出异常所在;处理,即对成功的结果标准化,将未解决的问题交给下一个 PDCA 循环去解决。

PDCA 循环模型是执行任务时解决问题的利器。PDCA 循环的过程,并不是在同一层次进行,而是阶梯式上升的过程。PDCA 模型可以实现规划编制中的自我批判,保证经验的快速积累,不足的持续改进,并持续优化项目管理系统。具体步骤是:

在规划编制前分析现状,发现问题—分析影响因素,找出原因—提出解决措施并执行—检查结果是否达到预定目标—总结成功经验并制定相应标准—把未解决的问题转到下一个 PDCA 循环去解决。

6. 用决策树分析法科学决策

决策树大多是自上而下生成的，每一项决策都可能导致两个或多个结果，把这种决策路径以图示法表示就称之为决策树。决策树是常用的风险分析决策工具，使用决策树可以使决策过程条理清晰，定性与定量相结合。

在规划编制中，每个任务的执行注定会出现几种不同的结果，这就意味着存在着一定的风险。决策树分析法可以找出项目可供选择的执行方案，预判执行后果并做出理性决策。绘制决策树的过程就是对问题再分析的过程，首先应画出可供选择的路径；然后按次序计算每种方案的期望值；最后对比各个方案期望值的大小，科学作出决策。

7. 用过程决策程序图法进行风险管理

过程决策程序图法简称 PDPC 法，是在制订计划时，事先预测可能发生的障碍，从而设计出应对措施，以最大的可能导向最终目标，防止重大事故发生。

运用过程决策程序图法，可以在规划编制中掌握整体动态并据此判断全局；可以使管理者既从出发点追踪到最后结果，也从结果判断中间发生的原因；可以预测事故的发生，并在初始阶段考虑应对措施。

在规划编制中，可以采用顺向思维法和逆向思维法对过程决策程序图法进行梳理。一般来说，可以采用如下步骤：

确定要解决的课题—提出基本解决方案—讨论实施难点（包括不可预见的风险）—优化问题并提出应对措施—评估。

五、企业战略制定与落地

企业战略探讨的是未来长期的发展问题，而不是今年和明年内的短期生存问题；是从产品整体角度去做差异化产品，而不是简单地生产同质化产品；是强调品牌的特色和个性，而不是强调产品的功能和价格；是通过低调的耕耘来寻找产品创新的源泉,而不是通过高调的“舞台表演”来促销产品。战略制定始于“大胆设想”,止于“小心求证”。从分析市场机会入手,企业战略的制定过程可分为七个阶段。

1. 市场与用户分析

一个企业如果不了解市场与用户,是很难生存下来的。深入细致的市场与用户分析是整个战略规划的基础,因为后面几步均以市场与用户分析的结论为前提,所以市场与用户分析是重中之重。

2. 竞争对手分析

目的是了解谁是现有的、直接的竞争对手,谁是将来有可能加入的潜在竞争对手,对企业产品或服务可能构成威胁的替代品是什么。

3. 理想的产品整体描述

这一步是在不考虑资源限制的前提下,从最理想的角度来探讨目标客户最希望获得的产品和服务是什么样的。当然,这里所说的产品指的是产品整体,包括服务和体验,而不仅仅是核心产品。

4. 长远目标与发展方向

企业一旦掌握了市场和用户需求,也了解竞争状况以及对用户来说最理想的产品是什么样的,就很容易明确企业的市场定位,也就是明确企业存在的价值是什么,企业的长远目标和发展方向是什么,并将其概述成通俗易懂的一段话。

5. 成功要素分析

在制定企业战略的过程中,一旦目标确定下来,就要从正反两方面去论证,明确把哪些事情做好了就能实现目标,制约企业实现目标的障碍是什么,有哪些潜在的问题与风险,企业的应变措施是什么。

6. 组织架构设计与财务分析

明确企业战略之后，就要有组织保障，通过排兵布阵，把有限的资源用在刀刃上，并理顺不同职能之间的关系，明确谁是谁的内部客户。然后，将未来几年的人力资源成本计算出来，为综合财务分析和投资回报分析奠定基础。

7. 第一年的实施计划

要把企业战略分解成具体动作，明确下一年集中精力做什么，哪些方面既重要又紧急，哪些方面重要而不紧急，哪些方面紧急而不重要。要把相对宏观的计划变成可衡量、可检查、可监督的行为规划，并将任务落实到具体责任人。

六、企业领导者是绘图师

企业领导者应能根据不同的情况绘制不同的画卷。经典型战略像一幅静物画，只需有条不紊地处理好每一个细节，直至大作完成。适应型战略像不断变幻的光影下的风景画，需要将视线专注在对象上，快速运笔，不断修正，直到抓住飞逝的瞬间，然后再去捕捉下一个画面。愿景型战略像超现实主义画作，其创作者需要通过想象而非观察，将画面最终呈现在画布上。塑造型战略像一幅大型壁画，需要多位艺术家协助，需要运用自身影响力协调各位画家使其通力合作。重塑型战略像一幅未完成的插画，需要颠覆自己，走出困境，去开始新的绘制。基于此，企业领导者应当好八个角色。

1. 诊断者

领导者的第一个重要角色就是判断企业所处环境，决定最佳战略。要不断从外部视角判断每种业务环境的可预测性、可塑造性及环境严苛性，诊断出企业的优势和劣势，外部环境的机会和威胁，为企业匹配合适的战略。

2. 细分者

领导者要将不同的战略目标应用到不同的部门,为做到这一点,必须平衡战略目标的准确度与复杂性。战略目标分解得越仔细,部门对战略的配合度就越高。

3. 颠覆者

随着环境变化和企业发展,领导者要不断检查自己的战略组合,必要时进行调整,使之与所处环境的可预测性和可塑性保持一致。领导者既要对抗墨守成规的惰性,又要催化阶段性的自我颠覆。

4. 指导者

成功的领导者能够把合适的人才安排到企业合适的位置,且会动态调整团队组合,指导团队协作,共同完成任务。

5. 推销者

成功的领导者需要说服内外部参与者,赢得员工、管理者、股东、客户、合作伙伴的支持。因此,企业领导者要从内外两个方面推销自己的战略思想。

6. 提问者

优秀的领导者一定是一个优秀的提问者,因为提出问题有时比回答问题更重要。企业在战略执行过程中,一定会遇到问题,正确地提出问题与预见未来,是领导者的必备素养。

7. 聆听者

领导者要经常了解外界,敏锐感知市场环境中的风吹草动,接收来自不同方向的信息,确保战略始终与变化的环境保持一致。

8. 推动者

成功的领导者要加快或鼓励战略的执行。在战略执行受阻时，能够集中力量，调配有效资源，全力化解执行中的突出矛盾和问题。

总之，战略是取得最佳经营成果之方法，贯穿企业发展的全周期。战略就是要在不确定性中寻找确定性，在不连续性中寻找连续性，一个战略失误，轻者损兵折将，重者全军覆没，不可不慎。企业领导者只有在合适的时机采用合适的战略，才能保持竞争力。如何判断合适的时机，如何选择合适的战略，既是科学，也是艺术，不仅需要理性的分析，更要有领导魅力。

目标管理要有系统性

在工作和生活中,我们都喜欢制定目标,然后去实现它。但实现的目标常常少于制定的目标。其实,仅仅制定和调整目标是不够的! 还需要采取实现目标的有效方法,需要对目标进行分解,制订计划并执行,对过程进行管控,对结果进行评估……在制定目标时,我们大多喜欢思考"如何实现目标",而忽略去思考"为何要制定这个目标"。事实上,"为何"比"如何"更重要,想清楚了"为何",才有足够的动力去完成既定的目标。

一、目标管理的特点

目标管理是以目标为导向,以人为中心,以成果为评价标准,进而使组织和个人取得最佳业绩的现代管理方法;是企业中每个员工都积极参与工作目标的制定,并在工作中实行"自我控制",自上而下地保证目标实现的一种管理方法。目标管理的主要特点包括强调自我控制、鼓励员工参与、强调自我评价、重视最终成果。

1. 强调自我控制

目标管理在整个过程中特别强调自我控制和自我调整,始终把目标作为激励人的手段和方法,尽可能发挥自我的各项能力去实现整体和个人目标。在目标的制定过程中,须以人为中心,注重给予员工自主权,鼓励员工通过自身的方式去实现目标。

2. 鼓励员工参与

目标管理是员工参与管理的一种形式，目标由上下级协商确定。这种管理模式，鼓励全员参与管理，通过主动协商等方式确立工作目标，避免出现独断专行的现象。

3. 强调自我评价

目标管理强调员工对自身工作中的成绩、不足进行对照总结，经常自检自查，不断提高效率和效益。这种管理模式是一种对工作成果的管理，它根据目标的实现程度进行成果评价，具有较强的现实性。

4. 重视最终成果

目标管理将评价重点放在工作成果上，按照员工的实际贡献大小真实客观地评价人，使评价更具建设性。这种管理模式最终是以目标的实现作为奖惩的核心标准，使工作业绩与员工个人利益密切挂钩，强调成果的取得主要靠个人的能力、知识和努力程度。

二、目标的制定原则

目标不是随便制定出来的，目标的制定需要遵循 SMART 原则，即具体、可衡量、能达到、相关性和时限性。

（1）具体：指制定的目标要足够具体，尽量用明确的数字去表达，让目标看得见、够得着，只有这样，才能制定出一个有效的目标。

（2）可衡量：指制定的目标一定要能够被衡量，这样才能判断该目标是否能达成，当前进展到什么程度。如果制定的目标没有办法去衡量，那就无法判断这个目标是否能实现。目标具体且可衡量，我们就可以对目标进行分解。

（3）能达到：指制定的目标可以通过努力去实现，如果制定的目标跳起来也够不着,这样的目标是没有意义的,反而还会磨灭员工的积极性和削弱员工对目标的重视程度。所以,我们需要根据自身实际情况,分析自己能够调动的所有资源和能够完成的目标。

(4) 相关性:指制定的目标一定要和整体的大目标相关,每个分解出来的目标之间也一定要有关联性。若目标分解之后,子目标和大目标之间以及各个子目标之间的关联性不大,即便最终完成了这个目标,其意义也不大。

(5) 时限性:指制定的目标一定要有时间限制,没有时间限制的目标也就无法进行考核,在执行中也就没有紧迫感,最终会导致目标无限延期或者被遗忘。

三、目标的制定

制定目标有两种途径。一种是"原点导向式",即正推法:从现有资源出发,正向推演,步步为营,先点兵后打旗,提倡捡到篮子里才是菜。这是从有到有的途径。另一种是"目标导向式",即倒推法:从目标出发,反向推演,步步链接,倒推资源配置,倒推时间分配,链接战略战术,链接方法手段,先树旗后招兵,认为没到篮子里也是菜。这是从无到有的途径,好比不问我的一双手能干多少件事,唯问移泰山需要多少双手;不问我的一口锅能煮多少斤米,唯问犒劳千军需要多少口锅;不问我的一盏灯能照亮多少里路,唯问照亮天下需要多少盏灯。

制定目标的基本原则是上下级协商制定目标,确定彼此认可的绩效衡量标准。上级不应"一言堂"式地制定目标,下级也不应各自为政,随意制定自己的目标。

如果完全由管理者自己制定组织及员工目标,可能会招致员工的抵制,引发员工的抱怨等负面情绪。如果完全由员工主导制定目标,也存在两个弊端:第一,员工倾向于将目标定得过低,以免给自己造成工作压力;第二,员工各自为政,导致各部门及员工之间不能形成一个有效的目标体系,难以形成一个能量聚合的整体。

四、目标的分解

分解目标有两个目的：一是使每个员工及各个部门的目标形成统一的目标体系，防止各自为政；二是有效地将组织目标转化为每个员工自己的目标，激发员工工作的主动性。

目标管理是通过目标管理网络，层层分解下达目标，是一种任务到人、责任到岗的管理方法。由于目标管理中的目标是由员工和管理者协商制定的，而不是管理者强加的，因此激发并保护了员工工作的主动性。

五、目标的实现

实现目标要靠员工自我管理，管理者只需和员工一起协商制定衡量目标完成的标准，进而检查、控制并追踪目标的完成情况。所以，目标管理的核心是让员工自己管自己，自己成为实现目标的主体。执行目标任务应当做到以下三点：

(1) 先做规定动作（即必须做的事）；

(2) 再做自选动作（即擅长做的事）；

(3) 最后做自己喜欢的动作（即能够做的事）。

六、检查与改正

执行目标任务过程中的检查、控制与追踪是实现目标的重要保证。管理者一定要清楚目标的制定并不等于目标一定能达成。目标检查是保证目标达成必不可少的重要部分。一方面，目标检查可以防止目标管理成为单纯奖惩的工具，避免在目标执行过程中缺少对员工的支持与辅导；另一方面，目标检查可以起到督促、指导、控制的作用，及时修正偏差，避免因小失大。目标检查切勿相互指责、推诿扯皮。

目标检查与改正措施应遵循“七不放过”原则：

(1) 不知道员工的完成情况不放过；

(2) 没有找到完不成的原因不放过；

(3) 无改进措施不放过；

(4) 无责任人不放过；

(5) 无处罚不放过；

(6) 不完善的制度不修订不放过；

(7) 修订后的制度不培训不放过。

七、考核与奖惩

结果考核与奖惩的基本流程包括：

(1) 下级自我评估；

(2) 提交书面报告与改正措施；

(3) 结果考核与奖惩。

达到预定期限后，应按照已经制定的标准对目标进行考核，目标完成质量可与员工晋升挂钩。

管理学大家彼得·德鲁克曾说：目标管理改变了经理人过去监督部署工作的传统方式，取而代之的是管理者与部属协商工作目标，制定绩效衡量标准，放手让部属达成既定目标，此种双方协商彼此认可的绩效衡量标准的模式，自然会形成目标管理和自我控制。目标管理既纠正了“科学化管理”偏重以事为中心而忽视人的一面，也纠正了“人本管理”偏重以人为中心而忽视与事相结合的一面，是一套把事与人很好地结合的现代管理工具。

企业的组织架构设计

企业的组织架构是一种决策权的划分体系以及各部门的分工协作体系，是以战略为导向、以组织结构为框架、以制度流程为支撑、以管控系统为保障，实现组织价值最大化的动态系统。组织架构需要根据企业总目标，把企业管理要素配置在一定的方位上，确定其活动条件，规定其活动范围，形成相对稳定的、科学的管理体系。

一、充分认识企业组织架构的重要性

过去我们常讲“火车跑得快，全靠车头带”，结果中国传统的火车经过 5 次提速，最快也只能跑到 120 km/h。企业管理者就是火车头，如果企业所有事务都要依靠火车头来经营管理，就无法批量化地培养出人才来。今天的动车组列车速度可以超过 300 km/h，其每组车厢都有动力，所以，今天的火车再也不是单纯依靠火车头来带动，而是依靠动力组来驱动的。

中国企业要做强、做优、做大、做长久，必须摆脱对单个能人的依赖，把一个能人做的事，分解到 N 个人身上，使权力下放，责任下沉，按照标准化的流程来做事，让团队的每一个人都学会自我管理。只有这样，才能真正批量化地产出人才，也只有这样，才能真正提高效率。

人是流程和组织架构下的产物，如何依靠流程和组织架构打造团队，是每个企业必须思考的问题。组织架构是企业顶层战略规划的一部分，也是企业战略的布局图，一个优秀的企业管理者都是先从画组织架构图开始的。这是因为，没有组织架构的企业将是一盘散沙，组织架构不合理会严重阻碍企业的正常运作，甚至导致企业经营彻底失败。

二、企业常见的组织形式

企业常见的组织形式包括分公司制、子公司制、事业部制、连锁制等,其具体特征如下。

1. 分公司制

分公司是公司在其注册地以外设立的以自己的名义从事活动的机构,是总公司管辖的分支机构。分公司不具有企业法人资格,其民事责任由总公司承担。分公司虽有公司字样,但并非真正意义上的公司,无自己的章程,公司名称是在总公司名称后加上分公司字样即可。

2. 子公司制

子公司是指以持股或协议方式受到另一公司实际控制的公司。子公司具有独立法人资格,拥有自己的资产,自己的公司名称、章程和组织机构,以自己的名义开展经营活动,从事各类民事活动,独立承担公司行为所带来的一切后果和责任。但涉及公司利益的重大决策或重大人事安排,仍由母公司决定。

子公司和分公司的区别如表 1 所示。

表 1　子公司和分公司的区别

类型	子公司	分公司
法人资格	独立法人,拥有自己独立的名称、章程和组织机构,对外可以以自己的名义开展活动	不具备独立的法人资格,没有独立的名称,是隶属于总公司的分支机构
控制方式	母公司对其实施控制但并非直接控制,必须符合一定的法律条件	人事、业务、财产等由总公司直接控制

续表

类型	子公司	分公司
承债方式	子公司作为独立的法人，独立对债务负责，承担法律责任	所隶属的总公司对分公司经营中的债务承担法律责任

3. 事业部制

事业部是指以某个产品、地区或者客户为依据，将相关的研发、采购、生产、销售等部门结合成一个相对独立单位的组织结构形式。事业部的划分方式有按照产品划分、按照市场区域划分、按照客户类型划分等。

4. 连锁制

连锁制是指经营同类商品或者服务的若干个企业，以一定的形式组成一个联合体。其在整体规划中进行专业分工，并在分工的基础上采用集中化管理，把独立的经济活动组成统一的整体开展经营，从而实现规模经济效益。在连锁制的经营中，必须是统一的产品经营、统一的人才配置、统一的制度管理和统一的文化理念。连锁的本质就是要做到百分之百的复制。

三、常见的组织结构形式

企业组织结构是企业进行流程运转、部门设置及职能规划等最基本事项的依据，常见的组织结构形式包括直线型、职能型、事业部型、矩阵型等四大类，其具体优缺点如下。

1. 直线型组织结构

直线型组织结构主要用于劳动密集，机械化程度较高、规模较小的企业。特点是权力集中,责任分明,命令统一,控制严密,信息交流少。

2. 职能型组织结构

职能型组织结构主要用于劳动密集的大中型企业。特点也是权力集中,责任分明,命令统一,控制严密,信息交流少;但企业已形成多个职能部门,且能各司其职。

3. 事业部型组织结构

事业部型组织结构主要用于规模化、多元化经营的企业,通过适当下放权力使企业可以集中决策,分散经营,对市场作出灵活反应。特点是权力分配科学,权责界定明确,考核指标多元化,企业风险多样化。

4. 矩阵型组织结构

矩阵型组织结构主要用于技术复杂、规模庞大的企业,以加强组织间的横向联系,加强组织的机动性,有利于激发专业人员的潜能,培养各种人才。特点是集权、分权优化组合,对员工素质要求较高。

四、企业采用的管理层级

企业的管理层级可分为高管级、总监级、经理级、主管级、专员级和见习级等6个级别。

(1) 高管级:参与企业战略制定和决策的副总级以上人员。

(2) 总监级:各中心负责人大多只负责某一个业务单元。

(3) 经理级:企业的中层管理者、部门负责人。

(4) 主管级:基层管理人员。

(5) 专员级:基层员工。

(6) 见习级:见习员工。

在组织架构设计中，应尽量减少管理层级，层级越高，职数越少。

五、组织架构设计的具体操作步骤

设计一个组织架构，具体操作步骤如下：

(1) 设计企业顶层组织架构；

(2) 确定组织导向，包括营销导向、生产导向和技术导向；

(3) 设计营销单元组织架构，包括销售（直营）、渠道（加盟）、客服（老客户增值）等营销单元；

(4) 设计职能单元组织架构图，包括行政、人事、财务、后勤、保安等职能单元；

(5) 设计支持单元组织架构图，包括研发、生产、采购、供应、仓储、物流等支持单元；

(6) 设计各单元内部组织架构。

一个好的组织架构，应具有以下三个特征：一是每个岗位责任清晰；二是企业经营流程全打通；三是人均产值较高。

六、把握企业组织架构中的几种关系

(1) 发展阶段、发展规模和组织架构的关系。企业所处发展阶段不同，发展规模不同，其组织架构自然不同，应当按照效率优先、严控风险的原则，完善企业顶层组织架构，调整各单元组织架构。

(2) 董事长和总经理的关系。董事长是经营方，总经理是执行方。总经理对董事长负责，执行董事会的战略决策。总经理可由股东出任，也可由董事会聘请职业经理人担任。

(3) 董事会和监事会的关系。董事会负责经营决策，监事会对企业经营和决策中的问题向董事会提出要求，并要求董事会提交报告，进行审查。

(4) 财务部和总经理的关系。财务部对董事长负责，由总经理管理。

(5) 客服部和销售部的关系。不能由一条线掌握客户资料,客服部负责对老客户进行维护和增值服务,销售部负责拓展新客户。

(6) 会计和出纳的关系。两者不能由同一个人兼任,会计负责账务,出纳负责资金。

(7) 人事和行政的关系。人事做人才增值,属战略性工作;行政做日常管理,属事务性工作。

科学合理设计企业的组织架构,不仅可以明确上下级的归属关系,避免多头管理造成的责权利不明确、部门之间相互推诿的现象,而且可以夯实业务工作体系、薪酬绩效体系和员工晋级体系的基础。

企业组织变革的密码

企业进行组织变革时，领导者需要把握变革规律，将领导和管理拧成合力，真正引发员工在感受和行为上的改变。

一、组织变革的四个阶段

从组织形态管理角度看，改革开放 40 多年来，我国企业的组织变革大致经历了三个阶段，正逐步进入第四个阶段。每个阶段都有其独特使命，分别解决组织管理中的特定问题（见表 2）。

表 2　组织变革的四个阶段

项目	第一阶段	第二阶段	第三阶段	第四阶段
基本特点	公司改制	体系建设	系统集成	组织再造
主要内容	人、财、物的合理安置	人力资源管理、战略管理、营销管理等功能体系建设	集成业务管理、集成产品开发、管理数字化等	战略生态化、组织的赋能与协同、人才合伙化等功能体系的构建
解决问题	成为公司法人	提升专业化水平	以客户为导向	提升企业价值
企业影响	点	线	面	系统

第一阶段是公司改制。基本目标是构建符合公司法的组织，主要内容是对人、财、物的合理安置，让企业告别工厂制，走向公司化。这一阶段解决了如何开展公司经营与管理等问题。

第二阶段是体系建设,即专业管理体系构建。基本目标是构建具有专业管理能力的组织,从人力资源管理开始,逐步覆盖战略管理、营销管理、财务管理、供应链管理、信息化管理等诸多功能体系。这一阶段解决了企业管理的专业化、系统化问题,让企业管理有章可循。

第三阶段是系统集成,即管理系统集成设计。基本目标是把不同的管理系统进行集成,构建以客户为导向的组织,主要内容包括流程再造、集成业务管理(项目管理、流程管理等)、管理数字化等功能体系的构建。这一阶段提升了企业创新能力,使企业面向市场,为客户创造价值。

第四阶段是组织再造。基本目标是构建符合市场变化与人性特征的组织,使企业回归基本使命。企业不断依据外部客户需求和内部人性特征的变化,加快推进企业战略生态化、组织平台化、人才合伙化、领导赋能化、产业要素社会化、运营数字化,充分体现企业价值。

四个阶段其实构成了一个演变过程,每一阶段结束,这一阶段的管理问题就得到有效解决,管理水平得到提升,组织管理得到进化。

二、组织变革的主要类型

依据不同的划分标准,组织变革可以分为不同的类型,主要包括战略性变革、结构性变革、流程主导性变革、以人为中心的变革。

1. 战略性变革

战略性变革是指组织对其长期发展战略或使命所做的变革。如果组织决定收缩业务,就必须考虑如何剥离关联业务;倘若组织决定扩张业务,就必须考虑并购的对象和方式,以及文化的重构等问题。

2. 结构性变革

结构性变革是指组织根据环境的变化适时对组织结构所做的变革,并在组织内部重新分配责任和权力，使组织变得更为柔性灵活、易于合作。

3. 流程主导性变革

流程主导性变革是指组织紧密围绕关键目标和核心，充分应用现代信息技术，重构业务流程，这会对组织结构、组织文化、用户服务、产品的质量与成本等方面产生重大变革。

4. 以人为中心的变革

以人为中心的变革是指组织通过对员工的培训、教育，使员工在观念、态度和行为方面与组织保持一致。人是组织中最重要的因素，倘若不能改变人的观念和态度，组织变革就无从谈起。

三、组织变革的核心要素

无论什么样的组织形式，什么样的组织变革，在能够有效落实战略目标、支撑业务运行之前，都必须充分考虑以下核心要素。

1. 以客户需求为导向

在卖方市场(供小于求)，企业的产品或服务不愁卖，因此，企业不必过多关注客户需求，只要高效完成产品的生产即可。随着经济持续发展、生产制造能力持续提升，卖方市场会变为买方市场(供大于求)，此时客户的选择余地很大，拥有较大的话语权。在这种情况下，谁能真正满足客户需求，谁就会有生存发展的机会。

对于客户需求管理，企业应做到以下三点：首先是了解客户需求，其次是快速响应客户需求，最后是引导客户需求。为了更好地了解、响应、引导客户需求，企业进行组织变革时，应考虑以下三个方面导向：一是让组织与客户的接触点更多；二是让组织与客户的距离更近，包括物理距离和心理距离；三是让组织对客户信息的处理速度更快，可采取扁平化组织或决策权限下放等方式。

2. 以内部效率为重点

企业满足客户需求的前提是按时、保质、保量提供相关产品或服务,能否做到这些,取决于企业内部效率。随着企业规模的扩大,“山头问题”“官僚问题”“惰怠问题”“腐败问题”会日趋严重,如何提升企业内部效率,成为很多企业时下的重要课题。

提升内部效率是企业经营管理永恒的主题。没有最好,只有更好。一般来说,企业提升内部效率,可从以下五个方面着手:第一,提升决策效率,包括决策机制的优化、决策流程的优化、决策权限的优化等;第二,优化分工体系,明确部门、岗位职责分工,减少职责交叉,杜绝职责空缺,并在专业分工的基础上,尽量减少部门间的合作障碍;第三,丰富激励措施,针对不同层级、不同类别的员工,设计差异化的激励体系,有效提升员工的积极性;第四,构建“集约化管理、分布式作业”的运营模式,提升小团队的责任心,构建真正的自主经营体;第五,提升智能化生产水平,利用先进的技术、设备来提高生产效率。

3. 以信息技术为保障

当今任何企业的运行都离不开信息技术,信息技术已深刻影响组织设计的基本形式,信息技术的应用使“扁平化组织、分布式生产”等组织模式成为可能。

企业进行组织变革时,必须充分考虑信息技术的应用与开发,主要包括:第一,基于信息技术,可以设计什么样的组织形式,比如是否削减管理层级,是否构建平台型组织,是否实施阿米巴经营模式等;第二,做好信息技术应用规划,明确未来哪些组织功能可通过信息技术功能来实现、如何实现、目标是什么;第三,合理引进、开发相关信息技术及管理系统,不搞大而全的引进,要结合企业的业务流程和管理流程来“开发”,而不是简单的“购买”。

四、组织变革的八个步骤

任何企业的战略升级,如果没有组织管理升级作支撑,就会成为一句空话。

成功的组织变革是一个复杂事件，通常包含八个步骤。

1. 增强紧迫感

在发动变革前，应在相关人员心里创造一种紧迫感，帮助大家认识变革的必要性，以及马上采取行动的重要性。紧迫感可以通过一些富有创造性的方法来形成，使人们立刻意识到进行变革的重要性，并准备随时为此采取行动。

此时应采取的关键行动包括：第一，分析市场及竞争情况；第二，定义并讨论危机、潜在风险或主要机会；第三，通过戏剧性的、引人注意的方式，帮助大家产生紧迫感。

2. 建立指导团队

召集有一定技能、关系、声誉和权威的人员，组成指导团队，承担变革过程的领导工作。如果从事具体变革领导工作的人缺乏必要的权威和能力，整个变革将难以继续。这一步的目标就是组建一支具有领导才能、公信力、沟通技巧、权威性、分析技能和紧迫感的团队。

此时应采取的关键行动包括：第一，组建一支有足够能力的指导团队来引领变革；第二，鼓励团队成员相互合作。

3. 设定愿景

指导团队应为变革确立明确、合理、简单且振奋人心的愿景和相关战略，让大家清楚地认知变革后的未来与过往有怎样的不同，未来将如何变成现实。

此时应采取的关键行动包括：第一，谋划一个用以引导变革的愿景；第二，围绕愿景制定战略，明确首要任务。

4. 感召众人

领导者应把有关愿景和战略通过通畅的渠道，简明扼要地传达给所有相关人员。这一步的目标就是在所有相关人员中形成共识，建立一种责任感，充分释放大多数人的能量，让尽可能多的人认同变革的愿景和战略，并在行动中体现这种认同。

此时应采取的关键行动包括:第一,利用所有可能的沟通渠道传达变革的愿景和战略;第二,领导者要对新的行为方式做到“言传身教”。

5. 赋能行动

领导者应充分赋能,尽可能为那些愿意投身变革的人扫除各种障碍。这一步的目的是让更多的人切实按照组织愿景采取必要行动,对员工来说,这也意味着他们要以一种完全不同的方式开展工作。

此时应采取的关键行动包括:第一,排除变革中的障碍;第二,修改严重阻碍变革的系统或架构;第三,鼓励冒险和尝试非传统的主张及行动。

6. 创造短期成效

设法帮助组织取得一些短期成效,这是非常关键的,因为这能为整个组织变革提供强有力的支持,并为随后的工作提供必要的资源和动力。尽快取得一些显而易见的成效,会增强变革的信心和士气,抵制变革的人就会越来越少。

此时应采取的关键行动包括:第一,筹划并创造看得见的改进;第二,认可和奖励那些参与改进的员工。

7. 再接再厉

领导者应当加倍努力,不断将变革推向纵深,直到彻底实现组织变革的愿景。

此时应采取的关键行动包括:第一,用已建立起来的可信度对系统、架构进行修改;第二,招聘、提拔、发展那些能够推动变革的员工;第三,将新项目、新主题、变革推动者等引入流程。

8. 巩固成果

领导者应培育新的企业文化,固化变革成果,包括行为规范和价值观念。为保持整个组织的紧迫感,必须让员工真正产生紧迫感,让员工充分意识到:我们的潜力还没完全发挥出来,我们要做的事情还很多,我们应当更加努力。

此时应采取的关键行动包括：第一，评估新的行为与组织成功的关系；第二，确保领导力发展和继任计划与新的方式相匹配。

世界是复杂的，变革过程并非一定严格遵守这八个步骤，但这八个步骤是许多组织变革都遵守的基本步骤。

未来已来，唯变不变。在这个百年未有之大变局时代，只有把握发展规律，发扬斗争精神，主动适应变化，才能不断增加动力，减少阻力，在持续变革中步步为营，否则就会陷入巨大的混乱之中，付出惨重代价。

重组是企业实现战略目标的重要路径

重组是市场经济调节的高级方式,是减少过度竞争、实现市场良性发展的最好方法,是解决产能过剩问题的必然选择或自然选择,更是企业实现战略目标的重要路径。

重组不是简单组合,而是一种化合反应。正确的思想理念,是重组成功的前提;共同的战略愿景,是重组成功的动力;恰当的操作方式,是重组成功的保证。企业重组包括组织重组、管理重组、权力重组、资产重组、资源重组、要素重组等,目的是通过重组达到“1+1>2”或“5-2>3”的效果。尽管重组的道路千万条,方式千万种,但都要把握一般规律,明白其目的、方法、要点等。

一、重组的目的

重组历来是以问题为导向的,须有明确目的。下列情况下应启动重组:

一是实现超常规发展。企业要想迅速扩大规模、占领市场,获取战略机会,此时,一般的方法是行不通的,需要转换思路,考虑用重组来推动。

二是化解历史遗留问题。有些问题由来已久,长期存在。这些问题一定是在传统的坐标系内是无解的,此时可以考虑用重组来解决。

三是解决广泛存在的问题。既然是一个普遍问题,甲想解决,乙也想解决,大家都想解决,但又没有想出好办法,这就说明常规办法解决不了,应当创新重组。

四是遇上爆发性、危机性、冲撞性的尖锐问题。当今世界风云变幻,在新时期、新形势、新条件下谋求新的突破,就不能墨守成规,必须用重组来摆脱危机、抢抓机遇。

五是全球化背景下优化资源配置。经济全球化使资源配置超越了国界，要想分享全球化红利，就必须运用重组，这样才能更好地实现经济可持续、高质量发展。

二、重组的方法

重组的方法或手段，主要包括以下五种。

1. 边界条件法

任何企业都是在一定的发展边界条件下运行的，调整发展边界条件往往能改变企业的运营环境，实现优劣的转化。比如，计划经济条件下，国有企业普遍存在冗员多、负债率高、社会负担重等问题，一个企业可能有90%以上的负债率，50%以上的冗员，还承担着各种社会责任，这种企业的领导人肯定不好当。20世纪90年代以来的国有企业改革，很大程度上就是对企业发展边界的调整，通过实行下岗再就业、消除企业冗员、剥离企业债务等方式，使企业重新焕发活力。

2. 资源优化配置法

即通过资源的优化配置，提高各种要素的利用效率，取得更大的收益，包括企业上市、垃圾股重组、不同集团强强联合、优势企业与弱势企业合并等。资源优化重组，很重要的一点是要利益同享、风险共担，参与资源重组的各个方面都能得到好处，从而实现多赢。

3. 利益分配法

简单地讲，就是切蛋糕的方法，通过改变利益分配方式或者分配比例来进行重组，提高效率。利益蛋糕本来有一种分配方法，现在为了新目的，重新划分这个蛋糕，形成新的分配格局，有利于实现资源重新整合，化解一定的矛盾，解决一定的问题。

4. 机制变革法

即对企业内部或者系统内部进行体制机制的改革。重组不仅需要外部条件的改变,同样需要内部体制机制的优化。现代企业法人治理结构的建立、事业单位的改制等都属这一类重组。

5. 管理措施调整法

这一方法要求调整不适应工作要求的管理层,启用懂市场、会管理、善经营的企业家或职业经理人,对管理方法进行更新,或者出台新的政策措施,调动各方面积极性,促进企业高效规范运营。

在经济领域有许多体现上述重组方法的做法。比如产业链的垂直整合,即对产业链上、中、下游企业及其资源进行重组,推动产业链条上的纵向合并或并购。又如企业业务流程的水平整合,即将企业研发设计、原料采购、生产加工、物料配送的某一环节外包出去,采用“三来一补”模式的加工贸易等。再如金融资本、产业资本之间的整合重组,包括上市融资、股权转让、招商引资、引入战略投资者进行股权投资等,企业债务重组也属这一范畴。还有依托信息化的产业链重组,比如我国正在推进的“互联网+”行动,通过发挥互联网在社会资源配置中的优化和集成作用以创造新的发展生态。德国“工业 4.0”借助先进智能技术在研发设计、生产制造、经营管理、市场管理等关键环节进行改造,加快推进智能化制造、网络化协同、个性化定制和服务化延伸。

三、重组的要点

不管遇到哪种情况,也不管采用哪种方法,重组必须把握以下要点。

1. 不能搞成群众运动

重组是企业领导人的事情,不能搞成群众运动。重组是有一定权力、资源、资金、实力的领导人之间默契的行动。资源优化配置一定是有权力的人作的决策。

2. 要讲时机、讲机遇

可能这个时点重组能成功，而且成本低；那个时点重组虽然也能成功，但成本可能提高一倍；再换一个时点重组，同样的方法，可能就失败了。所以，要择机而行，果断处置。

3. 要力求多赢

重组的各方应当实现多赢。比如 ST 公司重组时，涉及四类主体：一是原大股东，二是新的大股东或战略重组方，三是散户股民，四是 ST 公司的债权人。应当力求利益同享，四方共赢。

4. 务必在阳光下作业

重组要合乎法律法规、政策纪律，合乎市场规则，合乎社会公共利益，否则就会变成几个有权力的人的阴谋诡计，为了攫取个人私利损害他人或社会利益，利己害人，这是行不通的。

5. 要量力而行，适可而止

若高杠杆、高负债去做一件事，很容易一个问题没解决，就被拖到另一个问题中，甚至陷入意想不到的债务危机。所谓当局者迷，旁观者清，务必“冷静、冷静、再冷静”。

四、成功的关键

企业重组需要促进不同类型资本实现经营目标、公司治理、企业文化等方面的融合，进而形成企业高质量发展的强大合力。

一是目标融合。形成各持股股东均能接受的企业经营战略和发展目标,是企业成功重组的重要环节。促进不同股东在企业经营目标上的融合,必须保障各持股股东的共同利益以及各自核心利益,谋求各方利益的最大公约数,从而在企业经营中找到满足各方要求的发展方向。

二是治理融合。只有治理融合,才能充分发挥各自优势,增强企业竞争力。应当合理安排董事会席位,加强股东间沟通交流,提高决策效率;市场化选聘管理层,加强和改进薪酬激励,推动决策与执行相统一;发挥监事会的监督职能,尽可能减少代理成本,提高治理水平。

三是文化融合。企业文化是企业重要的无形资产,不同企业有着不同的企业文化,推动不同类型企业文化的协调、融合乃至升华,对企业成功重组以至长远发展意义重大。在企业重组中,应当尊重文化差异,相互取长补短,逐渐形成新的企业文化,促进企业真正融合。

五、推动者的素质

一个优秀的重组推动者应当具备以下五方面素质。

一是善于将各种知识融会贯通。一个好的重组者,既要有较为深厚的知识积累,知晓现象间内在的逻辑关系;还要受过实战训练,知道该如何把理论运用于实践。重组不能有框框,要根据遇到的问题来想办法,分析哪个方法最好,有没有后遗症,如果有后遗症,用什么措施来预防。

二是善于化繁为简。古人说:"大道至简。"把复杂问题分解成几个简单问题,这几个简单问题就构成了一个不可分割、互为前提的整体。每个简单问题都在强有力的措施下得到解决,最后集合起来,复杂问题就被解决了。有些重组之所以不成功,就是因为把简单问题复杂化了,或者把复杂问题变得更复杂了。

三是善用国家各类政策。重组必须把国家各类政策用足、用好、用活。也就是说,必须把国家的政策和制度、市场经济的游戏规则,根据实际情况用得恰到好处。经济现象就像万花筒,每转一次就是一个不同的图案,而游戏规则可以方便人们掌握这个万花筒。

四是善用身边的条件、资源。重组要从身边做起，任何一种重组，都是基于问题的解决。重组不靠天、不靠地、不靠外力、不靠运气，靠的是管理者系统的思维、正确的判断、有效的决策，透过现象看本质，抓住关键环节，实现资源要素配置的最优化和效用最大化。

五是把握底线思维，不留后遗症。重组要防止“头痛医头，脚痛医脚”，以免解决了一个问题，又引发了另一个更大的问题；要防止把现在的问题推向未来，以免现在的问题好像解决了，却又引发了未来更严重的危机；要防止以邻为壑，把自己的问题转嫁给别人。

总之，企业重组的本质是优化资源配置，创新体制机制。企业重组的奥义在于“随心所欲不逾矩”。对企业领导人而言，掌握了这一工具，就多了一种摆脱危机、突破瓶颈、运筹财富的本事。

企业流程管理的真谛

人们常说,用制度管人,用流程管事。流程处理事与事的关系,是驱动企业所有业务驱动的脉络,它将相关数据信息按照一定条件从一个部门输送到其他部门,得到相应结果,并适时返回相关部门或人。流程管理的核心,就是流程要反映业务。企业建立一套行之有效的流程系统,可以进一步规范管理,解放管理者,提振企业经营力,提升全员执行力。

一、正确认识流程

流程以简单高效为目标,以制度体系作保障。管理是一项系统工程,要想让整个工程优质、高效、低耗、持续运行下去,就必须运用科学的工具和方法,根据企业发展所需的各种要素,结合实际,将各项管理实务标准化、规范化、程序化。从本质上说,流程是组织创造的机制。

企业推行流程管理,应关注以下三点:

一是根据企业战略,制定管理目标。明确企业实施流程管理的目标,是确保流程管理卓有成效的前提。任何一个组织机构,都应服从企业战略。战略清晰,才能相应地确定职能定位和流程关系。

二是以核心业务流程为基线,建立流程式组织结构。业务流程的主体是组织,组织推动业务流程的运行。组织结构应以企业核心业务流程为基线,按照流程的需要,重新塑造企业的组织框架,将金字塔形的"官僚"组织体系改造成扁平化的组织体系,将刚性的组织体系改造成柔性的组织体系,进而实现职能管理向流程管理转变。

三是构建基于流程的绩效考核体系。员工的职位升迁、奖金分配以及年度考核等，都依赖于绩效考核体系。绩效考核体系是否科学合理、是否人性化，将长期影响员工的工作成效。因此，绩效考核体系必须覆盖全体岗位和全业务流程。

企业推行流程管理可以增强员工执行力。具体完备的工作流程能够明确每一岗位的具体工作程序及责任，能够展现每项工作的具体步骤及每项任务的具体责任人，实现人与事的完美结合。

企业推行流程管理还可以提升企业经营绩效和竞争力。企业组织是按业务和职能划分的，但真正起作用的是流程。没有一个部门能单独创造价值，只有将所有活动放在一个整体框架内才能创造价值，这个框架就是流程。卓越的流程管理正是提升企业绩效和竞争力的制胜法宝。

二、科学制作流程

企业的流程应科学、合理，立足现实。管理者应站在客户角度去制定工作标准，从而提供更加完美的产品和服务。管理学理论认为，流程包括 6 个要素，客户是其中之一，这里的客户是指活动、流程输出结果的接收者。其他 5 个要素分别是活动、活动间的逻辑关系、活动的实现方式、活动的承担者以及活动价值。

企业的流程应明确清晰，有的放矢。要让执行者明白该做什么，如何去做，在什么时间完成什么任务。对那些多余的流程、多余的环节，应果断舍弃，以便提高效率。合格的流程应具备以下特征：一是所有流程一目了然，工作人员能了解全局；二是更换人手时，新手可以按图索骥，容易上手；三是所有流程在发现疏忽之处，均可适时调整或更正。

流程的设置应环环相扣，有枝有叶。流程不是从部门出发，而是以企业整体为导向，以价值增长为目标，以打通“部门墙”、提高效率为手段，以各岗位充分、尽责、及时应对市场变化为基点，全面提高企业整体竞争力。具体要求如下：

一是制定工作流程图前，先要确定几个关键节点，讲清楚这项工作流程的来龙去脉，这样制作的业务流程图也是最顶层、最基本的业务流程图。

二是从顶层业务流程开始分解，由粗至细。首先界定主营业务范围及其关键节点,再分析分解的业务应包含在哪个关键节点中,分解出的关键节点是否要细化至二级或三级流程,后者取决于该节点涉及的"活动""角色"是否复杂。

三是流程应随着企业的业务发展而持续优化,应建立持续优化机制,让流程管理部门经常收集改进建议,并针对管理的薄弱环节,优化流程或制定新的子流程。

三、不断优化流程

一要精简程序,减少浪费。企业高层要对流程精简工作给予肯定和支持,部门负责人要提高站位,否则就不可能有真正的流程管理,流程精简工作也很难开展。推行流程管理后,管理者要用流程思考问题,企业运行要让流程说话,而不是听领导者发话,杜绝过去习以为常的请示汇报和推诿扯皮等现象。部门负责人要积极参与流程管理,通盘考虑,重新设计或严格规范企业各个系统的事务,打通"部门墙",执行好本职流程,绝不可置身事外。

二要完善信息通道,实现信息集成与共享。随着信息化时代的到来,信息种类越来越多,信息更新越来越快,通过流程管理,建立信息管理体系,使之系统化、条理化和存取便捷化,既可为目标改进提供事实依据,也可为科学决策、科学管理发挥"智囊"作用。传统的等级管理中,每个岗位只能处理与其职责、权力相关的信息,对于超越其职权的信息,须先将其汇集起来,再层层传递至负责处理该信息的岗位人员作处理,这可能会使信息传递失真,延误处理时机,造成巨大损失。针对这些问题,企业管理者可以通过流程管理,优化传递渠道,体现"就近处理"原则,保证信息处理的及时性。此外,传统企业的信息资源被各个单位和部门分别占有,被分割成各个单位、部门的信息"孤岛",致使企业经常因不能整体使用信息资源而蒙受损失,而流程管理可以实现分散信息的收集与集中使用。

三要规范考核与奖惩,增强执行的内驱力。一般来讲,员工工资都可分为基本工资和绩效工资两大部分,基本工资是对员工基本生活的保障;绩效工资则强调个人努力与团队协作的统一性,体现的是企业对员工工作表现的评价。与基本工资相比,绩效工资更能激发员工的积极性,更适应企业发展趋势,也更符合员工意愿。所以，企业要减小基本工资比重，加大绩效工资比重。

四、严格规范流程

一要明确流程标准，做到执行有章法。建立正常的流程管理秩序，管理者和其他员工都能按照统一的程序和方法处理各项事务，大家相互协作配合，可以有效避免以往仅凭个人经验行事、各自为政、难以互相统一的混乱状况。流程标准是对过去各项工作经验的总结，企业管理者学习和掌握业务流程标准是提高自身素质的重要途径，严格执行流程能提高企业管理者的科学管理和现代治理水平。建立流程体系、制定流程标准后，企业管理者可将大量重复出现的管理工作授权下属按标准处理，让高层管理者从繁杂的日常事务中解脱出来，让他们有充裕的时间研究解决经营管理中的重大问题，进而提高管理效率和管理者素质。

二要理清流程思路，畅通衔接环节。构建合理高效的流程，一是合理确定基本工作单元，并选择专业人士或设备来完成它；二是基本工作单元的任务完成后，相关环节应能迅速衔接。衔接的时间与基本工作单元的划定有关，因此，合理的流程要从合理的分工开始。

三要全面分析流程，做到简单高效。首先要发现和去除流程中没有价值的环节，其次要剔除流程中的冗余环节。要按照删除、合并、重排、简化的原则，优化流程或设计新流程，包括删除原有流程中不必要或者可要可不要的步骤，合并可以一次执行的步骤，结合企业实际重新调整流程的执行顺序等，使流程简单明了。

五、推行流程管理的关键

管理企业的支点是表单，解决问题的支点是标准，开展业务的支点是流程。没有流程、没有标准、没有表单，高层管理者就会成为最忙最累的人，因此，企业必须建立一套易复制、易操作的流程系统。推行流程管理，应着力把握三个方面的问题。

1. 遵循八项原则

没有观念的改变就没有流程的优化,流程管理应遵循以下原则,做好观念上的改变。

一是顾客价值导向原则。当今经济形态已由卖方市场转变为买方市场,为顾客创造价值才是王道。不少人还停留在"只对老板或上司负责"的状态,只看到眼前老板或上司的命令,没有看到问题的实质,即企业的产品或服务最终是否得到顾客认可。企业管理者必须认清一个残酷的现实——忽视顾客的企业只有死路一条。

二是企业价值增长原则。企业的所有活动都应在流程链上产生价值,至少传递或保存价值,不能流失价值。研发与生产是增值的最直接环节,仓储、物流、销售环节也必不可少,它们或担当保值责任,或实现价值交换;缺少监察、审计、安保等防止"贬值"流程,生产成果会大打折扣,甚至化为乌有;售后服务、人才开发等虽不能马上创造价值,却能为企业长远发展注入活力。

三是资源集中使用原则。传统管理将企业的人、财、物分散在各个部门,信息资源也由不同的部门所掌握,部门间的人员借用费时费力,物品重复购买时有发生,信息重复收集经常出现,造成资源浪费和人效低下。流程管理要求企业将分散在各处的资源视为集中的资源,不同部门的员工能够随时调剂,实现资源共享、信息共享。

四是信息现场处理原则。应将开展工作的地方设定为决策点,并在流程中加以控制,让开展工作的人决策,把控制节点嵌入流程。瞬息万变的市场也要求赋予一线员工快速决断的权力,用专业的人做专业的事,一次就把事情做对,让现场处理信息成为可能。

五是员工关系平等原则。实施流程管理,必须淡化权力意识,打破等级观念,企业有什么样的员工观,就有什么样的生产力,信任能够提高生产力。管理者必须懂得:员工不负责,是因为没有把责任交给员工。进行流程设计时有一个假设:每一个岗位承担者都是称职的。当企业用流程串接员工、员工遵循流程做事时,员工的责任心会增强,工作能力也会随之提高。

六是流程责任共担原则。实施流程管理,必须明确各岗位的责任。流程管理需要团队合作，也鼓励团队合作。需要流程团队成员一起对流程的结果负责，不能“各管一段”。企业对流程效果的激励和对流程责任的追究也要面向整个团队，这绝不是不分主次、责任均摊，而是流程活动的承接主体要承担主要责任，其他成员相应承担连带责任。

七是流程定期优化原则。管理的进步、员工能力的提升，或者技术更新、环境改变，甚至竞争对手的改变，都会对现有流程产生影响，流程需要与时俱进、持续改善。流程设计不可能一成不变，流程管理也不可能一劳永逸。为了巩固和增强企业的快速反应能力或市场竞争能力，必须定期优化流程，优化频次应视企业规模或实际需要而定。

八是流程工具规范原则。实施流程管理，必须借助流程图软件和统一分析工具。为了保证沟通快捷、交流方便，企业必须统一流程图制作软件，统一各种制作规范，主要包括表单规范、用语规范、符号规范、格式规范等，并与企业现有的 ERP 系统等管理工具全面对接。

企业也可根据自身需要，增加或补充流程优化原则。

2. 激发内驱动力

流程可以驱使企业培养人、训练人、改造人，提高执行力，解放管理者。为激发企业发展内驱动力，企业管理者可以从以下几个方面入手改进流程。

一是规范流程，管理从零开始。即管理者应认清流程管理的价值，把握流程管理的本质，以身作则、严于律己；把流程形成可复制的标准化手册，打造职业化员工；加强督导，使流程管理落地；抓住重点，让管理事半功倍。

二是管理标准化，让员工享受流程之美。即让业务流程定位精准，用流程提升工作效率。标准化的三要素是流程、规范和表单，要把复杂的流程简单化，实时关注工作流程，不忽视每一个环节，及时解决流程中的资源浪费问题。

三是决策程序化，让执行更有保障。即科学梳理决策程序，让项目决策流程更加规范。决策前应客观分析，进行前景预测，制订好决策方案。

四是组织结构化，让员工高效工作。即组建流程化管理的组织架构，合并相近部门，做到有岗有责；减少工作环节，避免过程损耗；减少重复作业，提高工作效率；严格精简人员，重“精”不重“多”；“招聘”资深员工，履行好关键职责。

五是顾客精准化,以市场为导向。即立足客户,流程合理;梳理客户服务的流程思路,明晰客户管理的流程标准;全面分析流程,力求简单高效,规避隐患;制定制度文件,加强约束,规范处理。

六是执行目标化,重视成果评价。即目标管理方面,执行有方向;时间管理方面,执行有节点。规范行为,执行不走样;权责到位,流程不混乱;量化结果,执行不敷衍;量化标准,考核有章法;合理分工,确保流程落地;拒绝借口,无条件按流程执行。

七是严格检查,增强员工执行内驱力。即重视流程检查意义,认识到有检查才有执行力;掌握流程检查方法,确保流程执行顺畅;检查人岗匹配度,控制人力的损耗;增加检查频度,及时化解矛盾;巩固改进结果,提高生产效率。

八是流程优化,形成流程文化。即捋清脉络,划分流程层次;精简冗繁程序,提高流程效率;抓住流程节点,管理直达核心;对症下药,清除流程病灶;选好方法,不断改进流程。

3. 筑牢文化支撑

推行一种管理体系,需要文化的配合,使员工愿为体系建设而努力。体系持续有效运行,同样需要文化的配合,使员工养成符合体系要求的思维方式和行为习惯。因此,流程管理需要客户意识、系统思维、权责观念、契约精神等文化要素作支撑。

一是客户意识。在流程型组织中,企业内部形成一个价值链,整个价值链的流程清晰并且贯通,流程中的交付有明确的标准。于是,各个环节之间形成一个向客户交付的逻辑:后面每一个环节都是前一个环节的客户,客户按照既定的标准来评价前面为他提供的产品或服务。沿着这个交付的链条一直到客户端,就形成一个真正以客户为中心的运营模式。每个人、每个环节都要对自己工作的结果负责,都要对客户负责,谁的错误不重要,重要的是如何才能避免错误,这就是客户意识。

二是系统思维。系统思维就是从系统原因和系统优化两个层面来考虑问题。出现问题首先要找系统原因,只有找到系统原因才能从根本上解决问题。如果只看表象,就事论事,不仅解决不了问题,而且会错过解决问题的时机。此外,企业是一个整体，局部优化不代表整体优化，系统的整体优化才是真正的优化。企业的资源是有限的，一个局部的优化很有可能对企业整体运作来说没有作用甚至起反作用，所以必须平衡整个企业的资源，整体最优才是真正的最优。

三是权责观念。权责观念就是工作内容、责任、权利相互匹配，且岗位的属性不随在岗人员的变化而改变。首先，每个岗位都有工作的内容、责任、权利，三者不可或缺、相互匹配，如果减少工作内容和责任，岗位存在的价值会降低，如果工作内容与责任不匹配，岗位也不会稳固。其次，岗位应标准化，如果随意调整工作内容、责任、权利，造成三者不匹配，会影响团队士气和整体协同性。最后，每个员工都应履职尽责，不错位、不缺位、不越位，领导也不得随意安排工作，以免员工无所适从。

四是契约精神。在经济社会中，契约是维持秩序的纽带，是降低交易成本的手段。企业的规则（流程、标准、表单）就是一种契约，人人都应遵守，不应有特权。一个流程型组织首先必须是一个尊重规则的组织，如果没有这样的文化基础，建设流程型组织只能是空中楼阁。企业中最容易打破规则的是管理者，他们可能会认为自己有凌驾于规则之上的特权，这会大大降低企业规则作为契约的信用，不得不用组织的强制力去维持规则，其直接害处就是使得管理成本非常高。

总之，流程管理可以进一步规范管理，解放管理者，增强企业核心竞争力，提升全员执行力。推行流程管理必须遵循前文所述的八项原则，激发内驱动力，筑牢文化支撑。

企业创新要以市场为焦点

创新对于一个国家、一个民族来说，是发展进步的灵魂和不竭动力，对于一个企业来讲，是寻找生机和出路的必要条件。从某种意义上来说，一个企业不懂得改革创新，不懂得开拓进取，它的生机也就停止了，它就要濒临灭亡了。那么，企业如何搞好创新呢?

一、企业需要进行哪些创新

创新的根本意义就是勇于突破自身局限，革除那些不合时宜的旧体制、旧办法，创造更多适应市场需要的新体制、新举措，走在时代潮流的前面，赢得激烈的市场竞争优势。在现有条件下，企业应着力抓好以下六个方面的创新。

1. 理念创新

理念创新是各项创新的前提。这要求企业管理者具有宽阔的眼界和胸襟，能以海纳百川的姿态，积极地学习进取，面向全球，着眼同行，在管理各方面都要求进步，都要有新思路、新举措、新突破，使企业理念跟得上甚至超越市场发展的步伐。

2. 管理创新

管理创新是各项创新的基础。管理创新集中表现为知识在管理中更为广泛的运用以及管理进一步科学化、系统化。企业通过管理创新，可以重新整合人才、科技、资本等要素，使各种生产要素和生产条件进一步优化。

3. 产品创新

产品创新是各项创新的关键。客户的需求归根到底是通过产品和服务来满足的，产品和服务在消费者心目中就是企业的名片和代表。要满足消费者日益增长的物质和文化需求、保持企业高质量发展，必须进行产品创新，增强产品的人性化和实效性，不断生产出价廉物美、品质优良的产品，赢得客户青睐。

4. 技术创新

技术创新是各项创新的核心。"科学技术是第一生产力"，现代企业的竞争已经越来越依赖科学技术，强化技术创新已经成为现代企业发展的关键。从长远发展看，企业应把自主研发作为发展的主战略，努力提高技术创新水平，确保企业在激烈的市场竞争中勇立潮头。

5. 营销创新

营销创新是各项创新的重中之重。在知识经济时代，随着市场营销环境的变化，企业的市场营销活动面临诸多挑战，许多问题需要通过营销创新来解决。企业应立足于使顾客满意，进而赢得顾客忠诚同时培育顾客资源，这既是抵御市场风险的重要能力，也是经营管理创新的重要手段，同时还是企业持续增效的重要保证。

6. 机制创新

机制创新是各项创新的内生动力。华为顾问吴春波说，人才不是华为的核心竞争力，机制才是。一个好的机制不仅能够不断造就人才，使优秀人才脱颖而出，产生高绩效，而且能让自己的组织保持发展速度和灵活性，通过重新组合、保持精益管理，有效应对市场变化。

二、创新的焦点是市场不是产品

管理学家德鲁克曾说,创新的焦点是市场,不是产品。企业的创新必须永远以市场为焦点,如果把焦点放在产品上,虽然能创造出“技术的奇迹”,但很可能会得到一个令人失望的回报。中国工程院院士董家鸿曾说,没有创新的研究是瞎搞,没有市场的研究是白搞。《增长黑客》一书中也提到,很多创业失败不是因为没有市场需求,而是因为市场需求是假需求、伪需求。无数事例证明,创新之所以能成功,源于明确的目标、周密的分析、严密的系统和辛勤的工作。企业创新应遵循“五要”“三不要”“三个要求”的原则。

1. “五要”原则

一要对创新机遇的来源进行深入全面的思考。创新来自“工业结构和市场结构的变化”“思维认知的变化”“意外的事情或灵感”“新知识的出现”等,要对其进行有组织、成体系和规律性的分析与研究。

二要多看、多听、多问。创新切忌闭门造车。首先要分析出满足某个机遇、解决某个“痛点”所必需的创新,然后走进人群,仔细观察顾客,了解他们的期望、价值观和需求,从中看到企业的机遇。

三要目标明确。要专注于创新能够满足的特定需求或所产生的特定结果,一次只做一件事,一次就把事做好。

四是从小规模着手。开始时,可用少量资金、少量人手,针对小规模市场开展创新活动,因为“船小好掉头”,便于日后做必要的调整。

五要以取得市场领导地位为目标。企业唯有保持持续的、足够的创新性才能取得市场的支配地位,否则只能是“为他人作嫁衣裳”。

2. “三不要”原则

一是创新不要过于“聪明”。创新必须让普通人也能操作,若只有设计者本人或者受过高等教育的人群才能看懂操作流程，这样的创新注定会失败。

二是不要一次想做太多事情。专注是一种战略，要将所有努力汇集在一处，不要过于多样化。偏离了客户需求这个核心，就会长期停留在创意阶段。

三是不要尝试为未来创新。创新要专注于当下，除非创新的成果很快就能应用，否则很可能沦为一项“聪明”的创意，成为“为创新而创新”。

3. “三个要求”

要求一：创新必须以市场为导向。创新是经济与社会活动双重作用的结果，不能脱离市场和现实。

要求二：创新者必须立足于自身长处。这个长处只有与新机遇高度契合，才能让创新者全身心投入。

要求三：创新是工作。除了具有聪明才智和丰富的知识外，勤奋、毅力、专注、责任心等是创新的必需条件。

三、准确把握创新度

创新已成为经济社会发展的主旋律。有人讲：“不创新等死，创新则找死”。这是不可取的，是将创新推向了两个极端：要么不创新，要么过度创新。真正的创新需要把握好度。

1. 创新是在“不”与“过度”之间找平衡

企业若不创新，就适应不了变化的形势，将被淘汰出局，这不就是等死吗？但过度创新，风险大、成本高，一旦超过企业承受极限，这不是找死又是什么？要相信出路肯定是有的，即在“不创新”与“过度创新”之间找平衡。

2. 创新也应遵守“二八法则”

美国可靠性工程学会在《可靠性工程师守则》中提出“每次只创新15%”的要

求。为什么创新不选择一次到位呢?其实,在创新管理中也存在一个“二八法则”:当创新度控制在15%~20%时,就能避免创新过度。大到一个企业,小到一个项目,新产品、新技术、新工艺、新材料一起上,这是创新之大忌,问题会层出不穷,甚至会导致灭顶之灾。

3. 高层创新应受“监督”

高层创新与中层、基层创新是不同的。中基层创新属部分创新或局部创新,是停留在既定轨道的模仿型、跟随式创新,不会对企业产生根本性影响,而高层创新则有可能是颠覆性的。如何保证高层创新不偏离企业既定战略目标,不成为脱缰野马?监督作为一种约束机制,能对高层创新行为加以制衡,其目的就是把握好企业创新的度。

创新是一棒接一棒的接力赛,也是你追我赶、竞争激烈的公开赛。如果碰到困难就停止研发,很容易导致前功尽弃、被后来者超越。当前,新一轮科技革命和产业变革加速演变,新技术、新业态层出不穷,只有大力推动科技创新、加快关键核心技术攻关,才能下好先手棋、打好主动仗,才能化险为夷、化危为机,创造更大的生存空间、打造未来发展新优势。

总之,创新位居新时代中国五大发展理念之首,是历史进步的动力、时代发展的关键,是企业经营最重要的品质。在这个“船到中流浪更急,人到半山路更陡”的时刻,在这个愈进愈难、愈进愈险而又不进则退、非进不可的时刻,企业唯有坚持创新,才有可能做专、做精、做特,乃至做强、做优、做大。

产品设计要关注的九大维度

在产品设计中，设计人员经常遇到这样一些现象：由于产品不能满足客户的某项设计要求，或者由于产品成本过高客户无法接受这样的价格，致使项目被迫取消；产品开模后，进入试生产或批量生产阶段，各种各样的质量问题不断；产品顺利量产，但由于成本原因造成产品定价高，销售不及预期。这时就不得不思考：设计到底好在哪里？不好在哪里？什么样的设计才是一个好设计？好设计的标准是什么？

一、勇于创新创造

在市场竞争日趋激烈的今天，很多挑战性的问题通过传统的方法和产品结构已很难解决，设计人员只有跳出传统思维框架的限制，使用创新的想法，才能高效地解决这些问题。创新是实现高质量发展十分必要的品质。要设计出好的产品，就要通过创新的设计来解决产品设计中面临的诸多挑战，进而满足产品设计的各种要求。创新思想、创新思维和创新基因应当存在于产品设计中、存在于产品的每一个零件中，存在于每一个零件的装配关系中。例如，在早期手机后盖与前盖的组装设计中，一般使用螺钉来固定，而使用卡扣设计代替传统的螺钉固定结构，既节约成本，又低碳环保，还提高了产品易用性，增强了用户体验。

创新创造是重要的方法论范畴。没有知识的积累，哪来的思考？没有思考的积累，哪来的创新？没有信息的积累，哪来的决策？设计人员应终身学习，开阔视野，拓宽知识面，更新知识结构，包括学习最新的材料知识和制造技术，参加各种前沿技术展会，了解最新科技动态，时刻关注行业内外的设计趋势。此外，还需掌握一些创新工具,如 TRIZ(萃智创新方法)、DFMA(面向制造和装配的产品设计)、CBB(共享模块建设)等。

二、满足客户需求

产品设计包括对零部件材料的选择、对零件与零件之间装配关系的设计等。产品设计中的所有动作都应以客户需求为中心来展开,任何脱离客户需求的动作都是“自嗨”。

客户需求是个“1”,有了这个“1”,后面的“0”才有意义;没有这个“1”,一切努力都是“0”。好的产品设计首先应满足客户需求,应把满足客户需求放在产品设计的首要位置。

三、追求极简卓越

极简比复杂更好,简单就是美。好的产品设计是简单的、简洁的,这应体现在具体的零件设计以及装配关系的设计中。

在一个产品中,零件的数量越少越好,零件的装配关系越简单越好。零件数量越少、装配关系越简单,产品的装配效率就越高,装配质量就越好,产品成本就越低,产品的易用性就越好。

产品中的每一个零件都是如此,零件的设计越简单越好。零件越简单,制造就越容易,成本就越低,出现缺陷的可能性就越小,零件质量也就越高。

当然,追求卓越是永恒的,做到极简是很难的。乔布斯曾说,极简是最终极的复杂。

四、可制造可装配

设计是要充分考虑产品的可制造性和可装配性的。产品具有可制造性和可装配性，产品的制造和装配就简单，制造和装配的成本就低、效率就高、不良率就低。

同时，产品可制造可装配，设计更改次数就少，可以在第一次就把事情做对、做好，还能大幅缩短产品开发周期，降低产品成本，提高产品质量。

五、始终考虑成本

设计是要考虑产品成本的。在实现产品功能、质量、外观、可靠性等要求的前提下，产品成本越低，企业利润越高。无论一个产品的功能如何强大，质量如何高，消费者如何喜爱，如果产品成本太高，企业没有利润甚至亏损，这样的设计就只能是一个失败的设计。

好的设计要求设计人员具有成本思维，在进行具体的产品设计时，始终把成本作为一个重要因素来考虑，对成本的每一分每一厘都要精打细算。如果产品成本能减少 1 分钱，而产品销量为 1 亿件，这就会带来 100 万元的额外利润。

六、高度重视质量

产品质量是指产品适应社会生产和生活消费需要而具备的特性，它由多种要素组成，是产品使用价值的具体体现。

产品设计决定产品质量。在生产制造阶段，按照设计意图来制造产品，只能在局部范围内提高产品质量，并不能从根本上提高产品质量。在产品检验阶段，事后检验只能检出不合格品，也不可能从根本上提高产品质量。要提高产品质量,最简单、最高效的方法是从设计入手,在产品设计阶段就具有强烈的质量意识。

七、关注用户体验

用户体验这个词来源于互联网行业,是指产品与外界发生的联系和产生的作用,也就是人们在接触和使用产品过程中产生的体验。简单地说,用户体验并不关心产品是如何工作的,仅仅关心用户在使用产品过程中的心情和感受。

产品的最终使用者是用户,只有具有良好用户体验的产品,只有用户喜爱的产品,才是好产品。设计具有良好用户体验的产品应关注以下几个方面:

一是产品的设计是否方便用户的操作和使用。

二是产品的设计是否让用户具有舒适感和愉悦感。

三是产品的设计是否容易让用户产生困惑而不知道如何操作。

四是产品的设计是否容易让用户产生操作错误而带来不愉悦甚至灾难性后果。

良好的用户体验要求产品设计以用户为中心,在产品设计的每一个步骤都应把用户列入考虑范围。这一设计思想虽然简单,所蕴含的内容却出乎意料的复杂。

八、外观具有美感

设计必须充分考虑产品的外观要求,好的产品设计是美的。产品的美感是其实用性不可或缺的一部分,产品的美感能带给消费者一种美的享受,每天使用的产品时时刻刻影响着人类社会进步和生产生活发展。设计人员在进行具体设计时,应当考虑产品的外观要求,否则产品在生产制造和装配过程中就很有可能出现外观瑕疵甚至缺陷。

九、周密思考细节

设计是经过周密思考的，是考虑了每个细节的。细节决定成败，这也适用于产品设计，很多产品正是因为对细节的忽视而导致失败。

产品设计中的每一个细节都有可能对产品的功能、质量、成本等造成影响。产品设计中的每一个细节都必须精心考虑，精益求精，绝不能敷衍了事或抱有侥幸心理。这既是对设计本身的挑战，也是对消费者的一种尊重。例如，在塑胶制品的卡钩设计中，如果卡钩的根部是尖角而不是圆角，在制造时卡扣根部就会产生应力集中，卡钩强度就会大大降低。倘若使用过程中发生碰撞或跌落，就易造成卡扣折断。

总之，好的设计应是勇于创新创造、满足客户需求、追求极简卓越、可制造可装配、始终考虑成本、高度重视质量、关注用户体验、外观具有美感、周密思考细节的设计。产品设计需要满足的要求如此之多，而在有些时候，这些要求之间又是相互冲突的，可能满足了这一方面的要求就会造成另一方面的要求无法满足，这就需要设计人员具备丰富的设计知识和很强的创新思维，能够在这些要求中找到平衡，使设计出的产品符合要求。好的产品设计是讲究平衡的，是和谐的，不会因为一方面的要求而忽视另一方面的要求。

项目管理是个系统工程

项目管理是一门学问,也是一门艺术。项目的成功既无固定招式,也无放之四海而皆准的法则。在项目管理这条路上,别人走过的弯路、经历的坎坷都有可能成为宝贵的经验。

一、项目管理的三个原则

1. 目标管理

目标管理是"现代管理学之父"彼得·德鲁克1954年在其划时代著作《管理的实践》中提出的,它是一种以建立目标体系为基础的管理方法。目标管理包括三个基本步骤:一是建立切实可行的目标,二是分解目标及开展阶段性衡量,三是实施纠错行动直至实现目标。

制定目标的"SMART"规则的具体内涵如下:一是明确性,即目标必须是具体的;二是可衡量性,即目标必须是可以衡量的;三是可实现性,即目标必须是可以达到的;四是相关性,即目标必须和组织其他目标具有相关性;五是时限性,即目标必须具有明确的截止期限。

2. PDCA 循环

PDCA 循环是美国质量管理专家休哈特博士首先提出的,后由戴明采纳、宣传并得到普及,所以又称戴明环。PDCA 循环将管理分为四个阶段。

(1) P(plan)计划:目标与方针的确定,以及活动规划的制定。

（2）D(do)执行：根据掌握的信息，设计实施方案、操作方法以及计划布局等，再根据设计与布局进行运作，实现计划中的各项内容。

（3）C(check)检查：总结执行的结果，分析哪些是正确的，哪些是错误的，从而明确效果并发现问题。

（4）A(act)处理：对上一步检查的结果进行处理。

对于仍未解决的问题，提交下一个 PDCA 循环去解决。需要注意的是，这四个过程并不是运行一次就结束了，而是周而复始地进行。一个循环结束，可能解决了一些问题，而没有解决的问题将进入下一个循环，如此“波浪式”前进、“螺旋式”上升。

3. 以人为本

“以人为本”的管理理念在中西方都得到推崇。如中国古代管理思想主张“民惟邦本，本固邦宁”“夫霸王之所始也，以人为本。本理则国固，本乱则国危”。西方现代管理思想倡导：社会发展源自创新，创新源自企业家精神；员工不仅是单纯追求经济收入的“经济人”，也是具有社会和心理方面需求的“社会人”；人既是管理的主体，也是管理的客体；组织不仅要关心其成员的物质利益，更要关心其自我价值的实现。

二、项目管理的三个关键

1. 风险

风险一直是令项目经理头疼的问题，客户关系处理不好是风险，交付范围扩大是风险，客户需求变更是风险，有的时候诸多风险会一起到来，令项目管理如履薄冰，稍有不慎就会导致项目的失败。在真实风险之外，也有许多项目折戟于“想象中的风险”，换句话说，就是很多风险并非无法解决，而是项目经理认为自己无法解决，团队掉入自己为自己挖的“坑”。

在项目的实施过程中，团队可能会面临各种各样的困难与挑战，有时需要突击学习,有时需要加班赶工,这些困难与挑战都有可能变成团队的压力。重压之下,团队很有可能会变得悲观,当一个人的悲观变成一群人的悲观时,团队就会失去对风险的客观分析与理性判断,这时候最需要的就是对事实的清晰认知。

所以,项目管理的第一关键:面对风险,须多做一些分析;管理风险,一定要基于事实。

2. 客户

客户管理最难的是管理决策者。项目决策者通常为客户高层,有时还是出资人,他们有想法和话语权,但其特殊的身份决定了他们通常不是项目的直接对接者。如果管不好项目决策者,就会出现如下情景:项目开发到一半,项目决策者一出现,推翻了大部分做好的功能;项目功能首演时,项目决策者反馈,条条都需设计变更;关键功能需要项目决策者拍板,却约不到时间,找不到人……此类情况多了,项目团队就会认为这个项目不是项目决策者的优先项目,尽管非常需要项目决策者出面,却无能为力。如果问开发团队,项目决策者是否知道他对项目很重要,是否知道他可能会是项目交付的最大瓶颈,多数情况下,开发团队会露出一脸的茫然,因为很少会有人和项目决策者确认这些问题,对客户的认知是基于猜测而不是事实。

所以,项目管理的第二关键:让客户成为团队一部分,多些沟通,少些猜测。

3. 目标

团队目标是根据客户目标制定的,一旦客户目标明确,团队目标也就非常清晰。但每过一段时间,就会有人质疑团队是否有目标,或抛出一个对目标的错误认知,甚至认为团队不可能达成目标。

人的认知是很奇怪的,信息被植入人脑,但随着时间的推移会被迭代很多次,于是不同的人就有了不同的认识。如果不反复强化目标,并确认所有人的认识是一致的,就会出现这样的情况:团队花时间开发了无用的功能,造成浪费,但要开发重要功能时却没时间了;系统出现问题,有人认为应修复,有人认为不重要,对任务优先级的认识不一致,导致很多无效的讨论;客户也会对团队产生怀疑,认为团队自始至终都没有理解业务。最终,在客户资源耗尽之时,团队却没有办法交付产品。

所以，项目管理的第三关键：不断验证并强化目标的一致性，帮助团队统一方向，提高效率。

三、项目管理的三大要素

1. 进度管理

进度管理即为保证项目活动计划达成所开展的一系列管理工作。进度管理的最佳状态是按时完成，延期完成会影响后续工作的开展，提前完成会占用过多相关资源。进度管理的前提是项目计划要编制得科学、合理、能落地。项目计划要按项目管理的方法去编制，计划任务细化的颗粒度既不能太大也不能太小，要便于管控。如新产品开发的工作计划可分级编制，一级计划讲清楚各时间节点和一些主要的任务，二级计划讲清楚各阶段具体的工作任务，三级计划对各项工作任务进行细化落地。如二级计划要进行外购件采购，三级计划就要对这个采购任务进行细化，明确签订协议、确定价格、供应商交付、检验入库等环节的时间。当然，根据任务复杂程度，也可细化到四级、五级计划。作为项目经理一般管理一至三级计划。只有计划层层分解、级级落地，才能保证项目进度的按时完成。

进度管理要做好过程监控，关键是提前做好风险的识别和预防。扁鹊的大哥比扁鹊高明之处就在于，前者是治病于病情发作之前，付出的成本极低，而后者是在生病之后，须采取刮骨疗伤、放血敷药等措施，付出的代价很大。项目管理也一样，高明的项目经理懂得提前识别风险，并做好预防。项目经理应定期召开项目风险识别会，积聚集体智慧去识别和预防风险，不要在形成问题后再去解决。

进度管理还要及时做好项目变更管理。业内有一句话："项目目标要刻在石板上，项目计划要放在沙滩上。"也就是说，在项目实施过程中，对于项目非关键路径上的一些活动，允许根据资源情况进行适当调整，以免浪费资源。但对项目关键路径上的一些活动，要不折不扣地按时完成，否则会影响项目目标的达成。

2. 质量管理

项目质量表现在两方面，一是过程质量，二是成果质量。过程质量关注的是项目在实施过程中，日常管理是否规范，目标达成是否顺利等。成果质量关注的是最终开发出的产品或提供的服务是否符合标准，是否满足客户和消费者的需要。过程质量是成果质量的基础和前提，很难想象过程质量不好，项目管理一塌糊涂，成果质量却好的情况。

质量管理首先要做好质量策划，要对项目目标中质量方面的要求进行分解，细化到各个阶段须达成的子目标中，或细化到各个阶段要开展的质量活动中，形成一个完整的项目质量管理计划，并按这个计划去实施、跟进、落实。其次要做好质量与成本的平衡，提高质量，降低成本，实现资本保值增值和盈利最大化。

3. 成本管理

成本也包括两部分，一部分是项目成本，即项目形成过程中所消耗的资源成本。对于新产品开发来说，就是我们常说的产品开发费，包括项目批量生产前的人工费，围绕项目使用的固定资产使用费、办公费、差旅费，样件的制造费、检验和试验费等；另一部分就是产品成本，即在质量保证大纲指导下制定的制造方案所对应的产品制造成本。需要注意的是，我们常说的管理费用、销售费用、财务费用三项费用，因其与项目完成没有直接联系，且基本不受本项目业务量增减的影响，一般不作为项目成本的一部分，而是作为期间成本直接计入企业当期损益中。

成本管理的关键是做好成本预算管理。对于新产品开发来说，就是在项目立项前，根据产品开发流程，制订出各阶段所需各项费用的需求计划，按计划进行管控，并做好偏差分析。

进度、质量、成本三者相互影响、相互制约。比如，为赶进度，必然带来成本的上升。有时为控成本，也会牺牲一定的产品质量。另外，项目范围的变化，也会引起进度、质量、成本的变化。项目经理必须平衡好三者关系，最终达成项目目标，实现项目干系人利益最大化。

总之，只要坚持目标管理、PDCA 循环、以人为本三个原则，抓住风险、客户、目标三个关键，平衡好进度、质量、成本三者关系，就会大大提高项目成功的可能性。

成本是企业生命之源

企业要在激烈的市场竞争中生存下来并不断发展壮大，就必须拥有自己的竞争优势。生意始于成本，也终于成本。降低成本是一座“金矿”，蕴含着巨大潜力，向降低成本要效益，是企业经营管理的重要着力点。企业必须强化全员成本意识，组织发动全员参与，不断改进经营过程，进而达到降本增效之目的。

一、领悟成本内涵

成本是经济学中一个非常重要的概念，从不同的角度看，成本有着不同的内涵。一般意义上的成本指会计成本，本文所说的成本是以会计成本为基础，外延有所扩大的范畴。

1. 会计成本与机会成本

会计成本是传统意义上的成本概念，是企业在经营过程中所发生的各项开支，一般在财务账目中反映出来，因而也称为历史成本。会计成本只能反映过去，不能说明未来，也不能完全反映企业经营中的实际代价。

机会成本是指企业为从事某项经营活动而放弃另一项经营活动的机会，或将有限资源用于某一用途后所丧失的将该资源用于其他用途的收益。机会成本可以比较准确地反映企业用有限的资源开展某项经营活动的代价，从而迫使企业决策者合理地运用资源。

2. 直接成本与间接成本

凡能直接认定其负担对象的成本,叫直接成本;凡归属不易或无法直接认定其归属对象、必须借助某种方法加以分配的成本,叫间接成本。把成本分为直接成本和间接成本,是由其可追溯性决定的。当要比较不同部门、不同产品的成本时,必须进行各项成本的归集和分配。因此,了解各项成本的直接或间接性质就显得尤为重要。

3. 可控成本与不可控成本

企业为有效降低成本,必须加强成本控制,科学合理划分权责,把一定的成本项目交由一定的部门或个人来负责。可控成本和不可控成本的划分,对于成本控制非常重要。比如,材料的耗费可分解为价格和耗用量等因素,对生产部门来说,材料的耗用量是可控成本,价格是不可控成本;而对采购部门来说,材料的价格是可控成本,耗用量则是不可控成本,但对整个企业来说,所有的耗费都是可控成本,只是责任主体不同罢了。

4. 固定成本与变动成本

凡成本的发生金额与产量无关,且在一定期间内保持一定固定金额的,叫固定成本;凡成本的发生金额是随产量的增减而增减,且呈同比变化的,叫变动成本。此外,还有一种成本,是随产量的增减而增减,但以不同比例变化的,这就是半变动成本,半变动成本需要通过一定的方法进行分配。

5. 标准成本与目标成本

标准成本是科学管理的作业标准化与成本管理结合的产物。确定标准成本通常先确定直接材料和直接人工的标准成本,然后确定制造费用的标准成本,最后确定单位产品的标准成本。无论哪项成本,都需分别确定其用量标准和价格标准,两者相乘即可得出。

目标成本是成本管理与目标管理结合的产物。确定目标成本是将企业总体经营目标逐级分解成基层的具体目标。标准成本和目标成本都可作为成本管理的基础,但明确的目标具有激励作用,鼓励全体员工努力实现企业的成本目标。

6. 理想标准成本与正常标准成本

理想标准成本是指在最优的生产条件下,利用现有的规模和设备能够达到的最低成本,它以理论上的业绩标准、生产要素的理想价格和可能实现的最高生产经营水平为依据,能够揭示成本降低的潜力,但不能作为考核的依据。

正常标准成本是指在效率良好的条件下,根据一般的生产消耗水平确定的标准成本,它把生产过程中难以避免的损耗也计算在内,使之符合生产实际,成为切实可行的成本标准。正常标准成本从数量上来说,应高于理想标准成本但又低于历史平均水平。

7. 个别成本与行业平均成本

个别成本是从会计成本的角度反映本企业的成本水平;行业平均成本是从全行业角度反映的一般成本水平。

二、成本管理举措

1. 坚持三个原则

成本管理应当遵循全面介入、例外管理、注重效益三个原则。

一是全面介入原则。全面介入是指对成本的全部、全员、全过程管理。全部管理是指对企业经营中的所有成本加以管理;全员管理是指组织发动全体员工树立成本意识,参与成本管理活动;全过程管理是指对产品的设计、制造、销售等环节的成本进行管理。

二是例外管理原则。例外管理是指将注意力集中在超乎常情的情况下,只有把注意力集中到非正常的例外事项上,并进行信息反馈,才能抓住薄弱环节,聚焦突出问题,使成本目标的实现有可靠保证。

三是注重效益原则。加强成本管理是为了降低成本,提高经济效益。降低成本除了重视成本绝对数的降低,还应准确把握产品数量、质量、成本与经济效益的关系,通过提高产品质量、扩大市场份额来降低成本,增加利润。

2. 强化五项措施

成本管理应在划定责任主体、制定管理标准、落实管理责任、推行全面管理、严格考核奖惩等五个方面下功夫、见真章。

一是划定责任主体。应结合企业生产工艺特点、职能部门及各类人员的职权范围,划定不同层次的责任主体,将生产部门设定为成本中心,将没有产品产出的生产辅助部门设定为费用中心。

二是制定管理标准。标准成本控制法是对各种费用消耗制定企业内部结算价格,对生产耗费进行计量,进而对产品成本进行有效管控。预算成本控制法是企业制定年度成本预算并将其作为成本管理标准的方法。

三是落实管理责任。落实管理责任的原则要求责任者应当知道自身所在环节发生了什么耗费,可以采取什么方法计量其耗费,当发现耗费偏离计划时要采取措施加以调节。唯有如此,管理责任才能落到实处。

四是推行全面管理。产品成本的形成涉及企业所有人员,每位员工都应结合岗位实际,积极参加成本管理。产品成本的形成从研制开始,历经生产准备、材料采购、生产制造、产品销售、售后服务等环节,因此成本管理应贯穿于生产全过程。影响成本的因素有客观的,也有主观的;有技术方面的,也有管理方面的。凡不利于成本降低的因素都须严格控制。

五是严格考核奖惩。考核奖惩制度是成本管理制度的重要构成,即依据成本预算目标,对各责任单位的任务完成情况进行考核、评价,完成好的单位予以奖励,完成较差的单位予以处罚,以巩固和发展企业的成本优势。

3. 把控三个环节

成本管理应重点关注事前、事中、事后三个环节。

一是事前成本预测。企业生产经营过程中的成本预测主要包括目标成本预测和定额成本预测。目标成本是为实现未来一定时期的目标利润所规划的企业成本水平，通过层层分解，下达到各责任中心，作为降低成本的努力方向。定额成本是对某一产品设计方案，依据产品生产的各种现行消耗情况和当期正常费用预算编制的成本限额，定额成本预测是编制成本预算的基础。

二是事中成本管理。事中成本管理是整个成本管理体系中十分重要的一环。企业应建立生产费用周报制，以周为周期计量各种费用，各成本中心对上周出现的费用异常情况要及时反馈，这样虽然会增加基层财务人员的工作量，但改变了以月为周期计量成本导致各成本中心的生产成本已成定局的尴尬局面。对周报反映的成本上升苗头，要及时查找原因，并采取措施加以控制。

企业应尽可能缩小可控费用的责任单元，并与目标考核、个人薪酬挂钩，充分调动全员降低成本的积极性。

三是事后成本管理。事前以行业平均成本或目标成本来控制最低成本，事中以标准成本来控制实际最低成本，环环相扣，有机统一。事后则应将实际成本的构成细分为行业平均成本、事前成本控制差异、事中成本控制差异等，详细分析事前、事中各责任中心取得业绩的原因，确定今后努力的方向，进一步划清各责任中心的权责界限，努力以尽量少的生产耗费创造尽可能多的价值。

事后成本管理无异于“事后验尸”，对当期的成本超支已无法挽回，目的是在下一个降本循环中避免发生同样的错误，找出更优的成本管理方法，从而不断降低成本。

三、在经管上降本

1. 经营与管理之别

在企业创新发展实践中，经常有人会问，经营与管理最大的区别是什么。两者最大的区别，大体可概括为以下四点。

一是经营是选择正确的事做，管理是把事做正确。选择正确的事，往往是经营者战略层面和方向路线方面的事。试想，如果企业的方向路线错了，那么即使管理者把错误的事做正确了,也不会有什么效果,有时可能会造成更大的损失。

二是经营是对结果负责,管理是对过程负责。反映经营结果的往往是利润,反映过程效果的往往是体系、流程、标准,所以,我们常说"经营者关注利润,管理者关注体系"。企业为什么要建立体系、流程、标准?其目的就在于保障经营结果的实现。

三是经营者侧重于外部,管理者侧重于内部。经营者擅长整合外部资源为己所用,包括客户、资金、政策等;管理者擅长治理内部结构,确保运营顺畅,包括人员结构、生产流程等。

四是经营者注重领导人,管理者注重理顺事。高明的经营者不仅会驾驭"君子",而且会经营"小人"。经营者不仅具备超强的领导力,更有过人的见识和胆识。因此,人们常说,知识决定见识,见识决定胆识,胆识决定出息。

经营主要从外部市场入手,不仅追求销售业绩的增长,还追求利润率的提升。管理主要从企业内部控制入手,追求成本和费用的降低。

经营如果没有管理做保障,目标必然无法实现;管理离开了经营目标,就会失去方向、变得盲目,经营与管理是相辅相成的。在经营模式不成熟时,企业管理不能过度,更不能赶时髦,追求"高大上"。

2. 经营上如何增效

要做到经营增效,实现产品的市场成功和企业的财务成功,必须在产品、客户、市场、利润四个方面上出奇招、下苦功、求实效,着力改善四大财务指标和四大竞争力指标。四大财务指标,即销售收入及其增长率、新业务的收入在销售收入中的占比、人均毛利润及其增长率、非薪酬费用下降的比率。四大竞争力指标,即产品收入及利润结构的合理性、区域收入及利润结构的合理性、渠道和客户收入及利润结构的合理性、核心人员的薪酬及任职能力的适配度。

实现产品的市场成功和企业的财务成功,重在提高销售收入和销售毛利率。一般情况下,可以通过从市场宽度看空白点、从市场深度看占有率、从市场黏度看长期性的"营销增量三度法则"来提高销售收入;在分析客户盈利能力和贡献率的基础上,通过扩大优质客户的内部占有率、增加边际贡献高的产品的销量、提高边际贡献低的产品的价格等措施来提升销售毛利率。

在此，应深入思考：产品设计到底好在哪里？不好在哪里？什么样的设计才是一个好设计？好设计的标准是什么？好的产品设计首先必须满足市场需求，市场需求是“1”：有了这个“1”，后面的“0”才有意义；没有这个“1”，一切努力都是“0”。我们必须追求极简卓越，零件的数量越少越好，零件的设计越简单越好，零件的装配关系越简单越好；必须关注用户体验，产品的最终使用者是用户，只有具有良好用户体验的产品，只有用户喜爱的产品才是好产品；必须使外观具有美感，美感是产品实用性不可或缺的一部分，产品的美感能带给消费者美的享受；必须勇于创新创造，创新是引领发展的第一动力，要通过创新来解决产品设计中面临的问题与挑战，进而满足产品设计的各种要求；必须高度重视质量，提高产品质量最简单、最有效的办法是从设计入手，在产品设计阶段就具有强烈的质量意识；必须始终关注成本，在实现产品功能、质量、外观、可靠性等要求的前提下，追求产品成本最小化。

3. 管理上如何降本

要做到管理降本，应当遵循全面介入、例外管理、注重效益等三项原则，在划定责任主体、制定管理标准、落实管理责任、推行全面管理、严格考核奖惩等五个方面下功夫、见真章。应当关注事前、事中、事后三个环节：事前，通过层层分解目标成本，将其下达到各责任中心，作为降低成本的努力方向；事中，尽可能缩小可控费用的责任单元，并与目标考核、个人工资报酬挂钩，充分调动全员降低成本的积极性；事后，努力找出更优的成本管理方法，避免发生同样的错误，从而不断降低成本。

管理降本，最基本的是建立健全制度体系和培训骨干人才，必须完善预算管理制度、成本企划制度、标准成本制度，根治诸如核算材料成本但缺少物料清单、核算人工成本但没有标准工时、管控不必要的费用但无全面预算管理制度等管理乱象，培训管理人员和技术人员使其善于运用 VA（虚拟应用）、VE（价值工程学）、VSM（价值流程图）、IE7 大手法（防错法、动改法、流程法、五五法、人机法、双手法、抽样法）、QC 七大手法（检查表、分层法、排列图、鱼骨图、直方图、控制图、散布图）等工具方法，不断减少企业全价值链的浪费和损失。

管理降本，重点在于改变管理人员和技术人员的成本意识，提升成本改善能力。管理人员应当牢固树立“向管理要效益”的思想,切忌漠视企业盈亏,对浪费或视而不见,或知而不行,或行而不远,甚至对专家顾问和员工的“谏言”置若罔闻,不认为自己的企业有“病”。技术人员应当高度关注新产品的研发成功率、研发周期、材料共享率、零件削减数等研发业绩指标,熟练掌握常用的研发降本增效工具,比如:TRIZ(theory of the solution of inventive problems,萃智创新方法)、Tear Down 技法、DFMA(design for manufacturing and assembly,面向制造和装配的设计)、CBB(common building block,共享模块建设)等。

总之,毛利润取决于行业,纯利润取决于企业。世界上没有不赚钱的行业、只有不赚钱的企业。企业唯有外部市场突破增效,内部运营减耗降本,才能做到利润最大化,推动企业高质量发展。

四、在研发上降本

1. 从设计入手

企业要想降低产品成本,首先得从产品设计入手,其次才是调整制造环节。因为,新产品一旦定型,其所用物料也就基本确定,虽然以后可能会对其部分零部件作更改,但变更的幅度不会太大。这也就是说,在产品的设计阶段,新产品的成本就已基本确定。

一是在设计中降成本。在产品的设计阶段,就应对成本进行管控。下面是三个没有进行成本管控的例子。

例 1,安全系数过剩。如果设计人员在设计产品时缺乏通盘考虑,就可能导致过高的产品设计冗余和过高的安全系数,使得单一零件或组部件的成本高于竞争对手的成本。比如,在设计钣金垫时,钣金垫越厚,不代表产品越安全,甚至还会使单一零件成本增加数倍。如果钣金垫采用非常硬的纯钢来加工,在发生撞击时,汽车可能不会被撞坏,但车内人员就不安全了。所以,在设计钣金垫时,通常选用较薄的材料,使其可以通过结构变形吸收能量。这样做,产品很安全,材料成本也便宜,还会让汽车省油。

例2，设计的标准化、模块化程度较低。如果设计的标准化、模块化程度不高，零件种类就多，势必增加模具数量和管理成本。

例3，设计时忽视工艺。设计人员对工艺了解不多，也不进行标准成本分析，不清楚需要增加多少材料费、管理费、加工组装费，等等，这样设计出来的产品成本必定高。

二是在各业务环节降成本。影响产品成本的因素包括设计、制造、物流及其他，其中设计是最重要的因素。此外，包装费用、加工精度、加工难度等也会影响产品成本。

加工精度与加工费用成正比。随着加工精度的提高，加工费用会呈指数级增长。精度每提高一个数量级，就意味着使用设备的等级会更高。以前只需用几万元一台的加工设备，提高了加工精度后，就可能要用几十万元甚至几百万元一台的加工设备。价格不同的设备，其折旧费自然不同，加工成本的差别就会非常大。

首先，高难加工与简易加工的成本差异很大。在设计时，应尽量选用简易加工，高难加工会增加不少成本。比如，在某产品底部设计一个平底孔，其加工成本就会很高，因为平底孔必须采用特殊处理方法。若把孔底设计成平的，就需用特殊的工具来削平，而把孔底设计成锥形，只用钻头打孔即可。又如，把某零件的截面设计成圆形（零件局部形同球冠），需开发专用刀具，加工成本就会很高，而把截面设计成梯形（零件局部形同圆台），加工就容易多了，成本自然就低些。

其次，在材料选用上减少成本。比如，选用铜材作为原材料就比选用钢材成本高，并且同样一吨材料，用钢材所产出的产品数量比用铜材要多百分之十几，且不影响性能。所以，用钢材代替铜材，可以节省不少材料费用。又如，为制造某零件而把钢板掏空，这样就会浪费很多材料。如果采用铸件，直接把零件的毛坯做成需要的形状，就不会造成材料的浪费。

最后，删除不必要的设计。如果某项设计不是产品的卖点，也不能确立产品的竞争优势，就没必要设计。如果某项设计是产品卖点，且能提高产品价格，此时就必须进行设计。

2. 注重规范化

一是编制企业的设计规范。企业必须规定设计方式，形成设计规范。以电源为例,电源包括开关电源、模拟电源等多种类型,在什么产品上使用开关电源、在什么条件下使用模拟电源,其电阻是多少、依据什么标准、选用哪种螺钉、采用哪种金属材料……这些都须有设计规范。一个没有设计规范的企业,就会出现设计错误多、开发周期长、质量不稳定、返工率高、产品缺点多、经济效益差等诸多问题。

二是推进零部件的标准化。企业推进零部件的标准化,主要目的就是提高零部件的通用性,其好处如下:

零部件的标准化可以带来规模效应。大家都有过这样的体验,在采购商品时,随着批量的增大,采购价格会不断降低。零部件的标准化提高了零部件的通用性,使零部件的品种数减少了,在采购总量相当的情况下,每种零部件的数量会相对增加,即扩大了采购规模。

零部件的标准化可以降低生产成本。对企业来说,现在越来越多地采用大规模定制方式,在这种方式中,由于系列内的通用化和零部件的标准化,提高了制造过程的生产批量,可以进一步降低成本。而对供应商来说,标准化的零部件可以提高生产批量,减少转产次数,缩减模具费用,进而降低成本。

三是推进设计考核科学化。如果企业的设计制度和考核体系出了问题,就会出现一些差异细微的新零件和新物料。比如,以设计新产品的数量和出图纸的数量作为设计人员的业绩考核指标,就会促使设计人员把有微小变化的设计当作新的设计,从而形成大量的垃圾图纸,大大增加成本和制造时间。成熟的设计人员一般会尽量少出新图、少选新零件,只对个别有卖点,有新突破的地方才开展设计。少出新图、少选新零件,模具数量和物料种类就会减少,库房管理也会变得容易。模具数量少,成本就会低,并且产品的品质也会稳定可靠,新产品的开发时间也会大大缩短。

3. 供应商参与

企业在进行产品设计时,既要挖掘自身资源潜力,也要充分利用外部资源。企业的自身资源不必多言,至于外部资源,很多企业在寻觅最新技术和新厂家等方面下足功夫、花大气力,却忽略了供应商。实际上,企业可利用的最佳外部资源就是企业的供应商。

企业的供应商在长期配套过程中，对企业的产品十分熟悉，而这些供应商在自身所处技术领域拥有不少优势。企业在产品设计阶段，让这些供应商参与其中，与供应商共享开发信息，这样做的好处如下。

一是供应商基于对企业产品的深入了解，可在最短的时间以最低的成本提供满足设计要求的零部件，进而缩短新品开发周期，达到零部件的定制化和最优化。

二是供应商提供的零部件结合了自身工艺水平和生产能力，可以缩短零部件的正常供货周期，日后的供货将会更有保障。

可以说，供应商参与产品设计，既加强了企业与供应商的联系，也促进了企业供应链建设。

4. 几点启示

第一，设计人员应熟悉材料性能和制作工艺，在不影响产品质量的前提下，选用价格更低的材料，这样有助于降低成本。

第二，设计人员应掌握标准成本核算方法，比如使用什么材料、选用什么标准部件、需用多少工时等，进而有效控制成本。

第三，成熟技术和通用零部件可系统地降低成本。一方面是因为零部件的批量大，摊薄了固定费用；另一方面是可通过一些设计变更，减少材料消耗。

第四，修订企业的设计规范，借助成熟的工艺和常用的物料等，可以有效控制成本。

第五，丰富企业的“货架”产品（包括组部件、零件的经典设计，成熟简便的工装夹具，等等），减少重复设计，提高工作效率。

总之，设计决定成本，人品决定产品。高品质的产品是高水平的人才设计出来的，只有牢固树立“设计决定成本”的理念，强化设计人员的成本意识，提高设计人员的技术水平，完善设计规范，推行知识管理，才可能为市场提供适销对路、物美价廉的商品。

五、降低隐性成本

1. 分析隐性成本

企业运营成本居高不下,又难以找出高出来的是哪一部分。这高出来的部分就是“隐性成本”,如同人体里潜藏的疾病,久治不愈,挥之不去。企业在运行中很多地方都可能存在隐性成本,举例说明如下。

一是会议中的隐性成本。会议是企业解决问题、发布指令的集体活动,也是一个高成本的经营活动,这个活动是很多管理者参与的集体活动。很多企业管理人员并未掌握召开会议的技巧,势必存在“会前无准备,会中无主题,会后无执行,与会无必要,时间无控制,发言无边际”的“六无”现象。这就必然形成巨大的隐性成本。

二是采购中的隐性成本。不同的企业,有不同的采购方式,采购成本是影响企业经营的重要成本。但是,如果只关注采购价格,一味追求降低采购的直接成本,就会忽略同时并存的相关部门运营成本、市场机会成本等隐性成本。采购部门只有站在整体经营角度,综合权衡各项指标,才能真正控制采购成本。

三是沟通中的隐性成本。沟通是企业运营的重要环节,很多企业都做过制度和精神层面的培训,大多没有做过沟通能力的培训。有些企业员工间的沟通严重失真,或词不达意,或答非所问,或百人百解,等等。这些现象,会让很多工序成为无效工序,失去很多重要机会,增加隐性成本。

四是加班中的隐性成本。不少老板认为,员工下班后“废寝忘食”地“加班”是一种敬业现象,殊不知这可能隐含着很高的隐性成本,理由有三:第一,加班的原因并不一定是因为工作任务太重,有可能是员工效率低下,加班意味着低效率;第二,加班耗费员工精力和体力,严重透支员工健康,长此以往,会让一些重要员工不能长期发挥效能,且有成为企业负担的隐患;第三,加班员工不一定在“务正业”,有些员工名为加班,实为利用企业资源干私活,还领取企业的加班费。

五是人才流动中的隐性成本。不少企业的人力资源管理能力很欠缺,他们认为企业是“铁打的营盘”，员工是“流水的兵”，人才是无限的。事实上，员工离职对企业来说是一笔巨大的成本付出，企业可能因此流失重要的商业资源，并且离职员工很可能进入竞争对手的企业。所以，员工特别是老员工的流失，无疑会给企业带来较高的隐性成本。

六是岗位错位中的隐性成本。人力资源管理有句名言——“把正确的人放到正确的位置”，但能做到这一点的企业不多。有的企业把花高工资招聘来的人才当作“搬运工”“勤杂工”“跑腿工”用，这就造成了岗位错位，增加了成本。

七是流程中的隐性成本。流程不通畅造成混乱，是企业管理的通病。企业流程不合理，企业就会为此承担很高的成本。没有科学合理的流程，就失去了对各项工作的系统性控制，有的工作半途而废，有的工作需要返工，这会成为裹住企业前进双脚的一团乱麻。

八是停滞资源成本。停滞资源在企业里是最广泛的“隐性成本”，如：闲置的设备、积压的库存、低利用率的岗位、闲置的资金、搁置的业务，等等。它们不一定会继续消耗企业投入，但它们是企业资产的一部分，企业会为此承担利息等隐性成本。所以说，企业停滞资源的多少，反映企业资源利用率的高低。

九是企业文化中的隐性成本。企业文化如同一个企业的魂，会体现在每个员工的精神面貌中。有些企业，大部分员工精神萎靡、做事效率低下，无论多么优秀的员工，只要进入该企业一段时间后，要么离开，要么也变成那样，这就是企业文化中的隐性成本。

十是信用背后的隐性成本。这是一个远期回报成本，诚信经营如同诚信做人。不少企业习惯拖欠供应商货款、拖欠员工薪资、拖欠银行贷款等，认为这样可以减轻企业流动资金的压力。但从长远看，这会成为企业经营沉重的隐性成本。供应商一定会将时间成本算在报价中，企业无法采购到最低价格的原料或服务。拖欠员工薪资，违反劳动法规，有被处罚的危险。拖欠银行贷款，会使信用度大打折扣，当企业在遇到困难时，会为此付出惨重代价。

十一是风险背后的隐性成本。将企业推向快车道是每个企业家的梦想。但是风险系数也因此而同步增加。特别是大中型企业，虽然发展迅猛，一旦出现危机，必将是灾难性的。无数案例证明，企业的风险很多都是因为预料不足或管理不善造成的，在风险发生前，早已埋下隐患。可见，风险是举足轻重的隐性成本。

十二是企业家背后的隐性成本。有句话说得好,"兵熊熊一个,将熊熊一窝。"企业家如同一支军队的指挥员,也是企业薪资成本最高的员工。如果不能充分地发挥企业家的才能,或者一些企业家把自己变成企业的"皇帝",一切自己说了算,员工都成了执行的机器,那么由于企业家个人因素的缺陷,或是企业的制度安排无法实现企业家应有的价值,必将给企业增加沉重的隐性成本。

2. 降低企业成本的途径选择

一减会议。会议的目的是达成决定,不是进行讨论。开会前先确定:为什么开会?会不会取得共识?还有别的方法吗?

减会议的方法包括:一是开短会,限时发言;二是以解决问题为目标,要有会议成果;三是设立会议时间管理员,保证准时结束。

减会议的最终结果是提升运营效率、增加利润,减少人数、完成战略目标。

二减采购成本。减采购成本的措施有:制定招标管理细则(如,不断开发供应商,完善供应商体系;主要物料供应商至少储备5家,且每年调整;实行全国或全球采购,外包或合作联盟),实行招标采购;高层领导亲自出面谈价;直接到供货源头采购;本着互利互惠的原则,通过情感交流,达到降价目的;要求供应商提供原始单价,看其利润空间;了解竞争对手的采购成本,如果成本低,就与其供应商建立商业合作关系。

三减机构。机构设置以扁平化、一专多能为目标,既要少设副职,上下兼职;又要职责明确,独当一面。减机构以利润为导向,考核团队和部门:一是设立考核目标;二是没有合适的人选就合并团队;三是出现亏损立即研究解决方案;四是裁减没有利润指标的部门。通过量化考核,把每个部门都变成利润中心和价值中心。

四减人员。人员的成本不只是企业支付的工资,还包括培训、考核、管理的成本,机会成本,风险成本等,尤其是员工的负价值。

减人员应坚持人效思维,做到人人头上有指标、绩效考核可量化。

减人员可以采取以下措施:量化考核以利润为导向,用数据说话;通过绩效评估,找到差距与不足;建立赛马机制,实行末位淘汰;促进个人利益与团队利益、企业利益趋同。

设立考核指标，须突出以下特点：一是目标要量化；二是目标要合理；三是目标具有挑战性；四是时间有限制。

五减固定资产。固定资产管理应遵循以下原则：一是尽量不购置固定资产；二是严格审核资本性开支。固定资产不能增加利润反而“侵吞”利润，因而固定资产只有变现才算增值。

需要规范管理流程，理清谁花这部分钱，什么时间花，怎么花，回收周期是多久，要做到责任到人。

六减预算。减预算要有如下信念：相信解决问题的办法总是存在的，相信可以找到解决问题的办法，相信可以把解决问题的办法付诸实施。减预算应努力做到减少20%的供应商，减少20%的管理费。

需要建立预算制度，以此掌控企业运作，包括利润形成流程，也就是对财务功能在事前进行预测、计划和控制，在事中进行估算、控制和结算。

编制预算时，一要对比上年度对营销、市场、客户、产品等进行分析和预测；二要对比上年度，对成本、供应商、货款以及资本性开支进行分析和预测，并根据以上两组数据完成预算。

七减日常开支。可以从十一个方面减少开支。

一是通信费管理。可以采取的措施有：对员工进行快速使用电话的相关培训；根据电话使用者在企业的职级，设立手机话费使用标准，超标部分由使用者承担；2～3人共用一部座机，普通员工座机只能打市话，部门负责人座机可打长途电话；每部座机按月打详单，发现与业务无关的电话，话费由该部门负责人承担。

二是用车管理。可以采取的措施有：统计100公里耗油量并确定一个合理标准，每月盘点一次，超标部分由驾驶员承担50%油费，节约油费的50%奖励给驾驶员；指定维修厂家，所有更换的零件必须带回，由企业统一管理；出车费用计入项目成本，鼓励员工尽量打的，打的费用在24小时内报销，由部门负责人签字确认。

三是日常应酬管理。可以采取的措施有：应酬费用计入相关项目成本；确定人员招待标准（如对方是总经理，要请总经理出面），严格控制陪餐人数；在企业周围指定接待餐厅。

四是办公设备管理。可以采取的措施有：实行办公设备部门包干（办公用纸、笔等个人承包）；纸张尽量双面使用，公用纸杯只允许客户使用；确定各部门耗材指标,超标部分由部门负责人承担50%的费用。

五是差旅费管理。可以采取的措施有:确定是否必须出差和差旅费标准;提交出差报告后方可报账。

八减付款次数。建立集中时间付款制度,如每周只有1天付款。这样做,一是便于管理,二是节省人力,三是保证现金流。现金流是企业的血液,许多企业破产,不是因为没有利润,而是因为现金流断裂。

九减应收账款。减少应收账款的方法包括:建立应收账款管理制度,对客户进行诚信分类,规定授信额度及期限。

十减库存。库存是利润的杀手,必须最大限度控制库存。减少库存的方法包括:先客户后产品,先感应后回应,库存率与相关人员利益挂钩。

十一减劣质客户。客户可分为四类:一是"铂金"大客户(最有价值),二是"黄金"客户(最有潜质),三是"铁"客户(具有一般价值),四是"铅"客户(具有负值)。必须让有限的资源聚焦最有价值的客户。企业若想满足所有客户需求必定增加成本,甚至导致破产,因此必须裁减亏损客户、欠款客户、无诚信客户等劣质客户。

六、建立降本机制

企业要持续高质量发展,在降本方面应建立如下机制。

1. 坚定战略

俗话说:"男怕入错行,女怕嫁错郎。"倘若企业战略方向不定,战略定位不准,战略方向错误,战略突破和转型没有及时到位,目标顾客和经营模式的定位有问题,就必然出现瞎忙现象,以致忙而低效、忙而无效。

2. 改善流程

流程是企业日常运营的基础。企业效率低下,首先应检查流程是否合理,是否存在改进空间,改进的可能性有多大。流程不是简单的业务链条,而是复杂且封闭的循环系统，如同人的血液循环系统。应重点关注：运转是否畅通？是否存在断裂、梗塞？有无冗余和欠缺之处？是否已格式化、规范化？运转流畅、形式规范的流程是竞争对手不可轻易复制的。

3. 完善制度

检查制度是否支持流程及其内容，是否充分尊重人性。制度过严，员工就会变着法子钻制度漏洞；制度过宽，约束力又不够。严与宽是相对的，决定于价值取向，任何违背“以顾客为导向”的非人性制度都是不合理的。

4. 加强监管

监管方面的问题包括：监管方法缺失，如靠人管人或拉帮结派等；监管越位或错位，如直接上级不管不问，一把手却一竿子插到底；监管失职，如明知作业不规范，却睁一只眼闭一只眼；监管人员素质低、沟通能力差或将包容与宽容混为一谈。监管人员没有原则性，处事不公正，再好的流程和制度也会被破坏。

5. 严控质量

质量是企业的名片，企业员工应像珍惜自己的生命一样重视产品质量，像爱护自己的眼睛一样重视服务质量。以“追求一次成功”为质量宗旨，一次就做对、一次就做好。反复是最大的浪费，反复就是“犯罪”。

6. 提高员工的品和质

品是什么？是职业道德。素质是什么？是与岗位相关的职业意识、知识、技能、资源等。品和质要求在岗人员知道自己该干什么和怎么干，知道自己的岗位职责和岗位考核标准。员工工作效率高低与其个人素质有关。素质好的员工，其工作效率可能是一般员工的 2 倍、3 倍甚至 10 倍，更为重要的是工作质量不一样。同样的工作，素质好的员工可能一天内就完成了，而素质不好的员工尽管非常努力，却可能一周后才能完成，其工作质量与前者也不可同日而语。仅从花费的时间来看，就有很大差距，更不用说考量质量的差距了。但受平均主义思想的支配,同岗位员工的薪金待遇不可能有数倍差距。这样,素质好的员工就会逐渐流失,沉淀下来的自然是素质一般或不好的员工。留下来的员工尽管非常努力,也都很忙,但企业整体效率却很低。企业用人不是看其是否勤快,而主要看其品和质。

7. 提升管理者能力

"将帅无能,累死三军。"如果管理者不擅长布局谋划,不善于指挥协调,更不会知人善任,不能有效利用资源,不能做到知己知彼,以致在错误的时间、错误的地点,用很优秀的士兵打错误的仗,失败就是必然的。

一是不要让员工无效劳作。如果管理者让员工忙了半天却没有效果,又不敢承担责任,试想:结局会如何？这样的次数多了,员工也就疲了,但又不能抗令,怎么办？这时员工就会"纵使命令千万条,我仅自扫门前雪"。结果大家都在忙,其实是各忙各的,是装着忙的样子给上级看,一级骗一级。

二是不能朝令夕改。有些管理者因为决策前不慎重,决策力不行或耳朵根子软等原因,在决策实施中,随意、随时、随便、随机修改指令。刚开始一两次,员工对此可能只会感到不舒服。要是经常这样,员工就无法确定管理者的指令会不会被修改,对是否该执行管理者的指令感到犹豫不决、从而佯动而不真动。结果管理者看见下属表面在动就心满意足,却迟迟看不到有什么效果。

8. 摒弃"忙"文化

如果企业倡导"忙"文化,员工必将为忙而忙。管理者极其看不惯员工闲着,员工一闲,管理者心里就堵得慌,而看到员工从早忙到晚就很开心。低能管理者,不问员工是否完成了任务,只看员工是不是在忙。有的管理者不直接批评闲的员工,而是转弯抹角表扬忙的员工,尤其是表扬那些加班加点的员工。殊不知,员工之所以忙得不可开交,大多是因为能力不强,忙不到点上,瞎忙而已;更有甚者是"品"的问题,故意忙给管理者看。而管理者看到这些场景就表扬,员工也就必然会为忙而忙。结果是越忙越受表扬,越表扬员工就会越忙,这样下去必然是忙而无效。

总之,成本管理是现代企业日常经营管理的中心工作,在现代企业生产经营中起着非常重要的作用。成本管理是一项由浅入深、以点带面的长期工作，企业决策者必须充分调动员工的参与意识和积极性，提高员工队伍的业务水平和综合素质，如此才能达到员工价值的实现和企业持续发展的目标。

公开上市是企业融资的重要渠道

公开上市(IPO)是以出售股票的形式将一部分所有权卖给公众,把一个人或几个人拥有的公司变成公众拥有的公司。这意味着公司能够使用大量其他公众资金,从而为扩展业务打开了方便之门。无论是对脚踏实地的实业家,还是对充满幻想的企业家,公开上市都代表着梦想、渴望和激励,同时也表明公司在商界具有重要地位且备受推崇。然而,公开上市之路并非一帆风顺,而是充满着艰辛和风险。

一、公开上市的利弊得失

1. 公开上市的好处

既然公开上市充满了艰辛和风险,为什么企业家们还铁了心地要走这条路?研究表明,大部分公司的决策者认为,选择公开上市主要基于以下考虑。

一是构建长期稳定的融资渠道。资本是在交易中形成的,对公司意义重大,其用途主要在于:

(1) 支持公司的创业活动;

(2) 购买必要的生产设备;

(3) 适度增加原材料和产品库存;

(4) 支持公司成长;

(5) 扩大公司经营;

(6) 支付公司日常管理所需费用;

(7) 进行新产品的研究和开发;

(8) 偿还债务；

(9) 增加市场份额。

以上这些用途体现了资本的最根本功能，那就是支持公司持续发展。当然，公司通过公开上市获得了额外资本，就可开展并购活动，把一个地区性的小公司发展成全国性乃至国际性的大公司。

二是提升股票价值。通过公开上市，公司创始人可以把一部分股权以股票形式卖给社会公众投资者。社会公众投资者之所以购买股票，是因为他们希望以增量投资促进公司高成长，而这种高成长反过来又提升股票价值，这样投资者就可从公司的高成长中分享利益。资本市场通过自身杠杆实现了原始股权的成倍增长，公司最初的投资者，无论是企业家本人，还是其家人、朋友，以及风险投资家，都可通过公开上市获得巨额增值利益。世界上没有比公开上市更赚钱的合法性投资了。

三是改善公司形象。媒体给予上市公司的关注远高于民营企业，这可大大增强上市公司的市场竞争力。上市公司新业务的开展和其他新动向都能得到媒体的充分关注。公司受公众的关注越多，取得成功的可能性就越大。此外，公司的客户、供应商或其他业务伙伴购买公司股票是司空见惯的事，一旦他们成为公司股东，其利益就与公司发展联系在一起，就有可能在业务往来中提供优惠，包括放宽合同条款、增加供货可能性，等等。

四是获得更强的政治影响力。上市公司的社会声誉比一般公司高。一旦政府立法影响到公司的经营发展，分布在全国各地、各阶层的社会公众股东就有可能出面干涉，有时这种干涉的作用是巨大的。

五是拓展融资渠道，降低融资成本。通过公开上市，公司的净资产大大增加，资产负债率大大降低，财务风险也将大大减弱，公司就有可能从传统金融机构获得低成本资金。此外，公司的财务报表是向社会公众公开的，这就增强了公众对公司的信任度，进而拓展公司的融资渠道，公司即可灵活调整财务结构，以适应金融市场的不断变化。

2. 公开上市对创始人的好处

一是财富增值。公开上市除了获得公司发展所需资金外，公司创始人从中获利最大。与公司净资产值相比,初始投资的回报率是相当惊人的,一般来说,股票价格与每股收益比(市盈率)在10～20倍水平;而发行规模较小的公司,其市盈率可达30～40倍,创业板上市公司的市盈率甚至达100倍之多。也就是说发行价格有可能是原始股权价值的30倍甚至100倍,创始人因此获得巨额收益。

二是提供了调整投资组合的机会。一般来说,任何一家民营企业的创始人都会把绝大多数资金投入自家公司,把所有的鸡蛋放在一个篮子里。在很多情况下,由于公司缺乏资金,管理者会主动借钱给公司,甚至推迟工资发放,将工资暂借给公司。一旦公开上市,创始人的投资就变成公司的可流通股票,其财富获得了很好的流动性。公司募集到资金后,随即归还以管理者个人财产作抵押的银行借款和管理者个人借款,管理者又可自由支配个人财产了。

3. 公开上市对员工的好处

创始人并非公开上市的唯一受益者,公开上市也给管理者和员工带来利益。在上市公司中,股票期权无论对公司还是对管理层都极具诱惑力,具有正面的效应。一般来说,大公司的薪水远高于中小企业。薪水直接从公司利润中支付,只有当公司价值大幅提升时,才会将股票期权授予管理层和员工。

在一些小规模公司,管理水平的提升不仅有助于提高公司的利润率,而且可提高公司的市场价值。这不仅使管理者在精神上得到满足,而且给管理者带来巨额财富。股票期权计划是一种很好的激励机制,一旦员工持有公司股票,就会从内心关心公司发展,为公司成长献计献策。如果员工在首次公开发行之前就已拥有公司股票,其财富将获得成倍增长。公司股票价格的上升,不仅能增强员工自豪感,有助于培养员工对公司的长期忠诚,而且也将给员工带来丰厚财富和幸福生活。

股票期权是减少公司税收的工具。在大多数情况下,高收入必然高税收,而股票期权则按长期资本收益来征税,这就合法规避了一部分所得税,降低了员工的税收负担。

4. 公开上市的弊端

公开上市在企业家面前描绘了美好前景,企业家能从上市中获得巨大利益,这让人兴奋不已，甚至有可能让人失去自制力，冲动、盲目地推进上市进程。有些人把上市看得非常简单，认为只要公司上市，就可坐等资金流，但事情远非这么简单。全面了解公开上市的正负面效应，对于企业家及其团队推进上市是非常有益的。如果没有及时注意到公开上市的负面效应，公开上市可能会得不偿失。公开上市带来的负面效应可概括为：信息披露、责任和义务、控制或失控、费用支出等四个方面。

一是信息披露。上市公司必须向公众披露主营业务、经营情况以及各种销售渠道和销售情况等，包括销售人员数量、销售区域、各种产品销量等市场经营数据，以及营收、利润率、现金流、竞争地位以及管理人员薪酬水平等财务状况。看起来好像会泄露公司的商业机密，实际上其竞争对手、员工、行业协会、供应商和客户很少有兴趣花时间仔细研究这些数据，这些财务和统计数据的披露也很少会对公司的经营造成致命后果。事实上，公司提供的产品或服务价格、物料成本以及员工工资都是由市场决定的。

从根本上讲，信息披露的目的是确保管理层忠实履行受托义务，竭力追求股东利益最大化。上市公司的资本来源于社会公众，其风险也相应分散到社会公众中的股东身上。上市公司一旦发生经营失败风险，其涉及面相当广，这也是监管部门要求披露年报和季报的初衷，因为目前除了信息披露外还没有其他更好的选择。

二是责任和义务。上市公司要比一般公司履行更多义务，承担更多责任，包括向监管部门和社会公众公开其经营战略、经营情况和关联交易。关联交易屡见不鲜，且不违法，关键是交易价格要公平合理，出售价格不得低于市场价格，购买价格不得高于市场价格。上市公司必须坚持按季度披露信息，管理层必须仔细回顾并披露所有关联交易，这些交易也应有连续性。

上市公司必须披露所有董事、监事、高管和其他有可能获得公司运营信息的内部人士名单，必须披露公司管理层的变动、盈利的增减、资产出售计划以及其他可能引起股价波动的重大因素。内部人士与普通股东不同，他们能获得公司的内部信息，因而他们被要求向监管部门详细说明自己的持股情况以及近期的交易情况。尤其是公司管理层必须及时披露买卖本公司股票的交易记录，如果未能及时、准确披露这些信息，就有可能被监管部门认定为不恰当地利用地位和职权谋取个人利益,并被处以罚款。公司高管未向公众说明出售公司股票的原因,在其个人看来是非常普通的交易,也有可能被分析人员误解。比如:公司总裁因要支付一笔巨额手术费,不得不卖出公司股票,就必须对此详细说明,否则外界就有可能认为公司总裁正在做一些秘密交易,可能导致一系列意想不到后果,甚至引发公众对公司的不信任,严重影响公司经营。所以,公司高管一定要高度重视本公司股票的交易行为,并及时准确作出说明。

信息披露会影响公司的日常经营决策。尽管公司制定的战略规划有利于长远发展,但会影响短期盈利。而在股票市场,人们关注的只是短期盈利,战略规划一旦披露,很有可能引起股价短期下跌,因而公司不愿披露战略规划。管理层为保持公司持续快速发展,承受着多方压力,假如财务季报披露的销售额或利润未达预期,证券经纪人和股东就会不满,甚至抛售股票,致使股价下挫。

上市公司管理层经常要接待股东、证券经纪人以及其他对公司感兴趣的人。因为他们的利益与公司发展息息相关,所以急切地想知道公司正在为股东利益如何努力,而这要占用管理层大量的时间和精力。投资者和证券经纪人总是希望公司发布好消息,一旦听到坏消息,就可能抛售股票。因此,上市公司绝不能忽视这些人。

上市公司的很多决策必须得到股东大会批准,必须遵守法律法规和既定程序。例如,法律严格规定了股东大会的通知日到实际召开日的时间间隔,甚至连委托书的格式和篇幅都有明确规定。

持有上市公司股票,私人财产就可能公之于众,大股东更是如此。在民营企业,你拥有的资产是隐蔽的,一旦你的资产以上市公司股票形式拥有,人们就可通过股价精确计算出你的总资产。

三是控制或失控。公开上市除了承担信息披露的责任和义务,还可能导致创始人或管理层对公司失控,进而影响公司的经营管理方式。公司上市后,股份被稀释,原有主要股东的持股比例将大大降低,使得公司的部分控制权转移。即使大股东仍持有51%甚至更多的股份,但其控制权都会因再发新股和并购而逐渐转移。

鉴于公开上市可能导致控制权转移,上市时机的选择就尤为重要,因为它决定着公司命运。现实情况是:公司管理层不能很好地驾驭上市时间,把握不好重大经营决策时机，而这些会影响公司、金融机构和股东等各方利益。一旦公司股价下跌，此时想处理好与金融机构的关系就非常困难，管理层对宏观经济或行业因素引发的股价下跌更是无能为力。另外，当公司要对外收购，尤其是收购会影响公司股价时，信息的公告时间就需格外谨慎。最重要的是选择首次公开发行的时机。发行时公众的兴趣可能决定着公司能否成功上市。公众的兴趣是变幻无常的，因而时机选择就应适应公众偏好。

四是发行费用。是公司支付给与股票发行相关中介机构的费用，包括承销/保荐费用、审计费用、律师费用等。目前在我国内地上市，发行费用一般占融资额的 6%～7%，发行费用可从股票发行溢价中扣除，不计入公司损益。此外，公司还须支付约 200 万元的自有资金，以保障相关的材料制作、财经公关等。上述费用是一笔昂贵开支，从一开始，公司就得不停地花钱。即便如此，公司也不一定真能如愿以偿地公开上市。

二、做好知识产权的法律尽职调查

知识产权作为上市公司的重要竞争力和资产，其权属的独立性和完整性，是否存在瑕疵或潜在纠纷，是否存在重大不利变化的风险，都是法律尽职调查重点关注的问题，也是中国证监会审核中重点关注的问题。

1. 国家对上市公司知识产权的相关规定

一是首次公开发行审核。涉及主要产品、核心商标、专利、技术等方面的诉讼或仲裁可能对发行人生产经营造成重大影响，或者诉讼、仲裁有可能导致发行人实际控制人变更，或者其他可能导致发行人不符合发行条件的情形，保荐机构和发行人律师应在提出明确依据的基础上，充分论证该等诉讼或仲裁事项是否构成首发的法律障碍并审慎发表意见。

对发行人业务经营或收入实现有重大影响的商标、专利、专有技术以及特许经营权等重要资产或技术存在重大纠纷或诉讼，已经或者未来将对发行人财务状况或经营成果产生重大影响，发行人律师应对此充分审核和精准判断。

二是首次公开发行及上市管理,主要包括:

(1) 发行人的主要资产不存在重大权属纠纷。

(2) 发行人最近一期末无形资产(扣除土地使用权、水面养殖权和采矿权等后)占净资产的比例不高于20%。

(3) 发行人不得有下列影响持续盈利能力的情形:发行人在用的商标、专利、专有技术以及特许经营权等重要资产或技术的取得或者使用存在重大不利变化的风险。

三是信息披露。发行人应列表披露与其业务相关的主要固定资产及无形资产,包括:商标、专利、非专利技术、土地使用权、水面养殖权、探矿权、采矿权等主要无形资产的数量、取得方式和时间、使用情况、使用期限或保护期、最近一期末账面价值,以及上述资产对发行人生产经营的重要程度。

发行人允许他人使用自己所有的资产,或作为被许可方使用他人资产的,应简要披露许可合同的主要内容,包括许可人、被许可人、许可使用的具体资产内容、许可方式、许可年限、许可使用费等,以及合同履行情况。若发行人所有或使用的资产存在纠纷或潜在纠纷的,应当明确说明。

2. 证监会对上市公司知识产权关注的主要问题

一是知识产权的取得方式、法律状态及应用情况,是否存在权利提前终止、宣布无效等异常情况;知识产权的来源和取得过程是否符合相关法律法规。

二是控股股东和实际控制人控制的企业、发行人实际控制人及其关系密切的近亲属等关联方是否拥有、使用与发行人业务相关的商标或专利,是否影响发行人商标等资产的独立性;与发行人业务相关的商标、专利等知识产权是否均已实际纳入发行人。

三是知识产权的转让方、转让时间、转让价格及定价公允性,转让时是否存在权利上的限制或约束。转让方与发行人及其控股股东、实际控制人、董监高、其他核心人员,以及本次发行的中介机构及签字人员,是否存在关联关系或其他利益关系。

四是发行人是否存在合作开发情况,若存在,则应说明研发协议,包括合作专利的开发背景、研发人员聘用、研发费用投入、研发成果归属等约定,说明目前进展情况及对发行人的技术的影响。

五是是否存在商标、专利等知识产权许可第三方使用，若存在，许可第三方使用的原因、背景及合理性；许可协议的主要内容；商标许可使用费及其确定依据是否公允；该等许可是否在商标局等主管部门备案；被许可方与发行人及其关联方是否存在关联关系，是否存在共同的客户或供应商或者可能导致利益输送的其他情形。

六是核心技术对第三方是否存在依赖，如果该等许可使用授权被终止对发行人的具体影响；发行人核心技术是否存在被近年国际、国内市场上其他技术替代、淘汰的风险。

七是发行人核心技术是否存在侵权情形；发行人是否存在知识产权方面尚未了结的诉讼与潜在诉讼情况，如有，应进一步披露该等诉讼与潜在诉讼对于发行人持续经营能力的影响，包括但不限于涉及专利和诉讼专利的产品及其销售收入、净利润金额及其占比情况；是否存在其他第三方侵犯发行人知识产权的情形及应对措施。

八是发行人是否存在对核心技术人员的依赖，是否与其他机构或研发人员存在纠纷及潜在纠纷；说明专利、核心技术是否涉及相关技术人员在原单位的职务成果，技术人员是否违反竞业禁止的有关规定，是否存在违反保密协议的情形，是否可能导致发行人的技术存在纠纷及潜在纠纷。

九是发行人知识产权质押是否办理质押登记手续，未办理质押登记手续的原因、是否符合双方合同约定，发行人是否因此承担法律责任；质押知识产权对发行人生产经营的重要程度，所担保债权的情况、是否存在逾期无法偿还导致质押权被实现的风险，知识产权质押是否对发行人生产经营造成不利影响。

十是发行人商誉是否属于无形资产，占比是否符合《首次公开发行股票并上市管理办法》的相关规定。

十一是发行人是否制定了保护知识产权、防范技术泄密的内部制度及其执行情况。

3. 对上市公司知识产权法律尽职调查的相关事项

一是查验事项。通常应当查验发行人拥有的商标、专利、著作权、特许经营权

等知识产权情况,具体包括:

(1) 发行人拥有的商标、专利、著作权、特许经营权等无形资产情况,发行人是否合法拥有上述知识产权;发行人是否存在与第三方共有上述知识产权的情形,是否存在涉及职务发明或者职务作品的情形。

(2) 发行人取得上述知识产权的方式是否合法。如为购买取得的,发行人是否已经与权利人就上述无形资产的取得签订相关协议,并支付相应价款。

(3) 发行人上述知识产权的权利期限情况,发行人取得上述知识产权的审批、登记或者注册是否仍在有效期内,发行人是否为保持拥有上述知识产权足额缴纳相关的审批、登记或者注册费用。

(4) 发行人上述知识产权是否存在质押、优先权等第三方权利,是否存在被查封、冻结等权利限制以及权属纠纷情形。

(5) 发行人如将无形资产许可第三方使用的,是否签订相应的许可使用合同,许可使用合同是否合法合规,是否影响发行人对该无形资产的使用。

(6) 发行人是否建立了知识产权保护与管理制度。

发行人存在被许可使用商标、专利、著作权、特许经营权等知识产权情形的,应当查验被许可使用是否合法有效,具体内容包括:

(1) 发行人被许可使用商标、专利、著作权、特许经营权等的使用方式、年限、费用、地域范围等。

(2) 发行人是否签订许可使用合同,所签订的许可使用合同是否合法有效,是否办理备案登记手续,是否依约履行。

(3) 许可方是否合法拥有上述知识产权,是否存在质押或者第三方权利限制情形。

(4) 发行人生产经营对该知识产权的依赖程度。

二是关注要点。除了查验上述通常事项外,还应对下列事项予以特别关注并妥善规范:

(1) 关于知识产权的资产检索范围。在相关网站进行知识产权资产检索核查时,除了核查公司及子公司名下拥有相关的知识产权外,还应主动查询控股股东、实际控制人及其关系密切的家庭成员、高级管理人员、研发人员名下,其他核心人员等关联方股东名下,是否拥有与公司业务相关的知识产权。

与发行人业务相关的商标、专利等知识产权均应实际纳入发行人名下，若存在其他相关方名下的，应当采取积极方式转让给发行人。同时还应关注发行人实际使用的商标是否注册，若存在未注册的情况，重点核查上述商标是否被他人注册；发行人使用上述商标是否侵犯他人权利。

（2）关于职务发明的判断。发行人董事、监事、高级管理人员与其他核心人员名下拥有的与发行人主营业务相关的知识产权或技术成果，是否属于职务发明创造或职务技术成果。如相关知识产权或专利申请权为本应归属于发行人的职务发明，则建议将其无偿转让至发行人名下；同时建立健全发行人内部的知识产权管理制度并有效执行，强化内部控制，后续知识产权均应以发行人名义申请。

（3）关于知识产权的特殊法律状态。以专利为例，核查时应当关注专利申请是否已经获得授权、是否及时缴纳了专利年费、专利权状态是否正常、是否存在质押等情况。应当搜集专利权证书、专利年费历年缴纳凭证、滞纳金缴付凭证等工作底稿并在专利局等网站进行网络验证交叉核查，若公司曾缴纳专利年费滞纳金的，应核查专利年费滞纳金的缴纳情况，包括缴纳时间、缴纳金额、缴纳时是否已经超过 6 个月宽限期，以判断该专利权是否存在不利风险。

（4）关于无形资产占比。发行人律师在进行知识产权核查时，还应特别注意无形资产（扣除土地使用权后的无形资产及商誉）占比是否符合《首次公开发行股票并上市管理办法》的规定。需要特别注意的是，证监会现行审核上述法律条款中的无形资产并不仅仅是报表上的无形资产，而且还是报表无形资产加上商誉合计的数据。

（5）关于合作开发。在核查发行人技术合作开发时，应充分了解合作开发的背景、研发人员聘用、研发费用投入、研发成果归属等约定，未作研发成果归属的，应补充约定。同时关注该等合作是否已形成相关专利，该等知识产权对应技术对发行人生产经营的重要性，是否构成对第三方的技术依赖。发行人与专利共有人之间关于对专利使用的约定情况，专利共有人是否可以普通许可方式许可他人实施该专利，是否存在第三方使用相关专利生产竞争产品的风险。

若存在合作开发时，建议由发行人与共有人明确约定由发行人独占使用相关专利，共有人不以生产经营为目的使用相关专利，发行人享有优先受让权等，以保证发行人资产完整性和业务独立性；同时可对其他共有人作适当性约束，比如其他共有人作出不可撤销的承诺,不向第三人转让相关专利,不以自己名义、关联组织名义或其他方式使用该专利进行生产经营等。

此外,结合公司实际,论述有独立的研发团队、较强的研发能力、自主的核心技术,与其他组织的共同合作研发仅为优势互补等,不存在核心技术对第三方依赖的情况。

(6) 关于受让取得知识产权的定价合理性。若通过受让取得知识产权,则重点核查知识产权的转让方、转让时间、转让价格及定价公允性,转让价款是否实际支付,转让时是否存在权利上的限制或约束,是否存在转移专利研发成本以及故意降低转让应缴税费的情况。

(7) 关于竞业禁止。一方面需要核查董监高、核心技术人员是否与发行人签订竞业禁止、保密协议,核查是否存在违反该等竞业禁止协议、保密协议的行为;另一方面需要核查董监高、核心技术人员与以往任职企业是否签订竞业禁止协议、保密协议,在发行人处任职后是否存在违反相关竞业禁止和保密协议的情形;若以往任职企业与发行人属同行业公司,则应重点关注发行人的相关专利、核心技术是否涉及相关技术人员在原单位的职务成果,是否存在侵权行为。

综上,在核查上市公司的知识产权时,除了通常查验事项外,还应对知识产权的资产检索范围、知识产权的特殊法律状态、相关人员的研究成果是否构成职务发明、是否存在合作开发、无形资产的占比是否合规、受让取得知识产权的定价是否合理、是否存在违反竞业禁止等要点事项进行充分核查并对相关问题予以合理规范,为上市公司高质量发展保驾护航。

三、股权投资尽职调查的要诀

尽职调查(简称尽调)是股权投资流程中必不可少的环节,现已成为股权投资成败的关键步骤,其目的在于识别风险、发现价值。

1. 尽调方法

一是审阅文件资料。通过审阅公司的工商注册、财务报告、业务文件、法律合同等资料，发现异常及重大问题。

二是参考外部信息。通过网络、行业杂志、业内人士等信息渠道，了解公司及其所处行业的情况。

三是访谈相关人员。与公司各层级、各职能人员以及中介机构充分沟通。

四是企业实地调查。查看公司厂房、土地、设备、产品和存货等实物资产。

五是小组内部沟通。调查小组成员来自不同背景及专业，相互沟通也是达成调查目标的方法。

2. 尽调原则

一是证伪原则。投资经理应站在“中立偏疑”的立场，循着“问题—怀疑—取证”的思路展开尽调，用经验和事实发现目标企业的投资价值。

二是实事求是原则。投资经理应依据创业投资机构的投资理念和标准，在客观公正的立场上对目标企业进行调查，如实反映目标企业的真实情况。

三是亲临现场原则。投资经理一定要亲临目标企业现场体验和感受，进行实地考察、访谈，而不是根据道听途说作出判断。

四是突出重点原则。投资经理应发现并重点调查目标企业的技术或产品特点，避免眉毛胡子一把抓。

五是以人为本原则。投资经理应在全面考察目标企业的技术、产品、市场等的同时，重点评判管理团队的创新能力、管理能力和诚信度。

六是横向比较原则。投资经理应对同行业的国内外企业发展情况，尤其是结合该行业已上市公司在证券市场的表现进行比较分析，以期发现目标企业的投资价值。

3. 尽调要诀

一是看准一个团队。投资是投人，是投团队，尤其要看准团队的领头人。对目标企业团队成员的要求是富有激情、和善诚信、专业敬业、善于学习。

二是发掘两个优势。在优势行业中，寻找优势企业。优势行业是指具有广阔发展前景、国内政策支持、市场成长空间巨大的行业；优势企业是在行业中具有核心竞争力的企业。一般来说，优势企业其核心业务或主营业务突出，企业的核心竞争力强。

三是弄清三个模式。三个模式就是业务模式、盈利模式和营销模式。弄清三个模式就是弄清目标企业是如何挣钱的。业务模式是指企业提供什么产品或服务,业务流程如何,包括业务逻辑是否可行,技术是否可行,产品或服务是否符合消费者心理和使用习惯等,企业的人力、资金、资源是否足以支持等;盈利模式是指企业如何获取利润,通过什么手段或环节获取利润;营销模式是指企业如何推广自己的产品或服务,包括销售渠道有哪些、销售激励机制如何等。

四是查看四个指标。PE投资的重要目的是使目标企业尽快改制上市。因此关注和查看目标企业近三年的营业收入、营业利润指标尤为重要。此外,PE投资非常看重盈利能力和成长性,因此净利率、增长率指标也是重点关注对象。净利率是销售利润率,表达了企业的盈利能力和抗风险能力;增长率高可以迅速降低投资成本,让投资人获取更高的投资回报。

五是厘清五个结构。厘清下面五个结构,可以让投资人清晰了解目标企业的具体结构,便于判断目标企业的好坏优劣。

第一,厘清股权结构。要求主次分明,主次合理。

第二,厘清高管结构。要求结构合理,优势互补,团结协作。

第三,厘清业务结构。要求主营业务突出,不断研发新品。

第四,厘清客户结构。要求既不分散,也不太集中,客户有实力。

第五,厘清供应商结构。要求既不分散,也不太集中,质量有保证。

六是考察六个层面。投资者要重点考察目标企业是否符合法律法规在各个层面的要求。

第一,考察历史合规。要求目标企业历史沿革合法合规,在注册资金、股权变更等方面无重大历史瑕疵。

第二,考察财务规范。要求财务制度健全,会计标准合规,坚持公正审计。

第三,考察依法纳税。要求照章纳税方面不存在任何问题。

第四,考察产权清晰。要求目标企业的产权(含专利、商标、房产等)清晰、到位,不存在纠纷。

第五,考察劳动合规。要求目标企业严格执行劳动法规。

第六,考察环保合规。要求目标企业生产经营符合环保要求,不存在隐患。

七是落实七个关注。投资者应关注目标企业的细小环节。

第一,关注制度汇编。查看企业的制度汇编,可以迅速认识企业管理的规范程度。有的企业制度不完善,没有制度汇编。

第二,关注例会制度。询问企业的例会情况(含总经理周例会、董事会例会、股东会例会等),能够了解规范管理情况,也能够了解企业高管对股东是否尊重。

第三,关注企业文化。通过了解企业的文化建设,能知道企业是否具有凝聚力和亲和力,是否具备长远发展的可能。

第四,关注战略规划。了解企业的战略规划情况,可以知道企业的发展有无目标,查看其目标是否符合行业经济发展的实际方向。

第五,关注人力资源。了解企业对员工的培训、激励、使用方法,可以了解企业是否能充分调动全体员工发展业务的积极性和主观能动性,从而考察企业的综合竞争力。

第六,关注公共关系。了解企业的公共关系策略和状况,可以知道企业是否注重企业形象和品牌建设,是否具有社会责任意识。

第七,关注激励机制。一个优秀的现代企业应有一个激励员工、提升团队的机制或计划,否则企业难以持续做强做大。

八是分析八个数据。在厘清四个指标的基础上,还有必要分析以下八个数据,对目标企业进行深度的分析。

第一,分析总资产周转率。总资产周转率表示多少资产创造多少销售收入,表明公司是资本密集型的还是轻资产型的。该指标反映资产总额的周转速度,周转越快,反映销售能力就越强,企业可以通过薄利多销的办法,加速资产周转,带来利润绝对数的增加。计算公式:总资产周转率=销售收入÷总资产。

第二,分析资产负债率。资产负债率是负债总额占资产总额的百分比,也就是负债总额与资产总额的比例关系。资产负债率反映总资产中多大比例是通过借债来筹资的,可以衡量企业在面临清算时保护债权人利益的程度。资产负债率的高低,体现企业的资本结构是否合理。计算公式:资产负债率=负债总额÷资产总额×100%。

第三,分析流动比率。流动比率是流动资产与流动负债的比例关系,反映企业的短期偿债能力。流动资产是最容易变现的资产,流动资产越多,流动负债越少，则短期偿债能力越强。计算公式：流动比率＝流动资产÷流动负债。

第四，分析应收账款周转率(或应收账款周转天数)。应收账款周转率反映应收账款的周转速度，也就是年度内应收账款转为现金的平均次数。用时间表示为应收账款周转天数，也叫平均收账期，表示自企业取得应收账款的权利到收回款项、转换为现金所需要的时间。一般来说，应收账款周转率越高、平均收账期越短，说明应收账款回收越快。否则，企业的营运资金会过多地呆滞在应收账款上，影响正常的资金周转。计算公式：应收账款周转率＝销售收入÷平均应收账款；应收账款周转天数＝360÷应收账款周转率。

第五，分析销售毛利率。销售毛利率表示每一元销售收入扣除销售产品或商品成本后，有多少钱可以用于各期间费用和形成利润，是企业销售净利率的基础，没有足够大的毛利率便不能盈利。计算公式：销售毛利率＝(销售收入－销售成本)÷销售收入×100％。

第六，分析净值报酬率。净值报酬率是净利润与平均股东权益(所有者权益)的百分比，也叫股东权益报酬。该指标反映股东权益的收益水平。计算公式：净值报酬率＝净利润÷平均股东权益。

第七，分析经营活动净现金流。经营活动净现金流是企业在一个会计期间(年度或季度，通常指年度)经营活动产生的现金流入与经营活动产生的现金流出的差额。这一指标说明经营活动产生现金的能力。企业根据实际生产经营需要，通过现金流量表，可以确定企业筹资总额。一般来说，企业财务状况越好，现金流量越多，所需资金越少，反之，财务状况越差，现金流量越少，所需资金越多。一个企业经营净现金流量为负，说明企业需要筹集更多的资金才能满足目前生产经营所需，否则企业正常生产经营难以为继。

第八，分析市场占有率。市场占有率也可称为市场份额，是企业的产品在市场上所占的份额，也就是企业对市场的控制能力。企业市场份额的不断扩大，可以使企业获得某种形式的垄断，这种垄断既能带来垄断利润，又能保持一定竞争优势。当一个企业获得市场25％的市场占有率时，一般就被认为控制了市场。市场占有率对企业至关重要，一方面它是反映企业经营业绩的关键指标之一，另一方面它是企业市场地位的直观体现。市场占有率是由企业的产品力、营销力和形象力共同决定的。

九是走好九个程序。要做好一个投资项目，有很多程序要走，不同的目标企业要区别对待，采取的程序也应有所不同，但是以下九个程序是应坚持履行的。

第一，收集资料。通过多种形式收集企业资料。

第二，高管面谈。这是股权投资的一个初步环节，也是非常重要的环节。依据以往经验，通过与高管面谈往往能很快得出对目标企业业务发展、团队素质的印象。有时和高管接触一次，你就不想再深入下去了，这是因为印象不好。第一感觉很重要，也比较可靠。

第三，企业考察。对企业的经营、研发、生产、管理等进行实地考察，对高管以下的员工进行随机或不经意的访谈，能够得出更深层次的印象或结论。

第四，竞争调查。梳理清楚该市场中的竞争格局、对手的情况。通过多种方式和途径对竞争企业进行考察、访谈或获取第三方评价，梳理清楚市场上各种竞争力量及其竞争优劣势。对竞争企业的信息掌握得越充分，投资的判断就会越准确。

第五，供应商走访。了解企业的采购量、信誉，可以帮助判断企业声誉、真实产量和受欢迎程度，同时，客户自身的档次和是否优质也有助于判断企业的市场地位、市场需求的潜力和可持续程度。

第六，客户走访。掌握客户投资偏好，了解客户各项资产配置比例，分析客户投资比较优势，深入评估客户的风险承受能力。

第七，协会走访。了解企业的行业地位和声誉，了解行业发展态势。

第八，政府走访。了解政府对企业所处行业的支持程度。

第九，券商咨询。针对上市可行性和上市时间问题，咨询券商对判断企业成熟度有重要意义。

十是报告十个内容。尽职调查报告是对前期工作的总结，是最终决策的依据，至少应报告以下十个方面的内容。

第一，企业历史沿革，包括股权变动情况、重大历史事件等。

第二，企业产品与技术，包括公司业务情况、技术来源等。

第三，行业分析，包括行业概况、行业机会与威胁、竞争对手分析等。

第四，优势与不足，包括：企业有哪些优势？哪些是核心竞争力？存在哪些不足或缺陷？有无解决或改进办法？

第五,发展规划,包括企业的近期、中期发展规划以及发展规划的可实现性。

第六,股权结构,包括股权结构情况及其合理性分析。

第七,高管结构,包括高管人员和技术人员背景情况、优劣势分析。

第八,财务分析,包括近年各项财务数据或指标情况及相关分析等。

第九,融资计划,包括企业发展计划和融资计划及融资条件等。

第十,投资意见,包括投资经理对项目的总体意见或建议等。

总之,尽调就是看准一个团队,发掘两个优势,弄清三个模式,查看四个指标,厘清五个结构,考察六个层面,落实七个关注,分析八个数据,走好九个程序,报告十个内容。投资的核心是投人、投团队。

四、对上市公司的几点建议

1. 做到“三要”

第一要规范。上市公司是公众公司,规范是其基本要求,是公司上市的特征、前提和基础。

第二要高效。上市了没有效益,人家也不会信服你,所以效益也是很重要的。

第三要负责任。上市公司作为公众公司,要肩负起自己的社会责任。

2. 坚持“五不”

一不偏离主业盲目扩张。

二不披露不真实信息。

三不编造虚假利润。

四不利用关联交易掏空公司。

五不操纵股价。

做企业,有些错误永远不能犯,犯了就是一生一世的错误。

尽职调查是项目投资的关键

尽职调查（以下简称尽调）也叫审慎调查，是项目投资流程中必不可少的环节，其目的在于发现价值、识别风险和分析投资可行性，包括业务尽职调查、财务尽职调查和法律尽职调查。尽职调查现已成为项目投资成败的关键步骤。

一、财务尽调的重点

在项目投资中，判断拟投资企业财务数据的真实性和可靠性是尽调中一项非常重要的工作，业内称之为财务核数。

1. 了解经营情况是尽调的本质

通过财务核数看出财务报表背后的经营情况，这是尽调的本质。会计数据有时并不能真实反映企业的实际经营状况，尤其是出现超越行业水平的“优异”财务指标时，必须在拟投资企业的商业模式、经营方式、管理方法上找出合理解释，并辅以行业信息进行研判，否则就可能被企业不真实的财务数据所迷惑。比如，项目出现高于行业的利润率，首先要从其产品成本、价格、服务上找原因。如果没找到，就要了解业务模式和管理水平。如果还是没有合理的解释，企业的利润率极有可能存在问题。此外，对于拟投资企业为增加利润而不将费用入账的情况，仅从账册本身入手是难以发现的，这就需要在分析行业营收、费用配比的基础上，从拟投资企业的业务规模、人员薪酬、销售方式、业务流程等方面去估算合理的费用。如果拟投资企业的经营状况在会计循环系统内难以找到满意的解释，而会计凭证、会计报表和核算系统又不能解释相关问题，结合经营循环进行考察就成了最有效的验证方法。

2. 利润是尽调的重点

利润不仅是企业盈利能力的表现,也是投资者洽谈投资价格的依据。千万要记住,利润是根据会计准则"算"出来的,它和现金流没有直接关系。会计政策的选择和会计处理方法的不同,会导致企业利润的不同。比如,折旧年限的选择不同、选取的存货计价方法不同,会导致核算出的利润也不同;再如,利润中可能包含政府补贴、税收优惠等很多非经常性损益的内容,倘若把这些利润乘上市盈率来对拟投资企业估值,肯定不合适。从这个角度讲,净利润在很大程度上并不具备很好的可比性,息税折旧摊销前的利润对评价企业的真实经营或许更具参考意义。

3. 营收更能衡量投资价值

从判断拟投资企业的投资价值来看,营收可能远比利润重要。营收是客户用"真金白银"给企业投票,是最能反映企业价值的指标,很难想象一个企业营收持续增长却不赚钱。此外,判断营收真实性的重要依据是营收是否有真实的现金流作支撑。在财务核数中,有时甚至要将营收、费用的确认基础从权责发生制调整到收付实现制来验证企业的营收、费用、成本与现金流的配比情况,其原因在于,尽管权责发生制有利于业绩评估,但也便于会计造假。

4. 资产流动性反映盈利能力

看资产负债表时要特别关注拟投资企业的资产流动性,资产流动性越强,财务弹性和盈利能力就越好。然而,国内很多中小型民营企业都喜欢把普通公司做成集团公司,喜欢从单一业务经营变成多元化经营。此外,很多企业经营者有当"地主"的心理,喜欢买地、盖楼、买楼等,重形象,轻资产结构,使得流动资产与固定资产的比例失衡。要知道,企业的利润直接来源于流动资产的"流动"而不是固定资产的"折旧"。因此,对于那些资产规模特别大、流动性特别差的企业要格外小心。

5. 现金流是企业生命力和竞争力所在

经营性现金流是现金流量表上最为重要的指标。如果拟投资企业有很大的销售量，但应收账款过大、经营性现金长期为负，就会出现“有利润没现金”的尴尬情形。创造持续的现金流是企业生命力和竞争力之所在，只有利润而不赚钱的企业不是好企业，这样的企业会经常面临很多经营性问题。需要注意的是，验证拟投资企业营收的现金配比，有时仅看银行对账单、收款凭证是不够的。要验证营收的真实性，对其客户的访谈调查必不可少。

二、开展尽调的方法

在考察拟投资企业时，可以使用多种不同的尽调方法。比如与拟投资企业的普通员工吃一次饭，利用这种非正式机会和员工交流。从员工谈话中得到的信息，有时比从企业管理者的商业计划书中得到的信息更能反映企业的问题。因此，与普通员工谈企业是做尽调的有效方式。

做尽调应对拟投资企业提出至少 20 个关键问题。在去拟投资企业现场前，一定要设计好对企业不同人员的访谈问题，每次都准备 20 个以上的不同问题。怎样找问题、如何设计问题、如何提问，这些都需要事先做好准备。

做尽调还要考察拟投资企业的竞争对手。对竞争对手的考察有时比对拟投资企业的调查更有用。选择 3 个以上与拟投资企业相关度高的竞争对手作为样本，比较竞争对手与拟投资企业的优劣，可以发现拟投资企业的竞争优势和不足，了解其市场地位和市场占有率。

做尽调还要访问拟投资企业的上下游客户。对拟投资企业的尽调对象应包括上下游客户，因为这种考察具有验证性质。一般情况下，应至少选择 4 个样本企业，即 2 个上游供应商、2 个下游客户。对供应商的调查主要集中于其与拟投资企业的供应关系，合同的真实性、数量、期限和结算方式。对下游客户的考察除了核查其与拟投资企业之间的销售合同资料外，还要了解客户对拟投资企业的产品评价和产品营销方法。

做尽调要对团队、管理、技术、市场、财务5个要素进行详细调查。企业最关键的5个要素就是团队、管理、技术、市场、财务，也是投资机构需要重点关注和详细调查的5个方面。这5个要素如同企业发展的5根支柱，缺一不可。做尽调要学会突出重点，找准关键问题。从投资角度而言，在这5个要素上多花时间和精力是完全值得的。

做尽调应尽可能在拟投资企业连续待上几天。投资人对拟投资企业的尽调虽然大多是“走马观花”的，但也绝对不能“蜻蜓点水”，在拟投资企业连续工作几个工作日是很有必要的。其间，投资人不仅可以看到拟投资企业日常运作状态，还可通过观察员工的工作情况来了解企业文化和业务情况。

做尽调应走访拟投资企业不同的工作部门。投资人在走访企业现场时，既要关注市场、研发、生产部门，还应详细走访仓储、物流、财务、人力资源等部门，全面客观地了解企业，并作出公正判断。企业的成功是各个部门共同努力的结果，企业管理水平的高低也可以通过各个职能部门的管理水平来体现。

做尽调还有一个小技巧非常有用，那就是选择与拟投资企业员工正常工作的时间去现场考察。比如企业员工8点钟上班，那就可以在8点钟到企业去，这就是“8点钟原则”。一家朝气蓬勃的企业，从上班那一刻起就可判断其活力。反之，对于员工和管理人员迟到现象严重的企业，在决定投资前一定要多打几个问号。

做尽调还要尽量与企业90%以上的股东和管理层见面。投资人在与拟投资企业股东洽谈时常犯的错误就是只和实际控制人接触，而忽略了与小股东的沟通。事实上，与实际控制人以外的股东沟通，特别是与小股东沟通，可能会有意想不到的收获。

三、充分利用第三方验证的“硬数据”

判断拟投资企业经营情况的真实性，还要学会利用那些经过第三方验证的“硬数据”，也就是一些可能经常被忽视的非主流信息。这些信息对审计可能不重要，但对判断企业的投资价值有着不小的参考意义。

1. 通过工资表判断人才竞争优势

将拟投资企业的员工薪酬与行业平均工资做比较，可以看出其吸引人才的能力。对于技术型企业，员工报酬和相关激励机制更是反映团队稳定性的重要指标。

2. 通过水电费、运费判断产销能力

对于制造型企业，水电费和运费是甄别其生产规模、产能、销售能力的试剂。通过水电费、运费等来判断企业的真实生产和销售情况，有时比从营销入手更有用、更可靠。

3. 通过银行借款判断诚信度和财务弹性

企业如果对自己的发展有信心，融资首选一般是债务融资。因此，在有可抵押资产时，不选择银行融资的企业是需要关注的。反过来，如果银行给予信用借款，对企业的信用评价就可加分。一个从未逾期还款的企业是值得信任的。

4. 通过供应商账期判断行业竞争力

账期与产业链地位有关，与拟投资企业本身实力也有关。供应商比较了解下游客户，如果供应商的账期高于或低于行业水平，都是需要关注的。

5. 通过纳税判断盈利能力

一般情况下，企业不会在没有销售或利润的情况下去缴税。因此，完税证明是判断企业销售和利润的最直接方法。现阶段国内企业良好的纳税记录至少意味着企业还有一定的成长空间。

四、用“剥洋葱法”看企业

哪些企业有可能成功？可用五层“剥洋葱法”来分析。

第一层，看财务数据。谁都会看企业的资产状况、营收状况、成本状况、利润状况、负债状况，所以国内的大部分投资机会都投向了成熟期的企业和成长型企业。但仅看这些是不够的，还要看企业是做什么的。

第二层，要看企业的产品，看企业的技术、市场和服务。但这些也是表面的现象。

第三层，看创新。看企业的商业模式和创新能力，这是企业的核心，也就是看它到底凭什么来赚钱。

第四层，看机制。就是谁来管理，用什么样的思维来管理，用什么样的方式来管理，这个团队是什么样的。人的因素才是企业的决定性因素。

最重要的第五层，看格局。投资失败，20%是因为看走了眼、看错了技术、看错了趋势，80%是因为投错了人。看一个人，不仅要看他的学历、简历，还要看他对父母的态度、对朋友的态度、对人对事的态度。

总之，尽调的本质是掌握拟投资企业的经营情况，需重点关注利润、营收、资产流动性和现金流，通过行之有效的方法，充分利用第三方验证的“硬数据”，准确评估投资价值。

如何制定和落实规章制度

一、制定规章制度

企业的发展离不开健全的规章制度。健全的规章制度不仅体现了企业的内涵,也体现了一个企业的实力。要制定健全的制度,必须做到以下几点。

一要符合实际。企业的发展壮大离不开规章制度的约束和激励,但企业的规章制度应与企业的发展相匹配,如果规章制度过于超前,反而会拖累企业前进的步伐。所以在特定的时期,要有特定的规章制度,就像企业要不断发展一样,企业的规章制度也要不断完善。这就要求我们在制定规章制度时,不仅要考虑企业的现状,也要考虑特定的时代背景和经济发展状况,制定出适应特定时期的规章制度。正所谓"天时、地利、人和",只有同时考虑多方面因素的相互匹配程度,才能为企业发展提供强大助力。

二要及时调整。不同的企业有不同的规章制度,但它们都是为了促进企业的发展。随着企业的发展,原有的规章制度就会慢慢跟不上企业前进的脚步,进而给企业发展带来阻力。此时应集思广益,将发展过程中暴露的问题进行汇总,对现有制度体系予以更改,以此制定出一套适合目前企业发展的规章制度。在这个高速发展的社会洪流中,只有与时俱进,才能在惊涛骇浪中生存下来。企业对不好的规章制度应及时修改,对缺失的规章制度应及时补充。制度虽然是古板的,但可以把它当成一个孩子,想让它有所作为,就要不断改正、引导它的行为和方向。只有这样,它才能往更好的方向发展。所以,在企业不断发展的过程中,应时刻保持高度警觉,在不断关注企业发展的同时,要考虑现有制度的匹配性。一旦发现现有制度已经不再适应企业的发展,就要及时调整,不能让企业的制度变成拖累企业发展的包袱。

二、落实规章制度

规章制度要发挥作用,关键在落实。再好的制度,如果不执行,就如同废纸,毫无价值。随着企业制度的完善,首要任务就是制度的施行和推动,只有及时进行制度知识的普及,才能达到制定制度的目的。为此,应从上至下,依次推进规章制度的落实。

管理者应做到以下几点。

一要意识先行。作为企业的掌舵人,管理者是一个企业发展和成长的重要依靠,在企业有着不可动摇的地位。所以,对于管理者来说,要对企业的发展有长远的目光,所谓"放长线钓大鱼",线够长是一方面,手里的鱼竿也要结实、有韧性。因此,在考虑企业长久发展的同时,不能忽视企业的内部管理,正所谓没有规矩不成方圆。按章办事是一个企业长治久安的根本,而完备的规章制度将是一大助力,它不仅会给企业带来勃勃生机,还可以凝练出自己特有的企业文化。

二要率先垂范。对于管理者来说,严于律己十分重要。因为管理者的一言一行在企业里会有很多眼睛看着,特别是在需要严格执行的规章制度方面,管理者的言行举止会影响他人的看法,所以管理者一定要强化规章制度的严格性和广泛性,从自己做起,率先垂范,严格按照制度执行。只有这样,企业的规章制度对于员工来说才有说服力,管理者才能对规章制度的顺利推行起到引领示范作用。

三要监管到位。制度不能流于形式,要让它真正发挥作用,就要做好监管。对于管理者来说,在企业内部能够对其进行约束的人相对较少,但企业可以建立互相监督机制,通过互相监督来进行自我约束,引导管理者按章办事。管理者还要实时监督员工的行为,通过不定期抽查来保证制度的落实。抽查要具有突然性,不然抽查就会变成表演,失去原有的意义。加强监管的过程,不仅可以提高员工的思想觉悟,也会在监管的同时审查制度的漏洞和合理性,然后再进一步完善制度,进而实现良性循环。

企业基层员工应做到如下几点。

一要意识先行。员工是企业发展壮大的根本，员工遵守规章制度的意识提高，可以使企业具有更好的发展稳定性。正如前面所提到的，规章制度就是企业的灵魂，它支配着企业的运转逻辑。作为企业员工，从进入企业那一刻起，其行为选择对于公司的发展就变得至关重要了。企业的规章制度就好比一块打磨石，企业员工如果经常主动去打磨自己，会使自己变得越来越圆润、越来越完美，在成长的道路上也会走得越来越好。

二要参与制定。企业的规章制度不是某一人就能决定的，而是通过大量的实践总结出来的，所以对于规章制度的制定，基层员工的功劳往往是最大的。因为企业的规章制度很大一部分是与员工的工作内容相关的，因此，倾听基层员工的意见和建议十分重要。在面对事关利益的问题时，更应让员工参与进来，通过大家的讨论，制定出更加人性化的制度，这不仅可以提高制度的执行力，也会增强广大员工的热情和归属感。

三要认真落实。制定好规章制度后，规章制度的执行和推广就变得尤为重要。员工认真执行和严格落实规章制度，不仅是责任，也是义务。企业的良好发展，离不开制度的完善；而企业的品质保障，离不开员工对制度的严格执行。所以对于基层员工来说，认真落实规章制度，不仅是对自我的提高，也是对企业发展负责。有责任，有担当，体现的是一个人基本的道德品质。

企业内控体系的构建方法

企业在发展过程中,必定会面临各种各样的风险,如决策管理风险、政策法规风险、制度缺陷风险、市场风险、运营风险、信用风险等。在风险面前,企业并不是无能为力的,可以建立内控体系来防范和化解风险。内控是由企业决策层、管理层和全体员工共同实施的、旨在合理保证实现企业基本目标的一系列控制活动。在社会化大生产中,内控作为企业生产经营活动的自我调节和自我制约的内在机制,处于企业中枢神经系统的重要位置。因此,企业规模越大,其重要性越显著,可以说企业内控体系的健全、实施与否,是经营成败的关键,是企业的生命线。那么,企业如何构建内控体系呢?

一、搭建框架

企业应依据四层分法来搭建内控体系框架。四层分法也可称为两横两纵法。

第一层分法(横向):企业按行业类别可以分为化工类、金融投资类、房地产类、物流类、服务类、移动互联类等。不同行业的企业,内控体系的差别较大。

第二层分法(横向):企业按所处阶段可以分为培育期企业、成长期企业、成熟期企业、衰退期企业。不同阶段的企业应采取不同的内控体系。

第三层分法(纵向):企业组织按类型可以分为多元化集团、专业化集团、单体企业、分支机构等。不同类型的企业组织有不同的运行体系,因此也应采取与其相符的内控体系。

第四层分法(纵向):企业控制按专业程度可以分为公司层面的控制、业务层面的控制、信息层面的控制。其中,公司层面的控制涉及组织架构、人力资源、发展战略、社会责任、企业文化等因素；业务层面的控制涉及资金管理、资本运营、生产管理、财务管理、合同管理等；信息层面的控制涉及内部信息传递和信息系统设计等。

如果企业没有依据四层分法来搭建适合自己的内控体系框架，就会走入内控搭建误区，要么徒有形式，要么不切实际，就好比给自己穿了一件不合适的外套，内控反而变成了企业的负担。比如，某集团企业处于快速发展阶段，分/子公司众多。站在集团的角度，如何实现对分/子公司的控制，应授予分/子公司哪些权限，内控体系与集团管控如何融合……集团企业面对如此复杂的全面内控体系建设，可先从财务内控着手，开展财务管理体系的梳理和设计，其原因有三。

首先，财务管理体系是整个集团运营的核心，解决了财务管理体系的主要矛盾，整个集团内控体系的问题就至少解决了一半。

其次，企业出不出问题在于财务，财务管理部门对生产经营的各个环节有全面的认识和深度的掌握，梳理财务管理体系会对梳理各项业务活动的内控体系起到事半功倍的效果。

最后，从财务管理向企业价值链的前端延伸，可以一直伸向销售、研发、生产、采购、物流、信息系统架构等各个环节，甚至可以将管控要求最终延伸到企业的组织架构、公司治理等内控环境层面。

二、多种组合

内控可分为不同的类别形态，有多种组合方式。

1. 预防性控制与察觉性控制

预防性控制是指为制止或减少错误或舞弊发生而预先采取有关措施，目的是使有关部门或人员遵循既定程序和制度，尽量减少错弊发生的机会。通常采用的预防性措施包括基础控制措施、实物控制措施、职务分工措施等，具体包括合理授权、职责分工、制定和实施业务记录与业务处理程序、制定和执行规章制度等，如出纳员不得兼管财务稽核和会计档案保管，不能从事收入、费用、债权债务账目的登记工作。在内控体系中,预防性控制能在一定程度上防止错弊的发生,减少或避免错弊发生后再进行纠正的成本,从而促使内控目标和组织目标的实现。

察觉性控制是指为了查明并纠正已发生的错弊而实施的控制。尽管察觉性控制比预防性控制的代价高,但同样必不可少。一是能衡量预防性控制的有效性。二是预防系统并不能有效控制所有错弊,有时候某些错误只有在其发生后才能被检查出来。察觉性控制主要用于不良后果发生后的检测,其措施包括内部稽核、内部监督等,如现金的清点、银行金额的询证、向供应商函证应付账款、对仓库物资实行定期或不定期盘点等。

2. 反馈控制与前馈控制

反馈控制是指管理层利用经济业务或管理活动的以往情况来指导现在的经营管理活动和筹划未来的经营管理活动。在实际工作中,管理人员必须在分析偏差产生的原因后,及时设计出更合理的方法、程序或措施,以确保预期目标的实现。但是,反馈控制的最大缺陷是其存在时滞问题,即从发现错弊到采取纠偏措施需要一段时间,因此在进行更正时,实际情况有可能已经发生变化。例如,在质量控制活动中,找出质量偏差的原因需要花费一定时间,确定并采取更正措施甚至需要更长时间;在大型制造企业中,其库存控制涉及诸多库存物资,包括原材料的种类和数量、备件和配件的种类和数量、在产品和产成品的种类和数量等,找出其中存在的问题并进行更正也需要时间,这些都直接影响内控的有效性。为此,企业管理层还须采取前馈控制。

前馈控制又叫指导将来的控制,是指为确保业务活动与期望结果尽可能吻合,管理层不断利用最新信息进行分析与预测趋势,并将期望结果同预测结果进行比较而采取的控制程序与措施。其着眼点是通过预测控制对象的状态进行控制,这在一定程度上解决了时滞问题。例如,企业预测到下个月的产品销量将会较期望销量大大降低,此时企业便可采取新的营销措施或方案。

3. 事前控制、事中控制与事后控制

事前控制是指管理层在经济业务活动发生之前所做的管理上的努力或实施的各种控制措施,例如企业制定的各种方针、政策、计划、预算,以及业务处理的规

定、程序、方法等。事前控制主要是限制资源的投入和确定最终的产出，属预防性控制，即事先分析预测出可能出现的错弊及其发生概率，并设计出预防措施。其重点是防止企业所使用的资源在质和量上产生偏差。因此，事前控制的基本目的是保证各项业务活动均有明确的绩效目标，保证各种资源要素的合理投放。

事中控制又称现场控制或过程控制，是企业内部人员在业务进行过程中所实施的控制，如生产进度控制等。事中控制一般在现场进行，以指导和监督既定方针、政策、计划、程序、方法等的实施情况，事中控制的效果还与控制人员的素质密切相关。例如，企业质量检验人员的专业技能较高、经验较丰富，则控制效果就可能好些，反之则会差些。

事后控制是指在实际业务活动发生以后才进行的控制，其主要特征是根据预先确定的控制标准，对实际工作绩效进行比较、分析和评价。例如，传统的质量控制就是通过检查产成品，把残次品挑选出来，以保证出厂产品都符合质量标准。事后控制的最终目的是根据对实际工作绩效的评价，查处错弊，并采取纠正措施。但因其是在错弊发生以后才进行检查或采取措施的，故其所造成的损失已无法弥补，只能为以后完善控制工作打下基础。

4. 内部会计控制与内部管理控制

1）内部会计控制

内部会计控制是指管理层根据国家财务会计法律法规和本企业生产特点、经营业务性质及管理的实际需要，为确保财务活动的合法性、会计信息的真实性和可靠性、财产物资的安全性和完整性而实施的控制，其范围直接涉及会计事项方面的业务。内部会计控制主要采用会计处理程序及其他会计手段，对那些能用货币反映的经济业务活动进行控制，它由组织计划以及为保护财产物资和确保相关信息的准确性、可靠性而采取的记录、方法、程序和控制措施等构成，具体包括以下几个方面。

一是基础控制。通过基本的会计程序与方法，完整准确地记录所有有效经济业务。这是确保会计控制目标实现的基本条件，也是其他会计控制的基础，主要包括以下几个方面。

其一,完整性控制。这是为保证业务记录完整性而设置的,如设置业务备忘录,对记账凭证按顺序连续编号,制定原始凭证与记账凭证的内容及金额的核对制度等。

其二,准确性控制。这是为实现财务会计数据准确性而设置的,如对原始凭证与记账凭证上记录的经济业务数据、计量单位、填制日期和金额进行审核,对会计凭证合计金额和会计账目发生额进行核对,对明细账与总账发生额和余额进行核对等。

其三,有效性控制。这是为实现经济业务记录及相关处理手续的有效性而设置的,如财会部门对原始凭证进行审核等。

二是实物控制。实物控制是为维护财产物资及会计信息资料的安全完整与可靠而实施的控制,主要包括以下几个方面。

其一,防盗控制。这是为防止实物被偷盗、挪用,以及会计记录遗失或被篡改而设置的实物保护或控制措施,如将现金和有价证券存放在保险柜里,库存物资应分门别类存放在专设仓库并设专职保管人员,为保证账实相符而实行定期或不定期实物盘存制度,设置防盗报警器等。

其二,防损控制。这是为防止财产物资及会计资料遭受毁损而设置的控制措施,包括对财产物资的物理保护措施,如设置灭火器、消防水龙头、防潮设施等,以及防止资产变质的化学保护措施。

三是纪律控制。纪律控制是为监视和调整基础控制措施的执行、保护实物控制措施功能作用的充分发挥而设置相互牵制、稽核和监督制度等。它具有监视、强制和约束会计工作的特征,能保证及时发现和查明错弊,主要包括以下几个方面。

其一,职务分工。这是为维护资产的安全性以及实现会计信息的准确性和可靠性目标而设置的控制措施,包括经济业务授权与执行职务的分离、财产保管与记录职务的分离、总账登记与明细账登记职务的分离等。实行职务分工,有利于不相容职务的制衡,降低错弊发生的概率。

其二,内部监控制度。这是为监视和调整基本控制、实物控制和职务分工而设置的控制措施,包括对原始凭证、记账凭证的稽核、账账核对的稽核、账表核对的稽核、账实核对的稽核等。监控制度是内控体系得以实施的必要条件,它通过调节外界影响引起的波动，保证基础控制、实物控制、职务分工的有效实施，因此，它有利于查明基础控制和实物控制程序中的错弊并及时予以纠正。

2）内部管理控制

内部管理控制是为确保国家法律法规及企业经营方针、政策的贯彻执行，实现组织目标，提升经济业务活动的经济性、效率和效果而实施的方法、措施和制度的总称。内部管理控制主要通过制定和实施有关制度和政策来对企业内部不能用货币反映的业务活动或领域进行监督、调节和控制，是建立有效会计控制制度的基础。它包括企业内部除会计控制以外的所有控制，主要包括以下几个方面。

一是组织控制。组织控制是对企业职务分工与岗位职责、机构设置的合理性和有效性所进行的控制，包括组织架构设置、不相容职务分离等内容。组织机构设置是否科学合理、权责分配是否明确适当，直接关系到企业能否合理地组织生产，及时发现和处理生产经营中出现的问题，确保企业经营业务活动的协调有序进行。

二是人事控制。人事控制是针对企业员工增减变动情况和员工岗位而采取和建立的既相互联系又相互制约的各种方法、程序和措施等，主要包括管理者任免、人员招聘与录用、人员配备与培训、业务分工、职务评价、工资管理、离退休及病休假制度等。

三是业务操作与质量控制。业务操作与质量控制是为保证企业操作规范和提高产品或服务质量而建立的控制制度，涉及工作检查、产品质量检测、质量标准与统计分析、产品验收等。产品或服务质量是企业竞争实力之所在，“以质取胜”既是企业的重要经营战略，也是企业获得成功的基本途径之一。对现代企业来说，质量控制既是重点，也是难点。

四是安全控制。安全控制包括人身安全、财产安全、资料安全等方面的控制。安全控制事关组织人心的稳定、财产物资的安全与完整，因此也是管理控制的一个重要方面。

内控是一个复杂的有机整体，其内部各环节、各方面虽有区别，但有些控制措施既可用于会计控制，也可用于管理控制，各种控制措施是相互联系、相互交叉的，它们共同促进整个内控体系有效性的充分发挥。

三、找准风险

市场风云千变万化,企业经营千姿百态。不同的所有制、不同的发展阶段、不同的体量规模,所面临的企业风险自然不同。集团企业更关心战略风险、管控风险、法律风险、投资风险、资金风险等,而单体企业则更关心市场风险、生产风险、质量风险、安全风险。企业的风险不一样,存在缺陷的表现形式不一样,应采用的控制方法也就存在很大的差异。

发现一个企业的内控缺陷,不只看它有没有健全的制度,还要看制度是否得到执行。如果相关制度不健全或有缺失,那就是内控设计上的缺陷;如果有健全的制度,但企业风险仍然存在,那就是内控执行上的缺陷。企业很多时候并非没有制度的设计,只是执行不到位,或者虽然没有明文规定,但执行上已形成不成文的规定。有经验与没有经验的人来调查内控缺陷,会得出有很大差异的结论。

当某个缺陷被认定时,内控体系设计者就会按照原定的逻辑来梳理流程,加强关键点、风险点的控制,并通过制度予以固化。当某个内控规定不能在企业的运营实践中被执行时,简单地提出加强控制是不能解决问题的,这时应分析控制事项不能有效执行是系统问题还是单项问题。如果是单项问题,解决的办法会比较容易;如果是系统问题,则需要提供系统解决的办法。

比如,某集团企业存在短贷长投的现象,企业知道这是风险,但长期以来都在采用这种做法,并没有出现什么问题,因此大家也就习以为常了。从内控要求来看,企业短贷长投、流动资金紧张,一定会被指出存在内控缺陷。企业制度也规定了不允许短贷长投,但如果企业的资金问题一时解决不了,就会出现新的风险。因此,企业在解决此类内控问题时,需要从根源上找问题,建立资金风险分析模型和预警模型,为企业提供更多的融资渠道指引,帮助设计内部资金平衡计划,平衡内部资金需求。

又如,企业虽然在应收款管理上有严格的规定,销售合同也按内控要求走了所有审批环节,但是应收账款额还是越来越大,逾期款项也越来越多。如果仅仅从制度上去要求加强应收款控制是不能解决问题的。制度上规定不允许赊销,这在行业现实中是很难行得通的。怎样才能解决这种问题呢？好的内控体系需要从如何建立客户信用评价体系、如何建立销售人员激励体系、如何将回款与责任人员的薪酬绩效挂钩等方面入手来解决问题。

四、建立规则

企业存在内部控制风险，就需要加强内控文化建设，完善制度和流程，形成全员共同遵守的规则。

内控规则最重要的成果是各项内控手册。常规的内控手册分为6大分册，包括总则、环境分册、风险评估分册、控制活动分册、信息沟通分册、内部监督分册。关于手册的内容构成，不同的专业人士提供的"成品"会有较大差异，其中最关键的差异就是关于适应性要求。内控要解决的不仅仅是控制的问题，更多的是要解决企业发展与风险控制的平衡问题。

五、持续评价与提升

规范内控体系是一个企业内控应有的基本管理要求。在规范的基础上进行控制才是最有效率和效果的。改进内控体系是规范内控体系运行的机制保障。只有通过监督改进机制，一个规范的体系才能很好地运行和完善。

内控风险评价报告有时是为了满足上市公司信息披露要求的，而企业本身也需要定期提报一份内控风险评价报告，让决策层清楚地知道企业存在哪些风险，通过控制措施降低了哪些风险，还存在哪些风险。

定期评价，不断改进，企业才能处于稳步上升的发展态势。内控风险评价最大的优势在于：不仅能帮助企业找到风险，而且拥有评估风险的能力，可以设计应对风险的模型，通过风险评估工具清晰地指出控制的效果，并合理评估剩余风险。这里的剩余风险，是指那些未能为企业所控制的战略风险和流程风险。一般来说，剩余风险往往具有一定的法律后果，可能导致企业财务报表的重大错报，也可能导致企业管理层徇私舞弊,严重者还可能导致企业破产。

总之,企业内控体系建设是将散布于企业管理各个方面的相关元素按照框架的要求和标准进行补充、修正和组合。企业建立了内控体系,就应真正把内控作为强化企业管理的抓手,紧密结合企业实际,总结管理经验,优化控制环境,不断推陈出新,提升管理水平。

法律风险管理要抓顶层设计

从某种意义上说，企业管理就是风险管理，而法律风险管理作为风险管理的一个方面，越来越受到众多企业特别是跨国企业的重视。

一、企业法律风险管理的作用

1. 减少企业损失

法律风险融通于企业各种风险中，从形成缘由和表现形式看，有直接法律风险，即由法律因素导致或由于经营管理时缺乏法律支持而带来的各种风险，例如企业做决策时缺乏法务支持导致的决策风险、管理人员法律意识欠缺导致的管理风险、立法调整导致的非经营风险等；还有间接法律风险，即由非法律因素导致的违反法律法规的风险，例如财务失控带来的法律风险、企业经营失败面临清算的法律风险、因不可抗力产生的法律纠纷等。可以说，企业任何一种行为都潜藏着法律风险，法律风险只是企业在经济社会海洋中航行时触碰到的各种暗礁中的一种，任何一种暗礁，最后都可能带来法律风险，从而使企业遭受损失。

2. 提升企业价值

法律风险管理与公司内控体系、合规体系和企业道德规范共同构成一个完整细密的企业管理体系，其在以下几个方面有利于提升企业价值。

一是良好的法律风险管理体系表明企业拥有良好的治理结构，可吸引更多的战略投资者，支持企业长远发展。

二是良好的法律风险管理体系可为企业赢得消费者、供应商、社区居民、政府等的信任,有利于企业发展。

三是良好的法律风险管理可提升企业管理水平,增强综合竞争力,获得国内外市场的认同。

四是良好的法律风险管理可增强企业外部利害关系人如作为债权人的银行对企业的信心,有利于企业融资。

二、法律风险的识别与评估

1. 风险识别

按照引发法律风险的因素来源,可将法律风险分为环境风险和控制风险。

1) 环境风险

一是司法管辖。企业在不同司法管辖地域活动,面临的风险是不一样的。就国内来讲,由于各地地方保护主义、地方性法规及文化风俗等方面的影响,企业在不同地域开展经营活动时存在着不同的法律风险。就国际交往而言,各国的国情不同,法律制度及文化自然不同,企业在对外经济交往中如果不对此加以重视,将会面临越来越多的法律风险,甚至陷入法律危机之中。随着企业对外投资的增加,法律风险也会相应增加。

二是企业形式。国家对不同的企业形式采取不同的监管措施,从而使企业面临不同的法律风险。如上市公司与非上市公司就存在很大区别。上市公司要接受证券监管部门的严格监管,承担信息披露等义务,由此存在被证券监管部门处罚的风险及被众多的证券投资者起诉的风险。

三是行业类别。不同的行业有不同的监管环境。医药、生物技术、金融、信息技术、能源特别是煤炭等行业面临政府的严格监管,这些行业的法律风险往往高于其他行业。

四是购销活动。购销是企业日常主要的经营活动,企业往往要面对众多的供应商和消费者，并与他们建立各种法律关系，由此会带来法律风险。企业的购销活动越来越国际化，因此面临更高的法律风险。向外国销售商品的企业，面临越来越多的产品责任纠纷及反倾销等风险。

五是知识产权。知识产权对促进经济增长的作用越来越明显。一些高度依赖知识产权的企业，如 IT 公司，其知识产权的获得或丧失可能决定其生死存亡。

此外，还包括其他一些系统性风险，比如国家立法行为给企业带来的风险，企业内部决策、劳动人事政策变动等带来的风险等。

2）控制风险

一是法务专项投入。目前，企业越来越重视在法律事务上的投入，但与其面临的风险相比，投入还是很不够的。众多私营中小企业尚未聘请律师担任法律顾问，这些企业很少有内部法务部门，存在潜在的法律风险。这些风险积蓄到一定程度时，将严重威胁企业的生存。因此，大部分企业需要加大法务专项投入。

二是法务机构设置。企业法务机构的地位显示企业对法律风险的重视程度，直接影响企业化解法律风险的效率。有些企业的法务部门附属于其他机构或处于边缘状态，法务人员被看成是处理企业诉讼事务的内部专职律师，较少参与企业的合规管理。

三是法务人力资源。企业法务人员素质的高低影响企业法律风险管理水平。企业应当对这些人员制定业绩评价制度和培训计划，建立晋升通道。

四是法务内控制度。市场经济最重要的信条就是“契约至上”。企业每天要处理大量的合同，法务内控制度的关键部分就是合同管理制度。

五是与外聘律师协调。外聘律师作为法律专业人士，有着丰富的专业知识和实务经验。坚持一年一聘、一案一选，加强与外聘律师的沟通，有利于企业法律风险的化解。

2. 风险评估

通过以上对法律风险管理的分析，可以建立一个简略的法律风险评价体系，并在此评价体系基础上对企业面临的法律风险进行评估。

首先，按照风险评价体系对企业面临的法律环境进行分析，识别出企业面临的主要法律风险。其次,评价企业内部控制是否足以化解这些风险。最后,估计企业法律风险的大小。

此外还应认识到,企业总会面临着系统性风险。系统性风险往往与政治、经济、社会等的宏观方面相关,因此系统性风险往往随国家宏观发展趋势而变化,企业无法通过自身内控体系的建立与完善来消除它。

三、法律风险的管理对策

1. 完善法务工作体系

有些企业法务部门的工作重点就是为企业的交易和诉讼提供支持,缺少参与战略管理的职能,这不利于企业发展。法务人员应参与总体战略决策,管理预防性法律工作,如内控管理、合规管理以及企业道德规范建设等。必要时,可聘请专业律师作为企业常年法律顾问,指导企业法务工作体系的构建。

2. 加大法务专项投入

许多企业在对外投资时往往忽视相应的法务专项投入,导致投资项目面临巨大的法律风险。企业在做出投资决策时,应相应加大法务专项投入,对投资项目实行全程法律风险防控。

3. 实施法律风险控制战略

企业在制定商业战略时,应同步制定法律风险控制战略,保障商业计划有力有效地实施。

4. 重视知识产权管理

企业既要保护自身知识产权和相关商业秘密,使其不被非法披露、使用、转让,又要预防侵犯他人知识产权,避免卷入知识产权纠纷或不正当竞争行为纠纷。

企业在深入推进国际化、全球化战略时，应重视商标、专利的国际注册和软件的国外版权登记，同时避免侵犯外国企业知识产权。

5. 稳妥处置法律纠纷

企业在经营中发生各种法律纠纷在所难免，但如果解决不及时或者方法有误就可能扩大企业损失。对于潜在的法律纠纷，应评估其显性化的可能以及将会对企业产生的影响，做好应对预案，提前化解风险。对于已经发生的法律纠纷，应当在充分评估的基础上，决定是提起诉讼还是不提起诉讼，是让步还是不让步。解决法律纠纷，一般需要专业人士的指导。

6. 加强立法调整研究

立法调整可能会对企业赖以生存的经济环境产生重大影响，甚至决定企业命运。倘若能对立法趋势做一定跟踪与研究，将会对企业投资、经营提供很好的参考作用。

总之，市场经济就是法治经济。企业作为微观经济主体，只有将法律风险管理提升到战略高度，注重顶层设计，才能提升竞争力，打造百年老店。

运用法治思维 护航企业发展

企业要想实现和保持高质量发展,必须有法治护航,这就需要广大干部员工切实提高运用法治思维深化改革、推动发展、化解矛盾的能力。

法治思维包含规则意识。法治思维以严守规则为基本要求,强调法律的底线不能逾越、法律的红线不能碰触。只有强化全体员工的规则意识,使企业组织依法解决问题、处理争议,使企业员工以法律规定为行为准则,才能确保法律在企业内部得到遵守与执行,取得实实在在的效果。

法治思维包含合法意识。全体员工的任何行为要合乎法律法规、制度流程的具体规定。合法意识要求员工对法律保持敬畏,不打擦边球,不走灰色地带,既要合法经营,又要合规履职,不能为了追求结果而违反法律。

法治思维包含程序意识。程序的本质是形式的合理性。正义是法治的生命线,正义不仅要实现,而且要以看得见的方式实现。权力的行使之所以需要严格程序,就在于程序性规定能有效避免权力滥用。全体员工应认真遵守程序,避免让程序沦为形式和过场。

法治思维包含权利义务意识。没有无义务的权利,也没有无权利的义务。法律是平衡的艺术,通过权利和义务调整各种关系。法律也是解决矛盾的“公器”,不管是旧矛盾还是新问题,都需要弄清事实,明确各方的权利、义务和责任,进而公平、合理、妥善地处理问题。

法治思维包含权责意识。有权必有责,有责要担当,失责必追究。权力与责任是对等的,责任是第一位的。在明确责任、强化责任的同时,也要避免追责不够精准、泛化、简单化。只有强化权责意识,才能激发出员工担当作为的强大动力。

法治思维包含契约意识。市场经济最重要的信条就是“契约至上”。契约连接企业,构成市场,影响社会,背后孕育着平等、诚信的品格。全体员工既要遵守契约精神，尊重市场规律，也要自觉信守承诺，“新官要理旧账”，努力构建公平、诚信、优质的工作环境。

企业的法治建设永远在路上。只有让法治理念真正融入全体员工的头脑和心中，让法治思维成为惯性思维，企业才能实现和保持高质量发展，行稳致远。

下篇　管理、能力及素质

管理团队是一门学问

优秀企业是管理出来的，优秀员工是管理出来的，优秀的商业模式也是管理出来的，不是谈出来的。那么，应该怎样管理团队呢？

一、一个核心

一个核心是以结果导向为核心。团队靠"结果"存在，不是靠"如果"生存。没有结果就等于没做，没有功劳就不用谈苦劳。

二、两个清晰

1. 职责清晰

员工没干劲是企业可能面临的重大问题。明知道这事该干，可是没人干。"领导拨拨，我就动动"；"领导看不到，我就看热闹"。出现这种情况很多时候是因为"不知道该谁干"，也就是职责不清晰。梳理职责要明确五个要素：有什么事，谁来干，什么时间干，有什么评价标准，有什么纪律要求。

2. 目标清晰

为什么布置的工作产生的结果与自己的期望相去甚远？因为你没给员工制定合理的奋斗目标。如果干好干坏一个样，就没人会全力以赴地干。管理者应用

“目标”去激发员工的责任感,而不是靠“命令”去约束员工的动机。清晰的目标有利于管理者与员工形成合力。

三、四个透明

1. 经营透明

企业的经营应是透明的,不仅经营者对企业的状况了如指掌,员工也能知道企业的经营状况,能看到经营者在做什么。这种经营模式,对于凝聚人心、形成合力、约束权力、提高企业的道德水准非常重要。

2. 薪酬透明

很多企业采取密薪制,这在特定的情况下维持了内部的平衡,但这种不透明的薪酬制度,对人才的吸纳、培养和使用方面有明显的弊病。推进薪酬管理透明化,对企业长远发展意义深远。

3. 信息透明

员工与企业存在离心力的一个重要原因,就是在晋职、调薪、评优等事项上缺乏知情权。企业可以通过适当的方式,比如使用宣传栏、会议公报、信息管理系统等与员工沟通信息,从而有效调动员工的工作积极性和增强员工的企业认同感。

4. 奖罚透明

员工与管理者之间存在信任上的错位,可能与奖罚不透明有一定关系。做好了不奖,或者奖励水平与业绩水平严重不符;做错了不罚,或者惩罚措施蜻蜓点水、不痛不痒,这些都会使员工的积极性严重受挫。管理者应该量化并公开各项奖惩制度、责任制度,并严格落实奖惩措施。

四、五个方法

1. 塑造团队信心

领导者的作用是什么？“领导者是能够将一群人带到他们自认为去不了的地方的人。”这就是信心的力量。带团队一定要注意塑造团队信心，可以采用的方法有争取“首战必胜”等。

2. 重视团队培训

培训，就是培养在前，训练在后。培养是内在的，长久的，观念的；训练是外在的，一时的，实践的。“只培不训”如纸上谈兵，“只训不培”如无本之木。培训是员工的福利，是企业的重要事项。如果不提升员工培训的水平，就难以建立高效的团队。

3. 加强团队沟通

管理者和员工如果沟通不到位，就会在双方之间竖起一道墙。员工不信任管理者，对管理者有猜忌，怎么可能有积极性呢？不善于与员工沟通，不善于倾听不同的声音，是管理者的重要疏忽。

4. 合理选用人才

管理者作为团队带头人，选用人才至关重要。选人，只选对的，不选贵的。MBA、“空降兵”虽然有能力，但是不见得适合自己的团队。只有适合的，才是最好的。

团队人员的配置和使用尽量做到有层次感，既有能攻坚的，也有能守成的。管理者要用人所长，量才施用，不要对所有员工都使用一个评价标准，也不宜苛求员工。

5. 做好团队激励

激励有物质激励和精神激励，这两方面都要做好，不要偏废了任何一面。物质奖励要明确、及时，精神激励要具体、醒目。

五、六个到位

1. 心到位

什么是心到位？就是心里要装着员工。员工情绪异常，你要察微知著，及时送上关心和鼓励；员工该加薪了，管理者要替员工想着这件事；员工有了困难，管理者要拿出爱心。只要管理者对员工投之以情，员工自然会对管理者报之以恩。

2. 人到位

人到位有四层意思：一是“下场子”，也就是走动管理，经常到员工中间去与大家交流；二是“打样子”，也就是带着大家一起干；三是“占台子”，就同《亮剑》中的李云龙一样，关键时刻要给员工撑腰；四是“撑面子”，比如出席重要仪式等。

3. 话到位

话到位有三个要点：一是表扬到位，员工做得不错，要马上表扬，表扬要具体，而且要公开；二是批评到位，员工做错了，要及时批评，不能做“老好人”；三是要求到位，布置工作必须讲清两个“果”，即“结果”和“后果”。

4. 做到位

话说到，人就要做到。说到不做到，就会引起员工的轻视和嘲笑。如果在行动上待人严，束己宽，同样没有人会信服。

5. 帽到位

一个出色的管理者，一定要善于给下属“戴高帽”。这里的“戴高帽”不是恭维吹捧，而是合理有节地满足员工的尊重感和成就感。比如，说“老李，你是这方面专家，这事就拜托你了，多操点心啊！”，远比说“老李，这事就交给你了！”效果要好得多。

6. 查到位

很多管理者抱怨，员工执行力太差了。其实，这是管理者的责任缺位所致。如果开个会把工作一布置就马放南山，员工有执行力才是见鬼了。所以，布置工作和检查工作必须结合在一起。检查什么？一查进度，二查结果，二者缺一不可。

六、九个技巧

（1）树榜样。要领导好别人，首先要领导好自己。

（2）创环境。创建舒适的工作环境和人文环境，让员工开心地工作。

（3）鼓士气。要想激起下属的热情，自己首先要有热情。

（4）勤沟通。一线员工是最知道实际情况的，要尽量了解他们所知道的事情。

（5）找方法。在工作中，要多问“怎么办”。

（6）提问题。员工遇到困难，要以“提问题”的方式引导他们去思考，而不是直接给出答案。

（7）少插手。相信员工的创造性。如果员工工作出现偏差，管理者可以指正，但不要一味指责。

（8）多赞美。要引导员工改善行为，可以称赞他们最微小的进步，为他们提供激励。

（9）给机会。要给员工四个机会：赚钱机会，表现机会，成长机会，发展机会。

七、十个注意

(1) 注意尊重。尊重每一个人的看法,赏识每一个人的建议,这必然使团队朝气蓬勃。

(2) 注意倾听。做一个积极而认真的聆听者。不善于倾听不同的声音,是管理者的疏忽。

(3) 注意识人。不要过多关注别人的缺点,多关注他人的优点。

(4) 注意用人。管理者的任务不是去改变人,而是运用人的才干。

(5) 注意交流。使用员工能够接受的语言同他们进行交流。

(6) 注意决策。不要试图当下就解决问题。情况不明时,不要当场做决定。

(7) 注意真诚。以诚待人,别人才会以诚相报。

(8) 注意让利。如果做不到为员工谋利,至少不要与员工争利。

(9) 注意守信。信用既是无形的力量,也是无形的财富。

(10) 注意担当。勇于承担管理责任。

"班长"是引领企业发展的"头雁"

无论在哪个地方，部门抑或单位，"班长"的作用都是举足轻重的。"火车跑得快，全靠车头带""班子行不行，就看头一名"，说的都是"班长"的中流砥柱作用。那么，如何才能当好"班长"呢？

一、当好"班长"的基本要领

1. 头脑时刻清醒

"班长"是"舵手"，要把握好发展方向和全局利益，必须时刻保持清醒头脑，善于辨别是非曲直、真假优劣。做到千磨万击还"清醒"，"任尔东西南北风"，确保各项工作时刻沿着正确方向乘风破浪、快速前行。

"班长"要有前瞻性思维和战略性眼光，凡事要从发展大局出发，从本单位实际出发，抛弃个人私心杂念，把握职工群众期望，重视职工群众诉求。

"班长"要在大是大非面前保持清醒头脑，在各种风浪打击面前保持清醒头脑，在各种艰难困苦面前保持清醒头脑，在各种拉拢腐蚀面前保持清醒头脑，在各种成绩和荣誉面前保持清醒头脑，居安思危，戒骄戒躁。如果取得一点成绩就忘乎所以，遇到诱惑就不能自已，碰到困难就不知所措，就会在工作上、生活上失去原则性和警惕性，使单位和个人蒙受重大损失。

2. 决策拍板果断

"班长"是各项决策、措施的拍板者，要在充分调研的基础上集思广益，善于从大家提出的各项决策建议中准确判断优劣长短，拍板选择最佳方案，既不能独断专行，更不能优柔寡断。如果该拍板时拿不定主意、下不了决心，觉得这个也挺好、那个也不错，造成决策层各执己见、争议不休，就会错失事业发展的良机。

纵观历史，每次战争的胜负很大程度上都取决于双方统帅在关键时刻能否抓住瞬息万变的战机，迅速果断作出正确决策。三国时，袁绍、曹操更是在决策风格上形成鲜明对比：二人手下都有一批谋士出谋划策，袁绍“见事迟，得计迟，多疑寡断”，谋士们提出的主意越多，袁绍越拿不定主意，每每因决策不定而错失取胜良机。而曹操不仅善于集思广益、博采众长，而且能及时果断作出正确决断，抢占先机。最终势力广大、兵强马壮的袁绍败给了兵力、地盘远逊色于他，“名微而众寡”的曹操。可见，“班长”的决策风格不仅决定个人命运，也决定组织命运。“班长”能否集思广益、果断决策是事业成败的关键。

3. 选人用人公正

“班长”作为当家人，在选人用人方面一定要一碗水端平，把公道正派、想干事、能干事、干成事、群众信得过的人才选拔到重要岗位上，尤其对那些长期踏实干事、努力工作的人才，对那些默默无闻为单位长远发展打基础的人才，要高看一眼，绝不能亏待。

如果“班长”在选人用人问题上不能坚持原则，拉帮结派，照顾亲属、亲信和各种关系，借调整岗位之机聚敛钱财，就会在单位形成跑“官”要“官”、买“官”卖“官”的风气，在职工群众中形成干好干坏一个样、干多干少一个样、真干假干一个样、干与不干一个样的“共识”。如果这样，谁还会脚踏实地干工作？如果大家都不干工作，那“班长”又怎么当得好？可见，选人用人是调动职工群众积极性的最重要因素。

4. 凡事谦让副职

“班长”要正确认识副职在领导活动中的地位和作用，善于处理与副职的关系，充分调动、发挥副职的积极性。

作风应民主，要有亲和力，经常与副职通气，加强情感交流，凡事尽量征求、考虑、尊重副职意见，大力支持、肯定副职工作，使副职有职有权、有责有威、有干劲。

同时，有荣誉尽量让给副职，各种责任尽量替副职承担，以身作则，打造团结、和谐、战斗的领导集体。

有的“班长”非常强势，凡事“一言堂”，独断专行、盛气凌人，从不虚心听取班子其他成员意见，搞得班子内部关系紧张，难以合作共事，更不能同舟共济。

领导班子不团结、关系不融洽，明争暗斗、相互拆台，大多是“班长”揽权推责、不尊重副职意见所致。甚至有“班长”把各种好处留给自己，各种责任推给副职，在副职心中丧失了威信和号召力。副职们则虚与委蛇、明哲保身，谁也不肯尽心尽力。如此涣散的班子，哪来的战斗力？

5. 跟准上级领导

“班长”是连接上级组织和下级单位的枢纽，发挥着上传下达、协调各方的作用。处理好与上级领导的关系，对于促进工作开展至关重要。跟对一个领导，事业就有希望；跟错一个领导，就有可能被拖入泥淖。因此，要看清上级领导的道德人品、廉贪正邪，对贪婪之心过重的领导要保持警惕，对他们提出的违反原则的要求，要巧妙委婉地拒绝，以免将来受牵连。如果明知上级领导人品不正、行为不端，为了得到赏识提拔，仍然逢迎巴结，与其同流合污，甚至助纣为虐，到头来就可能深陷泥潭而不能自拔。

俗话说：“近朱者赤、近墨者黑。”对公道正派、业绩卓著的上级领导，一定要认真学习其为人处世之道和高超的领导艺术；对为官不正不公不清、为人不忠不诚不信的上级领导，要及时明智地划清界限，防止被拉拢同化，否则就会一失足成千古恨。

6. 疏通各方关系

强调疏通好各方关系，不是鼓励“班长”为个人私利疏通关系，而是要求“班长”注意协调好单位内部的干群关系和与外部各方、社会各界之间的关系，调动方方面面的积极因素，群策群力推动工作开展。

就内部而言，人员的身世背景、思想认识、工作态度、办事风格、个人追求不尽相同，工作中不可避免地会产生这样或那样的矛盾与摩擦。作为“班长”，要善于协调各方关系，巧妙化解矛盾、消除误会，营造团结和谐、互帮互助的良好氛围，增强单位的凝聚力和向心力。

从外部来说,一个单位绝不是孤立的,与上下级机关和社会各层面都会有交往,有着千丝万缕的联系,关系处理协调不好,就容易发生“梗阻”。作为“班长”,有责任协调处理好各种关系,取得各方的理解和支持,做到业务运转畅通、协作紧密和谐,形成良好的内外部环境,推动工作顺利开展。

7. 兼听纳谏纳言

“兼听则明,偏信则暗。”作为掌控全局的“班长”,最忌偏听偏信,听不进批评和反对意见,把自己局限在一个小圈子里。不能听到职工群众的呼声,不能全面了解单位的真实情况,就容易以偏概全、一意孤行,难以平衡各种错综复杂的关系,导致单位内部相互猜疑、拉帮结派、争斗不休,挫伤职工群众的积极性。

“良药苦口利于病,忠言逆耳利于行。”身为“班长”,一定要虚怀若谷、善纳谏言,对于阿谀奉承之词要保持高度警惕,把听取批评意见当成纠正自身过失、提升领导水平的良机,不偏不倚地行使手中权力,为单位营造风清气正的良好环境。

8. 肚量能容难容

“班长”是单位各种利益、矛盾的交会点和爆发口,经常会遇到常人难以遇到的难题,应对常人难以应对的复杂局面,遭受常人难以忍受的误解。如果没有超出常人的胸怀和度量,在处理事情时就会沉不住气、把握不住重点,犯下举止失措、处置失当的主观性错误。

俗话说:将军额上能跑马,宰相肚里能撑船。作为当家人,就当有常人难以达到的宽宏气度和兼收并蓄的广阔胸怀,善于求同存异,虚心听取不同意见和建议,做到以宽容对待狭隘,以善意对待误解,以礼貌谦恭对待冷嘲热讽,把各种矛盾化解消融在自己的大度中。

“班长”若是心胸狭窄肚量小,不能容纳各种风格、各种个性的下属,不能以宽容达观的心态处理各种复杂关系和问题,就会失去亲和力、凝聚力、号召力,单位就会矛盾频发。面对这样的局面,单位怎能顺利发展?“班长”又怎能让上级领导放心、让职工群众满意?

9. 恪守言行一致

“吴王好剑客，百姓多创瘢；楚王好细腰，宫中多饿死。”说的是吴王喜爱精通剑术的侠客，老百姓为练剑身上伤痕累累，结满瘢痂；楚灵王喜欢妃子有纤细的腰身，宫女们为了细腰每天只吃一顿饭，饿得头昏眼花，站都站不起来。可见，“班长”的行为作风决定着整个单位的风气好坏。

作为“班长”，要时刻注意自己的言行举止，“慎独、慎初、慎微、慎欲”，要求下属做到的自己首先做到。有些“班长”总喜欢教导别人应该这样、应该那样，从来没想过自己到底怎么样、要求别人做到的自己能否做得到。待人接物，当面一套、背后一套；只许自己放火，不许下属点灯；台上讲一套、台下做一套；这样的“班长”如何能抓好班子、带好队伍、干好事业、树好风气？

10. 控制个人欲望

“班长”掌握着单位的权力资源，不知被多少人盯着，有些人处心积虑地动用各种手段与其套近乎、拉关系，极尽逢迎巴结之能事，目的就是想利用“班长”手中的权力谋取个人利益。更有人刻意设下金钱、美女、房产、晋升、赌博、游乐等种种圈套和诱饵，引诱“班长”一步步掉入欲望的陷阱，成为自己的“猎物”。所以，“班长”不可避免地要经常面对权钱、权色交易的考验，承受着超出常人的思想压力，意志薄弱者常常会经受不住考验，被贪婪的欲望吞噬。

俗话说：“贪如火，不遏则燎原；欲如水，不遏则滔天。”古往今来，有多少人把个人的美好前程乃至身家性命葬送于贪欲的沟壑。当然，人都有七情六欲，管理者也不是不食人间烟火的神仙，免不了产生各种欲望，关键是如何对待自己的欲望，不为欲望所累。作为“班长”，一定要分清哪些欲望是不必要的、哪些欲望是危险的、哪些欲望是有害的，严控不健康的欲望，不为灯红酒绿所动，不为金钱美色所惑，不为高官厚禄所诱，练就百毒难侵的“金刚不坏之身”。

二、当好党组织“班长”的基本要求

党组织书记作为一级党组织的“班长”,其能力素质和领导艺术直接关系到整个领导班子乃至一级党组织的形象、权威和业绩。当一名合格的“班长”,就要做到自身过得硬、决策定得准、工作推得开、合力聚得好、威信立得起。

1. 自身过得硬

要想自身过得硬,就应重信念、善学习。一要做政治上的“明白人”。“党组织书记姓党”,无论任何时候任何情况,都要对党忠诚、坚定理想信念,在思想上、政治上、行动上与上级保持高度一致,始终把纪律和规矩挺在最前面,严守党的政治纪律和政治规矩。二要做学习上的“带头人”。要有“知识恐慌”“本领恐慌”的忧患意识,带头和组织班子成员深学理论知识、精学专业知识、博学各类知识,不断拓宽知识领域、完善知识结构、增加知识储备,提高分析和解决问题的能力与水平。三要做道德上的“高尚人”。坚持把品行和操守摆在重要位置,自觉从百年党史和中华优秀传统文化中汲取滋养,以德立身、以德立规、立德立行,做到心正、身正、行正,始终做到立身不忘做人之本、为政不移公仆之心、用权不谋一己之私。

2. 决策定得准

要想决策定得准,就应重民主、善谋断。一要兼听不要偏听。坚持“多听三思”。多听,就是凡事既要请教于班子成员,又要问计于基层群众;既要解剖典型,又要了解全局,多层次、多方位、多渠道调查了解情况。三思,即“先思”“善思”“熟思”。先思,就是要有超前意识、未雨绸缪;善思,就是要透过现象看本质,去粗取精、去伪存真;熟思,就是要脑中有对策,手中有方案,对事态的发展变化有预见、有准备。二要阳谋不要阴谋。要“高人一筹”而不“高人一等”,心怀坦荡、光明磊落。善于用制度管人、管事、管权,坚持民主集中制,议事要让班子成员提前准备、深入思考,会上集思广益、充分酝酿,把问题和矛盾“摆”到桌面上来研究、“晒”到明面上来讨论。三要决断而不武断。要敢决策、善决策，决不能“谋而不断、议而不决、议而不定”；也不能断而不谋，对问题不深思、不熟虑，凭个人直觉，拍脑袋、靠经验武断决策。要学会抓大放小、择善而从，善于运用集体智慧开展工作。

3. 工作推得开

要想工作推得开，就应重方法、善统筹。一要统揽不包揽。党组织书记是“班长”，不是“家长”，要有一副把方向、谋全局、抓大事的“火眼金睛”，谋全局不谋局部、既谋长远又谋当前，学会“弹钢琴”，敏于大事、善抓关键，以重点突破之功，带动全局之效。二要放手不甩手。党组织书记要“肩扛帅旗，手拽风筝”，既要善于放权，全力支持、鼓励班子成员放手去干，又要密切关注工作进展，切实搞好检查和督促，适时做好调控和修正，及时给予指导和帮助，让工作始终沿着正确方向、既定轨道运行。三要巧干不蛮干。党组织书记看问题、想事情要比别人更深、更细、更准；想办法、拿主意要比别人更高明、更巧妙。既要用力，更要用智；既要实干，更要巧干。这样，做事情、干工作才能事半功倍。

4. 合力聚得好

要想合力聚得好，就应重团结、善带人。一要大度不失度。要有宽容大度的气量、度量和雅量，在班子成员之间不当“裁判”当“红娘”；在重大问题上，不“和稀泥”、不当“老好人”，敢于直面矛盾、坚持原则；在日常生活中，要多关心、多爱护，树立大度不失度、可亲又可敬的“班长”形象。二要求大同存小异。要正确看待和容许差异的存在，本着同一工作目标这一大同，学会尊重和欣赏他人的个性，允许和接受不同工作方法和风格这些小异，善于用好每名班子成员的长处和优势，团结和自己有不同意见的人一道工作。三要善于推功揽过。作为领导集体第一责任人，对班子成员的工作疏漏和失误，要敢于担当、勇于负责，善于吸取教训、总结提高。要竭力保护好班子成员干事创业的积极性。树立豁达大度、从善如流的胸怀，善于推功揽过，塑造个人魅力。

5. 威信立得起

要想威信立得起，就应重修为、善自律。一要有举贤荐能、甘为人梯的大气。

要有“前人栽树,后人乘凉”的胸襟,以“功成不必在我”的操守,多干事创业、少个人设计,看到别人升迁由衷高兴而不“眼红”,看到别人进步真心欣慰而不“心痒”,以甘为人梯的精神,多举贤、多荐才、多惜才。二要有敢为人先、敢作敢当的虎气。要有时刻“向我看齐”的姿态,以身作则当表率、顶在难处做先锋,在各种矛盾问题和风险挑战面前,不虚不软、不推不滑,始终带领一班人冲在最前面、干在最难处。三要有清正廉洁、克己奉公的正气。坚持“闯”字当头、“实”字在先、“干”字为要、“廉”字托底,学会踏踏实实做人、勤勤恳恳工作、简简单单生活,对名利想得开、看得淡、放得下,不以私情废公事,不拿原则做交易,真正做到公道正派、光明磊落、一身正气。

三、正副职的相处之道

俗话说得好,相互补台,好戏连台;相互拆台,共同垮台。那么,正副职应如何处理相互关系呢?

1. 正职“定”准位

管理层中,正职处于主导地位,对班子的协调运转、全局工作的筹划指挥,起着至关重要的作用,要管思路、管人才、管制度、管财务。正副职要想相处融洽,正职首先要“定”准位。

一是统揽不包揽。正职对企业的全局性工作必须具有统揽意识,该统揽的没统揽起来,就是失职。但统揽不等于包揽,包揽就会陷入庸庸碌碌的事务主义。有的正职在具体工作中不会牵“牛鼻子”,抓不住主要矛盾,不善于区分职责,对副职不放心,也不敢放权,结果是该由分管副职承办的事情,都由自己一手操办,以至于包揽了大量的具体事务,造成大事办不好、小事办不完,该统揽的没统揽、该放权的没放权,费劲不小、效果不好。

正职要做到统揽不包揽,就要善于给副职授权,赋予副职协助正职谋划全局工作的权力和分管工作领域的权力,真正使副职有职有权有威,放手让副职独立思考、独立工作、独立解决矛盾。正职对副职分管的工作,要做到不插手、不干扰,充分信任和，依靠副职。如果正职把权力都揽在自己手中，紧紧抓住权力不放，什么都由自己说了算，那么副职就会迈不开腿、挪不动步，没有积极性，更无创造性。到头来，正职也会成为“孤家寡人”，什么事情也办不好。

二是放权不放任。正职对副职授权要权责明确，布置任务要责任到人，使其明确任务内容、考核标准，同时要将自己的想法、要求讲清楚。布置任务以后，不能撒手不管，要加强检查，做好监督，发现问题及时提醒，引导副职有困难自己设法克服，有经验教训自己总结提高。另外，还要注意从全局的高度，组织协调好副职之间的关系，既要督促每个人大胆负责地做好分管工作，又要引导大家从全局出发，紧紧围绕中心工作出谋划策，形成合力，防止各吹各的号、各唱各的调。正职对所有副职要一视同仁，不能分亲疏远近，更不能厚此薄彼，要及时解决他们之间的矛盾，协调好他们之间的关系。

三是果断不武断。作为企业主要领导必须有主见，该拍板的要大胆拍板，特别是对棘手问题，一定要敢于和善于决断，不能优柔寡断。但是，果断不等于武断，在敢于决断的同时，也要防止自以为是，听不进不同意见。这就要求正职有很强的民主作风，要当好“班长”，而不当“家长”。研究和决策问题时，要充分听取班子成员方方面面的意见，特别要听取不同意见甚至反对意见，在民主的基础上进行集中。

四是揽过不掩过。任何人在工作中都会有这样或那样的失误，正职必须为副职创造宽松的环境，允许副职出错改错。但是，揽过并不等于掩盖过错、营私舞弊，而是在副职工作出现失误时，要为其分担压力，一起总结失败的教训，帮助其渡过难关。揽过不仅给副职以信心和宽慰，还可以让企业员工看到正副职之间的紧密团结，有利于树立管理层的良好形象。

2. 副职“补”到位

副职在管理层中居于辅助地位，起着协助作用。副职既是管理者又是被管理者，既是决策的参与者又是决策的执行者，既在一定范围内唱主角又在一定范围内当配角。副职要想与正职相处融洽，关键是要摆正位置，转变角色，注意分寸，把准“火候”。

一是摆正位置不越位。当好副职的关键是正确认识副职的地位和作用，调整心态,摆正位置,以积极的态度配合正职的工作,当好正职的参谋和助手。当好参谋和助手是副职的根本职责,也是衡量副职是否称职的重要标准。这就要求副职树立共建共享理念,具备大局意识和团队精神,对事关全局的重大问题,要从实际出发,多搞调查研究,为正职决策提供依据、提出建议。要时刻谨记不要越俎代庖,纵使能力再强、资历再深,也要尊重正职。

二是转变角色不推诿。管理层内部一旦形成决议,副职即使对决议持有意见,也要毫不迟疑地贯彻执行,绝不可因自己的好恶影响决议的执行。贯彻执行管理层形成的决议,要不折不扣,不能随意出新点子、提新口号,违背集体的决定,干扰正职的决心,动摇团队的信心。对决策中考虑不周或未涉及的地方,副职要在落实过程中结合实际,充分发挥主动性、创造性,做一些拾遗补阙的工作。需要正职决定的事情要及时请示正职,需要管理层集体讨论决定的事情要提交管理层集体讨论,绝不能个人说了算。特别是涉及人、财、物等敏感问题,即使自己可以决定,也应事先征求正职意见,及时汇报,从而赢得正职的支持与信任。

三是善于进谏不顾忌。针对执行过程中出现的一些新情况、新问题,或者发觉决策有失误之处,副职要以事业为重、以大局为重,善于进谏,不能瞻前顾后,顾忌个人得失;要及时向正职反映,并提出自己的建议,与正职一道完善决策,保证实施的效果。在决策过程中要勇于发言,对考虑成熟、符合实际的见解和建议,要大胆直陈;对一些不理解、不赞同的意见要勇于进谏,深入剖析这些意见的问题所在,加深班子成员的认识和理解,争取集体表决时被采纳。

四是勇担责任不推卸。正职能力再强,也有考虑不周的时候。全局工作固然是由正职负责,但副职对出现的问题绝不能袖手旁观,甚至幸灾乐祸。因此,发现可能影响全局的问题,副职一定要从对工作负责、对正职负责的角度发挥好补台作用,要主动报告,与正职商议对策,真正把问题解决在萌芽状态。副职要想补位到位,就要有敢于担责的勇气,积极为正职创造更大的主动权和更多的回旋余地,为解决问题提供更多的机会,进而扭转被动局面。副职能够以大局为重,全力帮助正职渡过难关,这种态度不但能够维护正职威信,增强正职解决问题的信心,而且也有利于增进彼此的感情,进一步增强班子团结,更好地促进工作的开展。

实践证明,搞坏一个企业,一个人或几个人就够了;而要办好一个企业,必须正职副职紧密配合，领导和员工齐心协力。一个单位正职与副职的关系处理不好，不只是影响团结，造成内耗，还会导致员工拉帮结派，耽误工作，贻误事业。只有正职与副职团结奋进，才能带领全体员工开创工作新局面，实现事业发展与个人成长的双赢。

管理者是战略目标的执行者和实现者

企业战略目标的实现,工作措施的推进,经营管理效益的提升,都离不开各级管理者的有力支撑。企业各级管理者是企业发展的中坚力量,是业绩和效益的创造者,是战略目标的执行者和实现者。

一、管理者的基本素质

管理学家彼得·德鲁克提出了管理者的三大任务:一是设定组织机构的特定目标和使命;二是确保工作富有生产力,并使员工有所成就,产生效益;三是管理组织机构产生的社会影响,承担社会责任。管理者要完成好这三大任务,应当具备以下素质。

1. 履行四种职能

1) 计划职能

定义目标,确定战略,制订计划,协调活动。

2) 组织职能

决定需要做什么、怎么做、谁去做。

3) 领导职能

指导和激励所有的群体和个人努力工作,承担各自的责任,完成各自的任务;

避免冲突的发生，即使发生也能及时解决冲突。

4）控制职能

监控下属活动，确保他们按计划保质保量地完成任务。

2. 管好五个维度

作为一个管理者，管理有五个维度，即向下、向上、水平、向外、向内。

1）向下：管理下属

下属是谁？是直接贯彻你的管理指令的人，对你的业绩起着关键作用。管理不好下属，是失职。管理下属需要做到以下几点。

一是善倾听。不善于倾听不同的声音，是管理者最大的疏忽。

二是明赏罚。“凡用赏者贵信，用罚者贵必。”施行奖赏贵在诚信，施行惩罚贵在必行。

三是会用人。将合适的人“请”上车，将不合适的人“请”下车。

四是重感情。感情投资是所有投资中花费最少、回报最高的投资。

五是懂授权。管得少，才能管得好。

2）向上：管理上司

上司是谁？是给你提供资源和信任的人，对你的业绩起着决定作用。管理不好上司，是失策。管理上司需要做到以下几点。

一是勤请示。请示不是因为自己能力不足，而是表达一种工作态度和对领导的尊重。

二是常沟通。沟通，既不能多到让领导嫌弃你，也不能少到让领导遗忘你。

三是多建议。领导不需要问题的“二传手”，需要解决问题的“主攻手”。

四是有格局。要像领导那样去思考，而不是站在员工的角度揣摩领导。

五是懂汇报。不要说“差不多”，而要用数据和事实说话。

3）水平：管理平级

平级是谁？是给你的工作提供配合和支持的人，对你的业绩起着辅佐作用。

管理不好平级,是失误。管理平级需要做到以下几点。

一是能合作。大成功靠合作,小成功靠个人。

二是会沟通。管理就是“沟通、沟通、再沟通”。

三是懂换位。多站在别人的角度想一想,有些想不通的事也就想通了。

四是少争执。与同事发生争论、争执、争吵,就是给自己的职场“挖坑”。

五是多担责。把责任往自己身上揽一点,对方自然就会退一步。

4) 向外:管理相关方

相关方是谁?是顾客、供应商等外部利益相关者,对你的业绩起着重要作用。管理不好相关方,是失着。管理供应商和客户,要有明确的管理标准。没标准,就没章法。

5) 向内:管理自己

“自己”是谁?是通过他人完成工作的人,更是对自己的业绩负全部责任的人。管理不好自己,是失败。管理自己需要做到以下几点。

一是律己。作为企业的管理者,不是爱做什么就做什么,企业的员工都在看着你。

二是容人。“泰山不让土壤,故能成其大;河海不择细流,故能就其深”。

三是尊重。不是问“为何做不到”,而是问“该怎么做”。

四是守信。不要轻易给下属“画”大饼,画之前要考虑有没有那么大的锅。

五是守时。一个管理不好自己时间的人,是一个缺乏计划性和工作效率的人。

3. 具备八种能力

管理者能力的强弱,直接影响工作的质量和效率,也直接影响自身的成长进步。管理者只有具备学习能力、谋划能力、落实能力、总结能力、写作能力、创新能力、突破能力、超越能力,才能担负起新时代赋予的责任。

1) 学习能力

学习是一个人履职尽责的奠基石,是一个人成长进步的必修课。会学习的人，就会视野开阔、思想深邃、本领高强、情趣高雅、赢得机会。不会学习的人，就会故步自封、迷失方向、能力低下、错失良机、贻误事业。

学习有三种境界：一是把学习当作生存的一部分，认为学习是为了生存，这是一种被动式学习；二是把学习当作生活的一部分，认为学习是生活中必不可少的内容，这是一种点缀式学习；三是把学习当作生命的一部分，认为学习是生命中不可或缺的东西，这是一种主动式学习。

要提高学习能力，就必须做到“三个勤于”：一要勤于向书本学习，本着干什么学什么、缺什么补什么的原则，深学理论知识、精学专业知识、博学各类知识，使自己具有扎实的理论功底、渊博的业务知识、深厚的文化素养和良好的品德修养；二要勤于向网络学习，充分利用网络平台信息传递快捷的优势，及时关注、了解同行高手成功的秘诀，学习借鉴同行高手推进工作的新方法、新经验，拓宽自己的视野，完善自己的发展思路，走出一条适合自身发展的路子；三要勤于向强者学习，多向领导、同事虚心请教，多向先进人物学习，注重向他们学习做人、做事的好经验好做法，博采众长，取长补短，不断充实自己、完善自己、提升自己。

2）谋划能力

谋划是一个人做事的前奏曲，是一个人成事的望远镜。会谋划的人，工作就会有思路、有点子、有办法。不会谋划的人，就会心中没目标、工作没思路、努力没方向。

谋划有三种境界：一是谋划个人事情，思考自己认为需要做的事情；二是谋划单位事情，思考单位需要自己做的事情；三是谋划全局事情，思考在服务全局中需要自己做的事情。

要提高谋划能力，就必须做到“三个精于”：一要精于研究上情。及时了解、正确理解、全面把握上级有关工作的法规政策、部署要求，把工作放到国家、行业大局中去思考和定位，把好工作方向，增强工作的前瞻性。二要精于研究下情。深入基层调查研究，及时全面了解基层有关工作的实际情况和意见建议，掌握工作动态，深入思考研究对策措施，增强工作的针对性。三要精于研究外情。及时与各地同行加强沟通联系，全面了解、大胆吸收借鉴各地开展有关工作的好经验好做法，开阔工作视野，增强工作的创造性。

3) 落实能力

抓落实是推进工作的一项基本功。善于抓落实的人,就会想方设法、敢抓敢管、善始善终、善作善成。不善于抓落实的人,就会坐而论道、推诿扯皮、回避矛盾、虎头蛇尾。

抓落实有三种境界:一是被动应付抓落实,上级有催抓一抓,领导有问动一动;二是按部就班抓落实,贯彻上级精神照本宣科,执行上级政策生搬硬套,督促检查工作蜻蜓点水;三是主动创新抓落实,有真抓的实劲、敢抓的狠劲、善抓的巧劲、常抓的韧劲。

要提高落实能力,就必须做到“三个敏于”:一要敏于统筹抓落实。分清事情的轻重缓急,按照“紧急程度”和“重要程度”两个“维度”统筹抓好工作落实,对既重要又紧急的事重点办,对重要而不紧急的事想着办,对不重要而紧急的事及时办,对既不重要又不紧急的事有空办,切实做到要事先办、急事急办、特事特办,真正把事情办得又好又快。二要敏于精准抓落实。大力弘扬“追求完美”的工匠精神,坚决摒弃“差不多、过得去、能凑合”的敷衍标准,坚持高标准、严要求,做任何一件事都反复思考、反复琢磨、反复斟酌、反复推敲,切实做到办文“精雕细琢”、办会“滴水不漏”、办事“无可挑剔”,确保办文零差错、办会零失误、办事零缺陷。三要敏于协调抓落实。对上级多请示汇报,及时全面了解上级的部署要求,及时汇报工作开展情况和工作中遇到的问题,及时提出合理化建议,努力争取上级更多的指导、关心和帮助。对左右多沟通解释,加强与同级单位的沟通交流,注重把有关法规政策讲清楚,及时把需要办理和配合的事项讲清楚,努力争取同级单位更多的理解、支持和配合。对下属多指导服务,注重加强对基层单位工作的指导和培训,及时掌握基层单位的工作情况,认真倾听基层单位的意见建议,努力为基层单位解决实际困难和问题。

4) 总结能力

总结是改进工作的助推器,是一个人健康发展的清醒剂。善于总结,就能少犯错误、不犯错误,就能健康成长。不善于总结,只会低头拉车,不会抬头看路,在工作和生活中,势必会多走弯路。

总结有三种境界：一是回顾性总结，只写过去做了什么；二是分析性总结，不仅写过去做了什么，还能分析成绩和问题在哪里；三是规律性总结，不仅有回顾、有分析，还找出了规律性的东西，写出了今后的努力方向，用以指导今后的实践。

要提高总结能力，就必须做到“三个善于”：一要善于总结工作经验。对以往的实践经验进行认真回顾和分析，从中提炼、概括出带规律性的认识和结论，在总结经验中深化理性认识，实现从感性认识到理性认识的飞跃，并用理性认识指导新的实践，实现工作上新的突破。二要善于发现存在问题。发扬“吾日三省吾身”“静坐常思己过”的精神，把自己摆进去、把职责摆进去、把工作摆进去，找深、找准、找全自身存在的问题，并从主观上、思想上剖析问题产生的原因。三要善于明确努力方向。坚持目标导向和问题导向，针对存在问题提出改进的对策措施，发扬优点，改正缺点，并注重借鉴先进典型的经验，吸取反面典型的教训，做到“见贤思齐，见不贤而自省”，不断完善提高自己。

5）写作能力

写作是一个人成长进步的催化剂。写作的过程伴随的是一个学习、思考、研究的过程。写作的本质是在对大量的输入信息进行深度思考后，对形成的思想和观点的输出。通过写作可以充分展示自身文字表达、分析判断、归纳提炼、逻辑思维、解决问题等能力，进而为自身成长进步赢得更多的机会。会写作的人，写出的文章主题突出、思路清晰、逻辑严密、结构严谨、内容精练、观点鲜明、文笔流畅、文风清新。不会写作的人，写出的文章文不对题、思路不清、逻辑混乱、结构松散、内容空洞、观点不明、词不达意、漏洞百出。

写作有三种境界：一是寻门而入，文章“写不长”，新手大多处于这种境界；二是入门而迷，文章“写不短”，老手大多处于这种境界；三是破门而出，文章“可长可短”，高手大多处于这种境界。

要提高写作能力，就必须做到“三个乐于”：一要乐于模仿。在写作常用公文时，可以把上级、同级的同类文书找出来，从主题、结构、材料、风格、思路上去模仿，仔细看一看怎样开头、如何结尾、怎样选材、如何叙述，然后根据单位工作的特点和重点，重新调整组合，特别是要善于模仿一流的范文进行写作练习，找出窍门,既能节约上路时间,又能从中悟出写作真谛。二要乐于借鉴。在起草公文时,也许结构未明,那就不妨借用一下别人的结构,用别人的结构来装入自己的内容;也许内容不全,那就不妨引用别人的观点或语言,这就是一种局部借鉴。在写一篇文章时,文体参考甲的形式,结构参考乙的骨架,内容参考丙的精华,语言参考丁的精彩,甲、乙、丙、丁优化组合,是它又非它,这就是一种大范围的借鉴。三要乐于出新。强化"文章不新誓不休"意识,把创新当作一种写作习惯,切实做到立意新,给人以有益的启迪;体式新,突破传统"套路",不拘于一章一法;观点新,总结提炼出对全局工作有指导意义的观点和看法,让人从中得到启示;语言新,用富有个性、富有行业特点、富有地方特色、富有时代精神的语言,全面提高文章的创新性、思想性和指导性。

6)创新能力

创新是一个人成长进步的加速器和动力源,创新既是智力题,也是耐力题。会创新的人,就会理念新、思路新、举措新、办法新。不会创新的人,就会抱残守缺、墨守成规、故步自封、裹足不前。

创新有三种境界:一是模仿创新,对各地好的做法经过消化吸收后再创新;二是集成创新,对各地一些好的做法按照自己的需要进行系统集成创新;三是原始创新,在深入研究探索中进行具有原创性、独创性的创新。

要提高创新能力,就必须做到"三个长于":一要长于创新思想观念。坚决摒弃不合时宜的思想观念,破除安于现状的思想,树立开拓创新的意识;破除被动应付的思想,树立主动超前的意识;破除唯书唯上的思想,树立求真务实的意识;破除碌碌无为的思想,树立创先争优的意识;破除墨守成规的思想,树立时效优先的意识;破除畏难苟安的思想,树立攻坚克难的意识;破除马虎草率的思想,树立精益求精的意识,使自己的思想观念更加适应时代发展新要求。二要长于创新思维方式。冲破旧的思维定式,自觉从思维定式的束缚中跳出来,变经验思维、封闭思维、惯性思维为超前思维、开放思维、理性思维,力求把问题考虑得早一点、广一点、远一点、深一点,切实做到以战略思维、历史思维、辩证思维、创新思维、法治思维、底线思维开创工作新局面。三要长于创新工作方法。坚决防止和克服按"惯例"办事、按部就班的经验主义做法,通过学习借鉴、实践探索、调查研究、总结提炼，不断摸索新方法，善于运用新思路、新途径、新举措，解决新问题、化解新矛盾、迎接新挑战，进一步推动各项工作实现新跨越。

7）突破能力

突破是指攻坚克难，是评价工作实绩的度量衡，是检验一个人综合素质的试金石。会突破的人，就会勇于冲锋陷阵、勇于攻坚克难、勇于担当作为。不会突破的人，就会安于现状、不思进取、知难而退、回避矛盾。

突破有三种境界：一是知难而进不言难；二是迎难而上不怕难；三是克难而胜不留难。

要提高突破能力，就必须做到“三个勇于”：一要勇于向前。始终以“万折必东不回头”的坚定信念、“越是艰险越向前”的英雄气概和“狭路相逢勇者胜”的斗争精神，拿出爬坡过坎、滚石上山的毅力和逢山开路、遇水架桥的担当，全力扫清前进道路上的一道道障碍，朝着正确的方向奋勇前进。二要勇于攻坚。大力弘扬“滴水穿石”精神，牢固树立“化解矛盾就是能力、战胜挑战就是水平、攻克壁垒就是胜利”的思想，以披荆斩棘的勇气、动真碰硬的锐气、无坚不摧的魄力，敢啃“硬骨头”，敢淌“深水区”，敢打“攻坚战”，深入实际调研出实招，借鉴各地经验出新招，积极探索实践出高招，奋力攻克阻碍事业发展的各种坚固壁垒，奋力谱写事业发展新篇章。三要勇于克难。深刻理解“困难像弹簧，看你强不强，你强它就弱，你弱它就强”的重要内涵，大力发扬愚公移山精神，始终保持知难而进、迎难而上的昂扬斗志，采取“化整为零、各个击破”的思路，千方百计寻找破解难题的对策办法，努力推动工作取得新突破。

8）超越能力

超越是指创先争优，是一个人干事创业的主攻点和奋发进取的导航仪。会超越的人，就会锐意进取、砥砺前行、开拓奋进。不会超越的人，就会得过且过、贪图安逸、求稳怕错。

超越有三种境界：一是奋力追赶；二是并肩奔跑；三是引领前行。

要提高超越能力，就必须做到“三个敢于”：一要敢于审己。坚持高标准、严要求,认真审视自己的思想和行为,善于发现和发扬自己的长处,敢于对照先进找差距,勇于正视和改正自己的不足,不断自我提高、自我完善,实现自我超越。二要敢于创先。强化"想别人不曾想,想别人不敢想"的创先意识,敢于在各项工作中先行先试,善于用活老办法、创造新办法,以超常规的举措、突破性的方式、创新型的模式,推动工作跨越式发展。三要敢于争优。牢固树立"不干则已,干则干好"的争优意识,向先进学习,向标兵看齐,对标对表找差距,比学赶超争上游,以善作善成的韧劲争创一流工作业绩。

二、善于识人用人

识人用人是管理的核心。把人用对了用好了,就不会有那么多的管理问题。不会用人,人才迟早会离开。

1. 辨别人才

在辨别人才方面,以下四点可以帮助管理者快速识别和发现人才。

一是听其言、识其志。在人才还没被发现之前,他们往往会在不经意间抒发自己的志向,这个时候他们表达出来的就是自己的真情实感。因此一个人有没有志向,可以通过平时说话时表现出来的见识、眼界、谈吐等看出来。

二是观其行、访其求。一个人有什么追求,从他的日常行为就可以看出来。上班时间他是怎么工作的,下班时间他是如何度过的,一个人有没有追求,是装不来的。一个人有没有上进心,从工作态度就可以看出来。

三是析其异、辨其才。是人才,一定有其过人之处。开会时只会随声附和,领导面前只会当应声虫,发表讲话、与同事聊天时没有自己的思想和见解,也没有过人的才艺和特长,这样的人就不能称为人才。

四是闻其誉、察其性。衡量一个人怎么样,不光要看他怎么说、怎么做,还要看看周围人对他的评价。如果调查一下周围的同事对他的看法,听到的都是赞扬的声音,这样的人才,一定要大胆任用。群众的眼睛是雪亮的。

2. 考察人才

通过上述四招辨别了人才之后，还得仔细考察一番，可从以下九个方面来考察人才。

一是“远使之而观其忠”。适当疏远可以观察一个人的忠诚度。如果一个人在被公司决策层冷落疏远后依旧对公司忠心耿耿，对工作勤勤恳恳，没有满腹牢骚，那么他对公司的忠诚就是值得信赖的。

二是“近使之而观其敬”。有意亲近可以观察一个人是否有教养。正所谓“路遥知马力，日久见人心”，近距离的接触和观察，可以充分暴露一个人的缺点。闲聊中多注意对方言行，看其是否不分场合说脏话，或做不雅的举动；开玩笑时，看看对方在放松状态下是否不恭不敬。

三是“烦使之而观其能”。繁杂的事务可以考察一个人的能力。如果他在急难险重任务面前挺得住，能扛住压力，很快地理出头绪，找出适宜的工作方法，那么他的能力应得到充分肯定。相反，那些遇到复杂情况就无所适从，只能按部就班完成一点简单工作的人，便只会让人恨铁不成钢了。所以，为什么提拔员工之前，总要压压担子，就是这个道理。

四是“猝然问焉而观其知”。突然提问可以考察一个人的智力水平、反应速度和情绪控制能力。答案对错不重要，关键看他能否在短时间内稳定情绪，快速思考，并找到相对合理的答案。不过要注意的是，问题不可太尖锐、太敏感，不可故意使人难堪。

五是“急与之期而观其信”。匆忙的邀约可以观察一个人的信誉。不妨把期限紧迫的任务交给他办，以考察他是否守信用。满口答应实际却做不到的人，信誉会大打折扣。不过要注意的是，不要安排不可能完成的任务，故意强人所难。信用是双方共同建立的，考察别人的同时，也是对自己信用的一次检验。

六是“委之以财而观其仁”。从钱财往来中可以观察一个人是否仁义、廉洁。把财物托付给对方，看他会不会损公肥私、争取不义之财，这样就能知道他是不是廉洁之人。钱财是考验一个人意志力和品质的直接方法。

七是“告之以危而观其节”。通过诉说自己的难处考验观察一个人的节操。人的境遇总是有起有落，遇到不顺、处在低潮期时，可以跟好友聊聊。真正的朋友会耐心倾听,给你建设性的建议和实打实的帮助,而不是疏远你。能留在身边陪伴你一起奋斗的,才是真正看重你的好朋友。

八是“醉之以酒而观其性”。一个人在自制力减弱的情况下,便很难再有所伪装。因此,要想任何时候都不失风度、不逾规矩,就必须平时加强心性的修养,不可只做表面功夫。

九是“杂之以处而观其色”。观察一个人跟不同性别、职业、地位的人接触,可以看出其为人处世之道。处理好与形形色色的人的关系,不仅是能力问题,还与其对待他人的态度有关。有人见到位高权重者就点头哈腰,而对不如自己的就颐指气使。为人处世只有一视同仁,才能获得他人尊重。

3. 培养人才

作为管理者,你就是员工的伯乐,在发现和考察人才之后,一定要对人才进行培养。具体来说,可从以下五个方面来培养人才。

一是多鼓励、多支持。比如单位开会,主管级会议也要让这样的储备人才列席,并在会上让他们发表自己的观点和建议,对他们的建议给予重视,耐心为他们讲解建议的利弊。如果他们提出了好的想法,管理者应支持他们去实现自己的想法,并提供适当的资源;如果他们的建议还不成熟,管理者就应帮助他们分析其中的不足,引导他们不断成长。

二是多赞美他们的优秀成果。对这些储备人才的优秀工作成果,一定要及时给予表扬和奖励。作为管理者,千万不要吝惜赞美,不要让他们误以为管理者嫉妒他或不重视他。

三是提供更高的目标和更多的挑战。对优秀的人才,普通的目标一定满足不了他们,激发不起他们的兴趣,所以一定要给他们更高的目标、更多的挑战,让他们有更多证明自己的机会。

四是对额外贡献给予奖励。当然,更高的目标、更多的挑战,一定要有更多的奖励,让他们在自身不断成长、获得精神奖励和能力认可的同时,也收获相应的物质奖励。

五是提供学习的时间和途径。人才不能当牲口用,一定要给他们学习的时间。只知一个劲儿地工作,却不知从工作实践中总结,这样是很难提升自己的。

管理者可以根据自己的经验，推荐他们接触一些有益的课程和图书，让他们得以沉淀更深厚的知识和能力。

总之，识人是用人的基础，用人是识人的目的。用人必先识人，知人方能善任。只有坚持在创新实践中发现人才，在创新活动中培养人才，在创新事业中凝聚人才，才能打造一支时代所呼、事业所需的想干事、能干事、干成事、好共事、不出事的优秀人才队伍。

三、注重人性管理

企业经营管理的核心在于经营人心、管理人性、平衡人情。管理者应当善于从人性的角度去经营企业，在企业与员工之间、企业与社会之间树立共同的价值观，促进企业高质量发展和员工全面发展。

1. 把握一个基点

企业经营管理应以人性管理为基点，人性管理是最有效的管理，因为每个人都渴望得到满足、尊重、肯定，实现人生价值。

2. 拥有两种境界

一种是舍。舍得舍得，有舍才有得。一个老板曾让手下的一个老木匠建造最后一栋房子。老木匠想：反正是最后一栋，随便应付一下得了。房子建成后，老板对老木匠说，你为我工作了这么多年，这栋房子就送给你吧！它给我们的启示是：你的生活是你一生唯一的创造，不能抹平重建，即使只有一天可活，也要活得有意义、有价值，赢得他人的尊重。

另一种是得。得是精神，是智慧，更是一种人生境界。只要懂得舍得，运气就不会太差。

3. 掌握三层定位

一是高层。高层管理人员应是通才,要有事业心、使命感。把目光看得更长远,把握机遇、争取时间、果断实施。

二是中层。中层管理人员应是专才,要有进取心、危机感。把握自己的专业知识,挑战自己的专业极限,发挥自己的专业才能,做好自己的本职工作。

三是基层。基层工作人员应是干才,要有责任心、饥饿感。把上司下达的任务一丝不苟地完成好,在任务交付前做好最后的质量检查,保证任务交付时没有瑕疵。

掌握三层定位要避开三个“盲”区。

一是茫,即迷茫:无目标、无方向、无思想、无梦想。要有先知能力,看清前方道路,做到心知肚明。

二是盲,即眼瞎耳聋:不听、不看,自我封闭。要经常深入基层,了解真实情况,看清事物本质,做到对症下药。

三是忙,即心忙:过于忙,心就会死掉。要学会忙里偷闲,合理安排作息,掌握工作重点,做到事半功倍。

4. 坚持四化原则

一是标准化。把重要事项形成标准化的规章制度和管理流程,有力有效提高工作效率和工作的准确性。

二是书面化。把标准化的制度、流程和方法,通过书面形式形成模板,便于记忆和沟通。

三是透明化。形成各单位、各部门、各层级员工充分透明的制度体系和文化体系。

四是简单化。把复杂事务和规章制度及管理流程简单化,便于培训,易于操作。

5. 保持六种心态

一是积极的心态。积极的人像太阳,照到哪里哪里亮;消极的人像月亮,初一十五不一样。

二是开放的心态。思想开放,心胸开阔。员工有理想、有梦想,要创造条件帮助他们实现理想和梦想,不能“以小人之心度君子之腹”,埋没人才。

三是正向的心态。做正确的事,做好事、做善事。你对别人的付出,别人不会忘记,说不定哪一天别人会加倍地偿还。

四是正直的心态。懂得什么该做、什么不该做。单位规定去做的必须做,没有规定的尽量大胆去做,做事只求问心无愧。

五是公平的心态。持平常心,做自在人。社会组织难免有人情味在作怪,但是管理者一定要做到制度面前人人平等。

六是感恩的心态。感恩对你一生最重要的两个人:爱你的人和你的上司。对别人傲慢就是贬低自己。

6. 弘扬七种人性

一是充分信任。信任既是一种感觉,又是一种情感,更是对人的肯定。

二是相互尊重。人与人之间的交流要建立在尊重的基础上,没有尊重就没有包容,更谈不上能同心协力把事情做好。

三是给予机会。成大事者,都是机会加能力,有了机会,才有发挥能力的平台。

四是懂得授权。授权不是放权,授权要受监督。只有授权,才能使你的下属有责任感,他才感觉自己肩负重任;没有授权,他就觉得即使做错事也与己无关,他会觉得“这不是我决定做的”。只有授权,才能做出成绩,有了成绩才有感恩。

五是学会关怀。关怀是一种爱,也是一种美德,关怀是给人的最高荣誉。

六是实现公平。对管理者而言,在公开、公平、公正三者中,公平最重要,只有一视同仁,公平对待下属,才能形成有效指导。

七是有效激励。激励是爱护下属、满足下属,有了激励,才有希望、才会有成绩。

7. 养成八大行为

一是认同文化。文化是思想的源泉,文化是发展的根本,文化是企业的灵魂。

二是充满激情。激情是管理者最重要的特质,激情是做事的动力,有激情才有上进心。

三是善于思考。人的成功85%靠智慧,15%靠技术和能力。思考是发挥智慧的源泉,有了思考,智慧才得以发挥。

四是以身作则。你想让下属怎么做,就必须先做给下属看,下属才会信服你、尊重你。

五是计划明确。没有计划的行动是盲目的,没有行动的计划是无效的,一个好的计划就注定事情已成功了一半。

六是行动迅速。一个方案定下来,即使可能是错的,也要立刻执行,并在执行中改进。时间是最大的成本,绝不能浪费时间。

七是检查督导。在安排下属去做一件事后,必须跟踪指导。只有这样,才能有效促进结果的快速形成。

八是激励下属。一流的激励出一流的成绩,同时,激励必须常态化。

四、掌握沟通技巧

从某种意义上讲,沟通是现代企业管理的核心、实质和灵魂。没有沟通就没有管理,就没有对企业精神和企业文化的理解与共识,更不可能有对企业使命的认同。一个充满生机的企业,其内部的沟通一定是十分频繁、顺畅的。因此,沟通对于一个企业的发展是十分关键的。那么,管理者应如何做好沟通呢?

1. 保持良好心态

1) 真诚第一

要想沟通顺畅,首先要真诚,不虚假、不做作。内心的想法最终都会投射到只言片语、肢体动作以及面部表情上,所以不要认为内心的想法别人察觉不到,弄巧成拙不如敞开心扉,用最真实的一面与人沟通。

2）一视同仁

不管跟谁说话，都要一视同仁：面对普通员工时，要平静温和，以尊重的态度与他们说话；面对位高权重的大人物时，要不卑不亢，以深厚的涵养与之交流。

2. 锻炼表达思维

有了良好的心态之后，接下来就要锻炼表达思维。

1）积累知识储备

人在说话时，说出口的只是冰山一角，隐藏在水面下的是日积月累的知识。做好知识储备，才能让说出来的话言之有物、言之有理、言之有据。切记对于自己不知道的事情，不要妄言。

2）保持逻辑清晰

清晰的逻辑，能让对方更容易理解所表达的观点，使沟通更有效。说话之前要把条理理清楚，可以先说出主干思想，然后再描述细节。

说话有条理的人普遍习惯使用“第一、第二、第三”等类似的结构，以使表达有清晰的层次。他们说话通常很严谨，经得起推敲，不会给人以胡言乱语的感觉。

3）经常换位思考

说话之前，不要贸然开口，应当先设想一下，如果对方是自己，听了你说的话后会有什么反应。说话之前先要思考对方想要获取什么信息，思考对方能够接受什么表达方式，思考对方能够达到的理解程度等。

3. 讲究说话技巧

依托于良好的心态和表达思维，说话技巧方面就要把握好几个“度”。

1）速度适中

速度一方面体现在语速上，既不要故意太慢，显得老态龙钟，让人失去耐心；

也不要像机关枪一样太快,让人着急上火。另一方面体现在说话的层次上,要循序渐进,既让人能听明白,又让人乐意接受所要表达的主张。

2)音量适中

表达者应根据不同的场合合理控制音量:在私密的环境中,音量不宜过大,不要让对方有压迫感;在公开场合中,音量不要太小,要让所有人都能听到你说的是什么。

3)适当的幽默感

适当的幽默感能让交流的气氛变得轻松愉快,可以拉近与对方的距离,能让沟通更高效。但幽默一定要适度,过度了就会弄巧成拙,影响表达的目的。

4)适当的表情和肢体动作

配合适当的表情和肢体动作,能让表达更清晰、更准确。在一些场合,表情和肢体动作更能调动起听众的情绪,促成交流与互动。

5)适当的修辞

使用与场景相符、听众能听懂的修辞方式,让人印象更深刻。

4. 注意沟通小细节

细节1:大部分人在交流过程中表达赞许时节奏过快,如果稍许停顿后再表达赞许,就能让谈话更平稳地进行下去。

细节2:换一种说法重述对方的话,会让对方感觉到“他的确在听我讲话”。

细节3:尽量不要否定对方的话。如果有反对意见,不妨先表示你领会了对方的想法。

细节4:一边看手机一边听人说话是不妥当的,即便没有恶意,也会给对方留下你对谈话漠不关心的印象。

细节5:让自己提问的语速、音调与对方保持一致。提问时也要分场合使用快速高声或慢速低声的方式。

细节 6：如果有非常想问的问题，但问题又比较复杂或比较敏感，建议不要开门见山地问，而是迂回提问，从容易回答的问题着手比较好。

细节 7：如果想活跃谈话氛围，可以问开放式问题，不要提对方可以用“是”或“不是”回答的问题。

细节 8：面对说话啰唆的人，可以抓住对方喘息的瞬间，高声快速或大声地切断谈话。

细节 9：面对正在发怒的人，首先要让对方宣泄怒气，然后对对方的愤怒表示同感，再慢速低声地与对方沟通，对方会很快冷静下来。

5. 区别谈话对象

面对不同对象，说话要点不尽相同。

1）客户

与客户谈话应先建立关系，不要急于推销业务。与客户说话之前，先要搞清楚客户面对的问题是什么，在对话中表达出你能帮他解决问题的态度和决心，这样对方才能更容易接受你的观点。

2）上司

与上司沟通要言简意赅、清晰有理地表达出想表达的内容，在讲清楚事情之后，可以简要说一下你对该事情利弊两面的分析，供上司参考。提出问题的同时，最好提供一两套比较可行的方案，让上司做选择，而不是一个劲地向上司征求答案。

3）平级

与平级交流要顾及对方的面子，不要过度指点别人的工作。要帮对方想解决方案，站在对方的角度考虑他可能需要什么样的帮助。主动提供帮助会让更多的人愿意帮助你。

4）下属

从人格角度看，人都是平等的。尊重你的下属才能获得下属的尊重，所以不要在下属面前摆架子。

与下属交谈一是多表扬多鼓励。多说一些表扬、鼓励的话,能让下属的积极性更高。从某种角度来说,表扬下属是管理者应履行的义务;二是纠错的同时要给予指导。下属工作做不到位时,不能置之不理,也不能光批评不指导。指出下属错误的同时,一定要给予相应的指导。

作为一个管理者,最基本的能力之一就是做到有效沟通。沟通是一门学问,也是一门艺术,说话的心态、思维、技巧、细节等都要长期锻炼。

五、做时间管理的高手

时间是最稀有的资源,管理不了时间,其他的一切也就无从管理了。人的生命是有限的,管理好自己的时间就是管理好自己的生命。为了不让自己的生命白白逝去,就要努力使自己成为一名时间管理的高手。

1. 坚持五个原则

1)坚持"做正确的事"

管理界常说,要正确地做事和做正确的事。正确地做事强调的是效率,让我们更快地朝着目标迈进;做正确的事强调的是效能,确保我们在坚实地朝着目标迈进。换句话说,效率强调的是做某件工作的最好方法,效能则强调时间的最佳利用。人们通常更加关注工作的效率,实际上,第一重要的是效能而非效率,是做正确的事而非正确地做事。对于企业生存发展而言,做正确的事由企业战略来解决,正确地做事则是执行问题。前者是进取创新的、主动的,后者是被动接受的、保守的。

2)编排行事次序

每个人每天面对的事情,都可按照轻重缓急程度分为四个层次,即重要且紧迫的、重要但不紧迫的、紧迫但不重要的、不紧迫也不重要的。

一是重要且紧迫的事情。这类事情是最重要的事情，且是当务之急。它们比其他任何一件事都值得优先去做。只有这类事情得到合理高效解决，才有可能顺利开展其他工作。

二是重要但不紧迫的事情。这类事情要求我们具有更多的主动性、积极性和自觉性。从一个人对这类事情处理得好坏，可以看出这个人对事业目标和进程的判断能力。因为我们生活中大多数真正重要的事情都不一定是紧急的。比如，读几本有用的书，节制饮食，锻炼身体，培养感情，这些事情重要吗？当然重要，它们会影响我们的健康、事业和家庭关系。但是，它们紧迫吗？不！所以很多时候，这种事情我们都可以拖延，并且似乎可以一直拖下去，直到我们后悔当初为什么没有重视它们。

三是紧迫但不重要的事情。有这样的事情吗？当然有，而且随时随地会出现。比如你晚上已经准备休息，好养足精神第二天去工作，忽然电话响起，你的朋友邀请你出门聚会。你没有足够的勇气回绝他们，因为你不想让他们失望。然后，次日清晨你头昏脑涨地回家，以致白天工作时都昏昏沉沉的。你在临时的但不重要的事情上耗费了精力，在准备完成自己重要的事情时却感到心有余而力不足了。长期被这种事所胁迫，会造成长时间的被动局面。

四是不紧迫也不重要的事情。这类事情会在我们的生活中经常出现，它们或许有一点价值，但如果我们毫无节制地沉溺于此，就是在浪费大量宝贵的时间。比如，我们吃完饭后就坐下来看电视，却不知道想看什么，只是被动地接受电视发出的信息。没有目的地使用时间就是在耗费时间。

3）关注关键少数

在任何繁杂的项目中，关键因素通常只占少数，但会影响着项目的整体进程，因此，只要能控制这些少数关键因素，就能控制全局，这就是我们熟知的“二八法则”。“二八法则”对我们工作的一个重要启示，是避免将时间花在琐碎的问题上。这是因为你即使在这些事情上花了80％的时间，也只能取得20％的成效。所以，我们应将时间花在关键问题上，而解决这些关键问题，花20％的时间，就能取得80％的成效。

4) 每次只做一件事

做事一定要专注。很多人在工作中虽然投入了很多精力,但是效率低下,这很可能是因为没有掌握一个简单的工作方法——每次只做一件事。

5) 遵循"一万小时定律"

时间有价值,但时间本身无法增值。从平凡到卓越需要经历一万小时的锤炼;也有关于"一万小时定律"的反例,看似忙忙碌碌,到头来却一事无成。怎么让时间成为成功者的"加持",取决于对待时间的态度。

2. 遵循十条法则

1) 表达要凝练

一般情况下,人们可以记住一二三,却记不住四五六,因此表达太多反而会让表达变得无效,白白浪费时间。表达应在最短时间内把事情说清楚。

2) 灵活控制突发事件

突发事件难以预料,倘若你没做好准备,想好对策,应对这些事件可能要耗费你大量的时间。因此,在这种情况下,灵活、机动地行事显得特别重要。管理者应对突发事件多做研究,以便在事件发生时更好地控制它。

3) 果断决策

时机不等人,管理者如果没有及时作出决定,及时抓住时机,再想回过头来处理就会很困难,甚至徒劳无功。

4) 大胆授权

当你处在管理者位置时,如果还像普通员工那样,什么事都亲力亲为,那是累死也做不出好成绩的。交给员工能做好的,就应大胆交给员工去做。管理者应把时间和精力放在更重要的事情上。

5）先摘好摘的果子

企业经营可以先从最容易、最有把握的地方做起，这样就能建立起企业内部的信心。在由易到难的过程中，人们会越来越熟悉工作的内容和环境，即使工作难度越来越大，也能沉着应对。

6）事前充分准备

解决复杂问题，取得满意成绩，与事前精心准备是分不开的。有了充分准备，就能把要做之事的相关信息了解透彻，行动起来就可以有的放矢。

7）善于团结合作

个人的努力遵循的是加法原则，团队的努力遵循的是乘法原则。没有完美的个人，只有完美的团队。个人的知识和能力是有限的，团队的力量可以弥补个人的不足。依靠团队成员的知识、经验、能力共同完成项目是明智之举，千万不要担心功劳被别人抢走。

8）适度安排机动时间

在做工作计划时，对时间的安排不可能一丝不差，但也不宜相差太远。安排工作时间应有机动性，以便应对意外的事情。总之，时间安排既不能过松，也不能过紧。

9）选择忽略

对各种问题的处理要结合实际。有些问题不需要做过多处理，就会逐渐自身消解掉。有选择地忽略那些可以自行化解的问题，就有大量的时间和精力用于更重要的工作。

10）例外管理

员工只有当执行计划的结果出现很大偏差时，才应向主管汇报。为一个无关大局的事情去汇报，只能是浪费双方的时间。

3. 掌握八项技巧

1) 劳逸结合,效率越高

工作一段时间后,效率会开始下降,这很正常,人毕竟不是铁打的。累了就休息,千万别死扛,死扛的效率并不高。不要把所有的时间都排得满满当当的,应留些空闲做些自己喜欢的、与工作无关的、快乐的事,这样工作才更有动力。

2) 尽量一次做到位

有的人上班像打仗,这里碰一碰,那里动一动,这个工作做一点,那个工作做一点,下班时,发现一个工作都没完成,一天下来却好忙好累。其实,我们做工作,应尽量专注一点,一次做一件事,一次就把事情做好,即使有别的工作需要优先处理,也要合理安排。

3) 用一分钟制订计划

做事前一定先做计划,不可搞得手忙脚乱。管理好自己的时间和精力,会更有工作效率。用一分钟制订计划,可能会节省一小时的执行时间。

4) 立刻去做

不少人都有拖延症,克服拖延症只有一个方法,那就是立刻去做。事情只会越拖越多,人也会在拖延中越来越焦虑。

5) 学会思考

人和机器最大的区别就是会思考。一个只会机械做事的人,早晚会被机器替代,而一个拥有思考力和创造性的人,永远不会被机器替代。

6) 别被忙碌欺骗

有人觉得自己简直是忙疯了,但在管理者眼里却没出什么活,在同事眼里也不那么厉害。所以,别让瞎忙占用了自己宝贵的时间和精力,别把忙碌当作工作高效的表现。

7）设定截止时间

如果项目没有截止时间，人们通常会自然地拖延项目进度。一旦设定截止时间，就应专注、准时地完成。设定的截止时间可以比正常截止时间稍早一点，以便给自己留点机动时间。

8）对自己实诚一点

有的人工作没做好，却在心里劝慰自己说已经做得很好了。长此以往，他就不会因为工作没做好而感到歉疚了。人们应对自己实诚一点，做得好就是做得好，做得不好就是做得不好，要深刻反省自己，及时修正自己，不断升华自己。

“一寸光阴一寸金，寸金难买寸光阴。”时间是最有价值的资源，时间比金钱更重要。时间买不到也租不来，惜时如金就是增进财富储量，因时制宜就是掌控发展变量，分秒必争就是创造价值增量。只要坚持五个原则，遵循十条法则，掌握八项技巧，就能成为时间的主人，既活出生命的长度，也活出生命的宽度。

六、做一名优秀的管理者

一名优秀的管理者，应当保持“三清”，认清“四性”，尽到“五位”，坚持“三承”，善用“三镜”，做到“三服”。

1. 保持“三清”

1）清醒

清醒就是有思想。管理者要时刻保持清醒的头脑，牢记担当的使命与责任。不给发展设限，不给未来“画圈”，不给梦想套上桎梏。常反思，善于自我反省；常超越，敢于自我革命；常突破，勇于自我迭代。

2) 清楚

清楚就是有目标。有目标才能走得更坚实,才能让希望变成现实。作为管理者,就要承担责任,承担成绩带来的欢乐、困难给予的压力、被误解时的痛苦、不被理解时的寂寞。要清楚手里的权力是平台赋予的,须慎用手中之权。

3) 清白

清白就是要自律。管理者要具备抵御各种诱惑、防范不正之风的能力。做到思想纯洁,政治纯正;履职尽责,担当作为;无私无畏,刚正不阿;遵纪守法,廉洁自律;心存"戒尺",自警自省。做人堂堂正正,做事清清白白。

2. 认清"四性"

1) 人是感性的

感性最重要的特点,就是其认知或结论是建立在比较的基础上,而不是事实本身。比如你辛苦为爱人做了一顿饭,本来这是自己愿意做的,但如果对方回来没有表现出你期望的情绪反馈,你就会觉得失望,甚至指责对方"我都已经如何如何了,你却没有如何如何",心理落差会非常大。

感性还表现在对人的评价上。感觉和对方投缘的时候,怎么合作都愉快,偶尔失误或犯错也不会影响判断。但如果对方和自己风格不同,就很容易对其"横挑鼻子竖挑眼",难以公正客观地评价对方的行为。

感性还体现在趋同性上。本来自己心情很好,但如果周围的人情绪都很低落,自己的心情就会受到影响;本来自己的观点是A,如果周围所有人的观点是B,自己可能就会逐渐趋向于认同B。

人的感性要求管理者学会关注员工的情绪和期望值,进而管理员工的期望值。而管理期望值的核心就是处理好员工的期望和现实感受的关系,有意识地主动干预和调节。否则,管理者和员工间的距离、落差会越来越大,最终导致分道扬镳。

2）人是图利的

趋利是人的天性，也是人类自我保护、谋求生存的基础。“无利不起早”“出门三分利”“有钱能使鬼推磨”，都是在描述“利”的重要作用。任何不尊重员工利益诉求的管理行为，最终都只能被证明是失败的。

我们无法寄希望于员工自发的努力，无法指望员工不计报酬甘愿付出，更无法统一员工思想，所谓的“主人翁意识”越来越离不开利益和身份这个重要前提。真正聪明的管理行为，是利用员工对利益的诉求，统一员工目标，从而结成利益共同体。

和尚给众僧分粥，僧多粥少时，如果自己先挑，一定会挑最多的，公平的问题永远无法解决，这就是人性。但如果自己最后挑，让众僧先挑，他就会分得尽量公平，让自己不吃亏，这就是利用人性。

文化和价值观固然重要，但如果没有利益作载体，共同体就会既不牢固，也难长久。利，既包括物质利益，也包括精神满足。许多管理者只会用物质利益激励下属，这种方式后患无穷，一旦企业发展陷入停滞，管理者就无法再满足员工诉求，此时员工心态的改变已成事实，最后的结果就是管理者挥泪换人。这是因为加薪带来的激励作用不会超过 3 个月，过了这个时间，激励因素就变成保健因素，一旦停止或缺失，员工就会牢骚满腹。

精神上的利益诉求需要调动，更需要满足。两者比较，调动精神上的需求更为重要，这就要求管理者学会营造上进、学习、参与和结果导向的团队氛围，同时有意识地制造压力感，让员工从单纯关注物质利益转向关注精神回报。

精神上的满足感是长久而充实的，如果一个人只盯着物质利益，很有可能是因为精神上的满足感极度缺失。因此，对马斯洛需求理论的运用，核心不在于了解员工需求并满足它，而是引导员工产生正确的需求，在资源相对有限的情况下，达到激励效果。这才是真正的激励之道。

3）人是自私的

人性有趋利的特性，相应地就有避害的特性。避害不仅仅是避免危险，还包括逃避一切可能带来压力、负担、责任和障碍的东西，在面对这些“危害”时，本能的反应就是逃避。

在人类早期,生存是第一需求,“我”的利益自然就被放在至高无上的位置。但是,这种曾经让我们赖以繁衍生存的行为方式,随着社会的发展和演变,随着协作的增强,慢慢被定义成了“自私”。有意思的是,自私其实是相对的,本应是个中性词,结果恰恰因为人性的自私,就变成了贬义词。

除了避害,自私还有一个重要原因,就是我们一切的思想、观点、判断的来源和随后的行为反应,都是从自我出发,然后推己及人的。

我们渴望相互理解、相互信任、相互包容,但这其实有一个重要前提,就是我们的认知不能仅仅局限于自我,这就需要在强化自我意识的同时,锻炼换位思考的能力。因为不同的人会有不同的行为方式和看问题的角度,而换位思考可以帮助我们理解他人,减少误解,增强合作。不懂得换位思考的下属,难以达成工作的要求;不懂得换位思考的产品,难以赢得市场的青睐;不懂得换位思考的文案,难以打开客户的心扉。要把自己当别人去审视,把别人当自己来谅解,把别人当别人去尊重,把自己当自己来坚守。做不到这几点,你的人生就始终是在“自嗨”。

4) 人是需要被认可的

无论处于什么年龄,无论达到什么位置,无论拥有多少财富,我们内心都有被认可的需求。不仅需要亲人的认可、朋友的认可、上司的认可、同事的认可,还需要对手的认可、下属的认可。

当我们取得成就时,认可让我们体现价值;当我们遇到挫折时,认可让我们燃起热情和希望;当我们付出时,认可让我们感受到回报。认可似乎是动力的源泉,一旦缺失,就会丧失安全感和存在感,形成心理落差,内心会感觉没有寄托,进而失去前行的动力。所以,无论是上下级间的管理,还是同事间的合作,认可都是极为重要的前提,不可或缺。

泰戈尔曾经说,指责别人最容易。指责的易,对应的就是认可的难,我们都需要被认可,偏偏认可他人成了最难的事。儿女渴望得到父母的认可,下属渴望得到上司的认可。获得对自己最重要的人的认可,几乎成了很多人追求一生却没能实现的奢望,因为缺乏认可而选择离开,在职场和生活中都成为其最深切的痛。

这和人的自我意识有关。人们习惯看到自我的亮点,而忽略别人的付出;关注自我的需求,却忽略他人的感受;需要彰显自己,就无意识地贬低别人。事实上，员工获得认可后产生的向上的动力远大于被批评后带来的向下的阻力，因为前者顺应人性，后者是和人性对抗，前者的力量是两个人的合力，后者的力量是一个人的力量减去被批评带来的阻力，效果可想而知。

位置越高越孤独，越需要获得认可。所以下属也要学会认可上司，让他有成就感。而管理者更应意识到，你的下属和你一样需要认可，这就是人性使然。

3. 尽到“五位”

1）定位

定位就是明白自己的身份，弄清自己的位置，干好分内的工作。认识别人易，认识自己难，摆正自己的位置更难。管理者有准确的自我定位，才能明白自己在做什么。

2）到位

到位就是到达预定位置，达到目标，完成使命。一件事做到位容易，每一件事都做到位很难；一个人做到位容易，每个人都做到位很难；一步做到位容易，每一步都做到位很难。对一个企业来说，只有管理到位才能实现卓越，管理到位即每件事、每个人、每一步都能到位。

3）补位

成功的团队离不开密切的合作，每个人都要有补位意识。所谓补位意识，就是每个人虽然站在“小我”的位置上，但心中装着“大我”，“我”是团队中的一环，与他人始终保持默契的配合，兼顾团队的健康发展。当一个环节出现疏漏，立即冲上去堵漏，保证链条不断，使企业运行顺畅。

4）越位

越位并非放弃职责和破坏规则，而是要克服本位主义，打破有形的部门界限，多走出去交流沟通，多了解上级的要求、同级的看法、下级的想法，这样更有利于做好本职工作。

5) 换位

换位就是站在别人的立场上考虑问题,体验别人的感受,了解别人的诉求。换位思考是解决问题不可或缺的一环,为他人着想也是为自己着想。换位思考能消除误解、增加信任、加强融通、增进合作,最终实现互利共赢。

4. 坚持“三承”

1) 承上启下

“承”是正确领会上级指示,“启”是在贯彻执行上级指示时,能够根据环境、对象与时间的不同,正确调整自己的方式方法,保证上级指令能够百分之百地执行。关键在于准确理解和领会上级的意图与期望的结果,理解才能真诚地认同,认同才能有效地执行。如果管理者不能正确理解领会上级指令,所导致的错误可能是致命的、不可原谅的,更谈不上企业战略目标的执行与落地。

2) 承前启后

管理者既要有“功成不必在我”的精神境界和“功成必定有我”的责任担当,又要有“新官理旧账”的胸怀格局。要善于带好团队、培养人才,做好工作衔接,确保“一茬接着一茬干”“一张蓝图绘到底”。

3) 承点启面

管理者要有一种把一个点变成一条线、把一条线变成一个面、把一个面变成一个空间的能力,因为上级领导给出的更多是一个想法,或者一个建议,管理者要能够把这个想法拓展开来,并建立起实现这个想法或建议的系统性支撑与必备条件。

5. 善用“三镜”

1) 望远镜

管理者要拿起望远镜向远处看、向高处看,这样才能始终把握企业愿景目标和战略高度。有了大目标、大战略，才有大思路、大出路。管理者在工作中要经常运用望远镜，以便看到“小圈子”以外的大世界，而不是安于现状、故步自封、自我陶醉、孤芳自赏。运用望远镜并不是好高骛远，而是找出差距，提升自己，向先进学、向对手学、向未来学。运用望远镜还能拓展思维空间，促使我们走出去、跳出来，比一比、看一看，变换新思路、尝试新方法，从而更好地驾驭自己，而不是陷入事务性工作，不停地忙碌，不停地重复，不停地抱怨，还劳而无功。

2）放大镜

管理者要拿放大镜在工作面上看，这样才能始终保持善于发现问题的能力。有了发现问题的眼睛，才能改善、完善，进而尽善、至善。管理者运用放大镜，就是将缺陷放大、污点加粗，防微杜渐，而不是等到出了“漏子”再去堵。管理者运用放大镜，不是为了夸大成绩，也不是为了扩大事态，而是为了发现问题，解决问题。管理者还要学会运用放大镜去使用手中的资源，比如：对下属放大赏识效应，以增强内动力；对团队放大情感效应，以增强凝聚力；对市场放大品牌效应，以增强影响力。

3）显微镜

管理者要拿显微镜透过工作表象和现象看问题，这样才能挖掘问题的本质和事物的内在规律，促进科学、高效管理。管理者运用显微镜，要看的是血管和脉络，只有看清了血管和脉络，才能“理”得清，先“理”而后“管”，“理”清才能“管”好。

6. 做到“三服”

1）服从

服从就是一切行动听指挥，下级服从上级，全体员工服从企业战略。服从是一种职业操守、职业素养和个人修养，无论干什么事，必须先服从接受。这既是对制度规矩的敬畏，也是对上级领导的尊重，更是个人职业道德水准的体现和执行力强的表现。

2) 服众

服众是一种敢于担当、勇于担责的精神体现。是甘为人梯、乐于奉献、忘记名利的人格魅力,是事事处处为团队着想、公私分明、不计恩怨的宽广胸怀。服众也是在执行命令中令行禁止、警示他人的一种方法。

3) 服人

“服人者,以德服为上,才服为中,力服为下。”管理者要“服人”,必须赏罚分明,不偏不向,诚信公平;必须关心下属,关爱其成长,关怀其生活;必须目标明确,思路清晰,方法得当;必须善于沟通,与员工互动,并及时提供指导。

总之,管理者应时刻保持清醒、清楚、清白,认清人是感性的、图利的、自私的、需要被认可的,找准定位、履职到位、及时补位、精准越位、善于换位,坚持承上启下、承前启后、承点启面,善用望远镜、放大镜、显微镜,做到服从、服众、服人。

管理员工是门技术活

管理员工是门技术活，需要领会要义，掌握方法。

一、引入竞争

竞争是大自然的法则，也是现代组织管理的一条原则。每个人都有上进心和好奇心，且都耻于落后。组织内部的竞争气氛，能快速有效地提升士气，进而提升员工的创造力。如果没有竞争，员工就没有压力，也就没有活力，就不可能发挥全部潜能。因此，只有在对员工的管理中引入竞争机制，让每个人都有竞争意识，组织的活力才不会衰竭。

员工的荣辱意识是引入竞争的基础条件。每个人的荣辱意识是不相同的，有的人荣辱意识非常强，有的人荣辱意识比较弱，还有的人几乎不知道荣辱。因此，管理者在引入竞争机制时，必须强化员工的荣辱意识。

员工只有具备较强的荣辱意识，才有赶超别人的愿望和冲动，管理者使用竞争手段时才有可能取得成效；反之，如果员工荣辱不分，或者荣辱意识不强，觉得先进并不光荣、落后并不可耻，那么，竞争就会成为一句空话。因此，要让竞争发挥出应有的作用，必须强化员工的荣辱意识。

二、重视培训

重视人才的内部培养，既有利于提高员工的技术水平和业务能力，也有利于提升员工的归属感和忠诚度,避免优秀人才外流。倘若对内部员工不重视,那就很可能埋没人才,造成人才流失。

其实,内部培养人才比外部招聘人才更合算,这不仅可以减少外部招聘人才所需支付的各项费用,还可以增强内部员工对企业的认同感和向心力,增强员工与员工、员工与管理人员之间的凝聚力和团队精神。

培训员工可以采用以下几种方法。

一是“锥型”培训法。专业知识好比锥尖,集中注意力好比锥子瞄准一个点,时间的延伸好比锥子往前钻进。采用这种培训方法的培训活动,呈现出持续不断、尖锐猛烈的态势。

二是“螺旋上升”式培训法。这种方法用一系列循环知识单元来代替平铺直叙的知识单元。每一个循环都比上一个循环更高一层、更进一步,使受训员工更迅速地理解知识,更广泛地了解所学内容。

三是快速培训法。这一培训法不要求员工完全理解培训内容,也不要求员工听别人讲述,而是要求员工拿到教材后,直接根据目录调动自己所有的潜在知识,进行一次自我讲授。讲述完后,再打开书本,进行第一次通读。通读时,不记笔记,更不问他人,只是在不甚理解之处画上记号。经过通读,第一次自我讲授时存在的谬误和不足都会自然呈现出来,使人体会颇深,受益匪浅。然后,受训员工用自己的语言编制一张精练的“目录一览表”,对照它进行第二次自我讲授。这次讲授会比第一次讲授更丰富、更完善,许多模糊之处也会渐渐清晰,印象也会大大加深。

三、授权有度

授权作为一项企业管理活动有制度性的规定,包括授权什么、何时授权、哪个管理者授权。授权不是简单的任务分配,有效的授权是目标授权,而不是行为授权。行为授权只能说是要求按指令执行任务。

授权应遵循如下原则。

一是视能授权。管理者应将权力和责任授予最合适的人。授权前,要对被授权的员工认真考察，选择有知识、有才能、有担当、守纪律的人作为授权对象。

二是责权统一。管理者应向被授权人明确权力和责任范围，应向对方交代授权事项的责任范围、完成标准和权力边界，让其清楚自己有哪些权力，有多大权力，同时要承担什么样的责任。

三是统一指挥。授权后，管理者要纵观全局，掌控方向，对被授权人进行指导与监督，对整个组织系统进行统一协调和控制，及时纠正局部存在的问题和偏差，进而确保整体目标的实现。

四、掌握技巧

管理员工应经常换位思考，把自己当作员工，考虑这件事如果我来做会怎样。一旦和员工内心产生情感链接，就会产生巨大的工作效能。

优秀管理者还应擅长一分钟管理，即设定一分钟目标，精于一分钟称赞，工于一分钟批评。一分钟管理的核心是即时管理和动态管理。好的马上表扬，差的及时指正。一分钟管理，既提升了效率，又缩短了时间，对于管理者和员工都是高效工作法。

“90后”员工个性鲜明，自尊心强。如果一味用粗暴的方式去管理他们，他们肯定不会跟着干。“90后”员工最需要的是尊重，是认可，是体现自身的价值。如果在管理过程中，把他们当作合作伙伴，管理就会轻松得多。

在工作中，管理者还应积极上一线。如果管理者时不时对员工说“给我干”，无形中就会产生距离和隔阂，员工也会认为活都是给管理者干的，不是给自己干的。如果管理者对员工说“跟我干”，这就一下子拉近了双方的距离，让员工感觉到管理者是和自己站在一起的。

管理者如果想让员工增强主人翁意识，就要让员工参与管理。员工能办好的事儿，管理者尽量不干预，让员工充分发挥主观能动性，这样反而能让员工找到存在感和成就感。

激励是管理的核心秘籍

激励,既是企业管理的重要内容,也是思政工作的重要方法,更是一种最有效的"扬善"方式。做好激励工作,就会使广大员工在工作中投入更多的精力,发挥更大的热情,产生较高的工作效果与业绩。

一、管理者要会激励人

在解决了企业战略、模式和架构后,管理者面临的一个大难题就是如何管人,而管人难就难在"如何提高人的积极性",换个说法就是"如何激励人"。

1. 人工作的五层次动机

要想有效激励人,首先要了解人,要知道一个人为什么工作,是什么驱使人行动。

人为什么工作?这个问题很简单,答案却非常多。可能是为了赚钱,为了生存;也可能是为了职业发展,为了上司认可;还可能是为了信仰,为了快乐,等等。

我们可能永远也猜不透一个人为什么做或不做一件事,有时候甚至连他自己都不知道为什么做或不做一件事,因为人的动机是非常复杂的。粗略地划分,人工作的动机可以分为以下五层。

第一层:利益和好处。一个人为什么给企业干活,是因为企业给他工资,给他好处,这是显而易见的道理。道理虽然显而易见,如果我们运用得好,就是一个非常有用的激励工具。

第二层:规范和价值观。一个人从小到大习得了许多道德准则,在这些道德准则面前，哪怕自身利益受损，他也会这样去做，这就是规范的作用，也是价值观的作用。如果我们了解这一点，就可以有意识地用规范和价值观去激励人。

第三层：感受和习惯。一个人做一件事可能没什么特别的原因，只是因为习惯这么做。如果学会利用习惯去引导人，也会有意想不到的效果。

第四层：自我定位、自我表现。有时候，一个人做事不是为了利益，不是为了对错，也不是因为习惯，而是因为他觉得如果不这样做，就不成其为自己，不符合自身的定位。

第五层：感情和关爱。我们都有过这样的经历，有时候一句简单、体贴、温暖的话，就会让我们感动好一阵子。因为这种感动，我们就愿意为对方奉献自己。

2. 人的动机会随时变化

激励是困难的，因为人的动机是随时变化的。即使同一个人在不同时间，其动机也不一样：人没吃饱时，给他一个馒头，就是很大的激励；人吃饱以后，即使给他山珍海味，他也不会感兴趣。同样，一个人在不同的场合，动机也会发生很大变化。

比如，如何激励一个 10 岁的小孩爬到山顶？比较有用的激励方式包括下面几种。

一是选难走的路。小孩都喜欢玩，喜欢走没见过的路。

二是用食物激励。爬到中间时，给一个香蕉，到了山顶，再给一个香蕉。这一招开始的时候灵，后来就不灵了。

三是两个人比赛。比谁爬得快，这可能是最好使的方式。

四是分阶段完成。不把爬到山顶设定为目标，每段只走 100 级台阶，之后再决定是不是继续爬，这样下来，不知不觉就爬到了山顶。

激励可以单独使用一种方式，也可以同时使用几种方式。到形成了行为习惯之后，就不需要太多的激励了。

又如，如何激励一个 80 岁的老人爬山？这种情况与上述情况就有很大不同。比较有用的激励方式包括下面几种。

一是用激将法。跟老人说，您爬不上去，别爬了。

二是诉诸健康。跟老人说，为了您的健康，建议您爬一爬。

三是让老人与他最喜欢的人一起爬,如与孙子、孙女一起爬。

四是强调这是最后的机会。跟老人说,这可能是您最后一次爬山了。

对比上述两种情况,我们会发现几个很有意思的现象。

一是对老人的激励要难得多。因为老人什么都经历过,无论用什么招数,他都能识破。

二是老人没有太多欲望。没有欲望就没有动机,没有动机就很难激励。

三是老人和小孩的激励方式不同。物质激励对小孩起作用,对老人则很难有效,老人更适合用精神激励。

在企业里,激励员工像激励小孩,而激励高管像激励老人。

3. 五种力量的系统激励

激励没有一招制胜的,管理者不可能用同一方法解决所有员工的积极性问题。因为人太复杂,人的动机太多,人太善变,人常常隐藏自己的动机,甚至有时不知道自己到底要什么。管理者应当做的,不是想办法让激励与动机相符,而是做系统激励。系统激励可以用五种力量让一个人积极行动起来。

第一种力量是拉动力。每个人都可能被一个我们称之为精神的东西拉着往前走,比如做一件事的意义、一个人的使命感等。管理者可以用这些东西拉动员工往前走,这是一股巨大的激励力量。

第二种力量是推动力。员工为企业做事,企业就给他薪酬等,这是司空见惯的激励力量。许多人对这股力量有偏见,但它确实是激励不可缺少的基础力量。

第三种力量是压力。压力是非常有效的激励手段。为什么奥运会上能创造那么多世界纪录?因为在那样的时刻,在那样的地方,有氛围,有压力,所以有动力。企业应多用赛马机制,好坏要让大家看得见,只要分出优劣,落后的人就会有压力,不主动的人也会变主动。

第四种力量是规范的力量。正确运用规范形成激励的动力,也是管理者应当学会的方法。比如管理者应为股东的利益服务,这就是规范的力量。对于普通员工,同样可以用价值和公司的规范来激励他们。

第五种力量是自我激励的力量。一个擅长自我激励的人,不需要上述外力也会主动做事。如果企业中擅长自我激励的人多了,管理就成了一件非常容易的事。

这五种力量形成一个系统，缺一不可。管理者要想让自己的激励有效，就必须掌握这个系统，学会全面使用这五种力量。五种力量就像人的五个手指一样，靠一个手指形不成力量，而五个手指合在一起，就能完成很多事情。我们可能并不知道是哪个手指在起作用，但五个手指一起，一定会起作用。

二、推进薪酬绩效变革

华为创始人任正非曾说过：无论有多难，企业都必须推进薪酬绩效变革。之所以这样，主要基于以下考虑。

一是薪酬绩效变革确实比任何变革都要难，但如果不变革，企业的未来将会更难。

二是薪酬具有强劲的驱动力，没有任何模式的激励性可以超过薪酬。

三是推进绩效管理贵在有恒。没有不想做绩效管理的企业，但是成效不尽如人意，原因在于：业绩不好时，就想用考核来刺激团队；业绩不错时，就忘乎所以了。

四是推进绩效管理必须强化两个思维。要树立员工的加薪思维和共赢思维，并保持必要的投入。企业只有真正做好了绩效管理，业绩才会持续增长。

五是人才、薪酬绩效都具有成本和资本两重性。好的薪酬机制可以盘活人才、降本减费、促进盈利，不好的薪酬机制只会埋没人才、增加成本、助长安逸。

六是员工的薪酬与企业的绩效必须全面融合，才能打造强大的、思维统一的利益共同体。

七是只有员工价值的最大化，才能最终实现企业效益的最大化。

综上所述，企业想要员工拼命干，管理者就应善用 KSF、PPV、非物质的积分制等三个最具激励的薪酬模式。

1. 弹性大的 KSF

KSF 是基于关键成功因子的薪酬全绩效模式：以利益驱动为导向，让员工为自己干，自己为自己加工资，充分激发员工的创造力，盘活存量人才，快速改善企业绩效。这一模式适用于企业高管、部门经理、技术人员和营销人员。管理者可以通过增加产值、价值的方式,实现员工为自己加薪。由于加薪不增加企业成本,备受中小企业推崇。那么,KSF 是如何让员工收入越高,企业越赚钱的呢?

KSF 是一种体现管理者和企业共赢的模式,它给管理者拓展 6~8 个绩效激励渠道,并在每个渠道上找到平衡点,超出平衡点即有奖励。这个模式分配的不是企业的既有利润,而是一种超价值分配。它要求管理者拿出好的结果与企业进行价值交易,企业赢得高绩效,管理者和员工赢得高收入。

KSF 给员工提供了没有上限的加薪模式,员工凭借自身努力,创造更好的结果,努力为自己加薪。

举例:为什么销售经理也开始关注企业利润?如果销售经理的薪资是"底薪+提成"模式,他就会认为,只有业绩与他有关,其他诸如成本、员工流失等都与他无关。为了更高的薪资,他会要求企业帮他提升业绩,包括降低价格、增加广告费用、招聘新员工,等等。而采取 KSF 模式后,他就会自己想办法解决这些问题。

比如:某店长原月薪 5000 元,首先降低他的固定工资,拿出其中的 4000 元作为 KSF 工资,并把它分摊到 6~8 个指标。达到平衡点(年度平均数),就可拿到全部 KSF 工资;超过平衡点,就有奖励,且上不封顶;没有达到平衡点,就少发一些,但下限要保底,让员工有安全感!

根据平衡点和各指标的数据,确定如下薪酬方案。实行 KSF 模式后,在平衡点(平衡点根据历史数据或员工与管理者协商而得到,员工和管理者都认可)的基础上:

一是营收每增加 5000 元,奖励 X 元;每减少 5000 元,少发 Y 元。

二是利润每增加 1000 元,奖励 A 元;每减少 500 元,少发 B 元。

三是人均营收每增加 400 元,奖励 C 元;每减少 400 元,少发 C 元。

四是培训员工每多培训 1 小时,奖励 M 元;每少培训 1 小时,少发 N 元。

KSF 的特点:

一是弹性大,幅度宽。定量薪酬讲求稳定,变量薪酬追求激励。变量越大,弹性就越大,激励性也就越强。

二是高绩效,高薪酬。员工创造的越多,获得的回报就越高,多劳多得符合人性需求和市场规则。

三是利益趋同。员工收入越高，企业利润就越多。只有员工与企业的利益趋同，思想才能统一，目标才能一致。

四是激励短期化。没有努力的现在，何谈美好的未来，任何激励设计都不能忽视短期化的趋势。

五是管理者转变为经营者。管理者为老板打工，经营者为自己和团队工作。贡献了更高价值，就能获得更多分享。

2. 多劳多得的 PPV

PPV 是实现产值量化的薪酬模式。这一模式适用于二线员工。

PPV 模式的设计理念包括：

一是员工多劳多得，少做少得。

二是企业以量定岗，而非以岗定量。

三是企业不养偷懒、混日子的“闲人”。

举例：在传统薪酬模式下，行管人员拿着三四千元的固定工资，但工作积极性不高。对企业而言，此岗位也不一定就产生了三四千元的效益。而在 PPV 模式下，可将该岗位的工作内容和职责明码标价，予以量化：

考勤管理：300 元/月（准确，无延误）。

企业自媒体运营：每天更新自媒体，包括新浪微博、今日头条、微信公众号等，1200 元/月。

招聘：每招进 1 名员工奖励 300 元，转正后再奖 500 元。

培训员工：每培训 1 次，可得 50 元（每次培训不少于 2 小时，每月最多培训 4 次）。

兼职销售：为业务员输送潜在客户名单，成交后可拿到提成的 30%～40%。

采购物料和办公用品：500 元/月。

PPV 的特点：

一是企业按照实际工作量配置人员，减少人效浪费。

二是员工在不影响本职工作的前提下，一专多能，身兼多职，为自己加薪。

三是所有工作都必须有结果，有结果才有价值，要求员工对结果负责。

3. 非物质的积分制

积分制以文化驱动为导向,打造快乐、积极、超越目标的团队生态与绩效文化,充分增强员工对企业的凝聚力,丰富激励方式,激发团队潜能,满足人性需求,越努力越幸运!积分制是薪酬绩效激励的延伸和补充。积分制适用于一线员工,二线职能管理类岗位不建议使用。积分制侧重于精神激励,奖励积分、及时认可,即时激励。它以极低的成本激励员工,让员工不仅明确工作方向,而且主动承担更多责任,不再为钱斤斤计较。

比如:员工迟到了,不扣钱,但扣分;员工做了好人好事,不奖钱,但奖券……

现在“90后”的员工越来越多,很多时候他们最在乎的不一定是钱,而是对他们的认可。给结果奖励,给努力掌声。员工努力的过程,即使没结果,也应有积分。肯定员工付出的一切,是凝聚人心的有效手段。

积分制的特点:

一是非物质。不直接奖钱,却比奖钱更有意义,比传统评价方式更客观、更具体。

二是全方位量化。大到一项开发创新,小到员工出勤和日常行为,都用分值量化,清晰记录表现,展现员工贡献。

三是体现正向激励。以加分为主,员工普遍认同,且易接受。

四是成本可控。积分的运用不是以积分的绝对值为基础,而是以员工的积分排名为前提,激励对象是积分排名在特定排位的员工,因而总成本可控。

五是提升了执行力。员工的行为、制度的执行都以积分方式体现,从而增强了全员的执行力。

六是满足精神需求。积分不清零、不作废,终身累计,永远有效。积分高,说明贡献大,地位就高,成就感也就强。

七是易于实施和落地。不受行业影响,不受规模限制,可嫁接到企业现有制度体系,操作上对管理者的要求也不高。

八是应用多元化。差异化的福利、培训机会、奖金发放、评优树先以及其他体现差异化的激励,都可与积分关联,应用非常灵活。

九是将欣赏、快乐、激励、福利融为一体,创造属于员工的快乐文化,让员工关系更加融洽。

三、深化三项制度改革

人事、劳动、分配三项制度改革是个既老又新的话题，只要管理者全面理解、灵活运用，三项制度改革就会成为企业价值增长的永续动力。

1. 构建内部评估机制

要确保组织效率持续提升，就应构建一个完整的、可操作的、有意义的三项制度改革指标体系，对三项制度改革的现状、进度、问题、变化等进行量化评估，指标体系包括：

一是制度完备度。三项制度改革涉及组织、岗位、发展通道等组织发展制度，干部管理、劳动用工管理等人事管理制度，薪酬、考核激励等分配制度，需要定期对制度完备度进行评估。

二是改革完成度。三项制度改革需要在特定时间内完成必须完成的工作，这就需要持续按照改革任务分解表进行完成度评估，既要和本企业历史比，更要和改革要求时间比，和优秀企业改革进度比。

三是效果体现度。三项制度改革是工具不是目的。企业要通过这些改革提升组织的效能与活力，包括组织整体效率和人均效率。组织效率评估要突出和业内优秀企业的横向对标，最终达到行业一流、国内一流、世界一流。

2. 完善职业发展通道

员工职业发展通道的建设是时代变革和发展的要求，最为普遍的职业发展通道是三序列结构，即管理序列 M、技术序列 T、操作序列 W。

从员工职业发展要求和企业专业技术队伍建设角度来分析，三序列结构是不够的。需要在三序列结构的基础上进一步细化和优化，核心就是对企业组织进行“职种、职类”划分，在此基础上进行详细的层级确认，并开展任职资格标准的开发与完善。每个企业的行业属性和专业领域不同,职种职类区别较大,这就需要进行个性化设计。

3. 合理控制用工总量

深化三项制度改革,合理控制用工总量,既是企业提升整体效率、激发活力的历史要求,也是对标一流、建设世界一流企业的现实选择。

控制用工总量的传统做法叫"三定",即定职能、定机构、定编制,通过这种方法,进行岗位确认和人数确认。现在则要求企业在"三定"的基础上,向更高的组织管理目标迈进,具体包括:

一是目标科学。企业的人均产出,和业界比,要高于平均水平;和自己比,要持续提高;和战略比,要支撑发展。

二是方法得当。不能简单地搞减员增效,也不建议采取"一刀切""一个人也不让进"等方式。

三是机制创新。通过盈利中心、组织赋能、人人成为经营者等机制,让企业基层组织从金字塔型向赋能型演进。

4. 优化调整退出机制

让末等调整和不胜任退出不再是一个会上说说但基本无法落地的想法,而是一个每年都执行、每年都淘汰、人人都接受的制度化、常态化工作。这关键在于建立三种机制:

一是牵引机制。每个岗位都需要清晰的目标牵引,明确考核的尺子,能量化的全部量化,让每个员工都感受到责任和压力。文化塑造要优先做、同步做、加强做,进而形成对每个人行为的正向牵引和硬约束。

二是竞争机制。公平的竞争机制给予每个岗位同样的机会和条件,这样看结果、论英雄,落后者、偷懒者自然就无处藏身。一个可持续的淘汰机制,需要一个强有力的竞争机制来配套。

三是缓冲机制。末等调整和不胜任退出,也要充分尊重员工权利,给员工缓冲期、降落伞。比如先下来、再培训、再竞聘、再转岗、再安置,通过多渠道、多环节,实现组织效率和个人稳定的平衡统一。

5. 深化管理人员选聘

市场化的用人制度，关键在于中高层管理岗位的任用是不是市场化、是不是透明化。

选聘是针对社会人才，用公平的标准和科学的流程，把优秀的经理人选择出来，任用到关键管理岗位上；竞聘是针对企业内部员工，岗位的人员调整采用竞争上岗方式。

经过多年努力，企业在管理人员选聘竞聘方面已形成相对完善的制度流程，目前的问题是常态化，即把管理人员的选聘竞聘从集中型、脉冲型工具变成持续性、常态性方法。

6. 拓展契约管理范围

契约管理是三项制度改革的基础性法律保障工程，其范围比经理层任期制与契约化管理的对象范围更大更广，经营岗要契约，职能管理岗、研发创新岗也要契约，管理者要契约，普通员工也要契约，层层签订契约、层层压实责任、层层保障执行。

契约管理包括四个方面：

一是身份契约。重新签订《劳动合同》，转变干部身份，使之成为真正的市场化人才。

二是岗位契约。就岗位要求、责任、权利、任职时间等，与职业经理人签订《聘任合同》。

三是业绩契约。包括任期的业绩目标，以及与之对应的薪酬和激励标准。

四是心理契约。签订《高管职业操守承诺》，明确必须遵守的各项原则，作为指导和鞭策的基本准绳。

7. 推行揭榜挂帅机制

“揭榜挂帅”概念来自科技创新机制改革，把这一机制应用于三项制度改革，可以采取四步法：

第一,确定适用范围。“揭榜挂帅”更加适用于项目制的组织和任务型的工作。

第二,公开选用“帅才”。既然是揭榜,就要在大众见证下进行,公开比选竞争,有隆重的仪式。

第三,多路并进,相互促进。“揭榜挂帅”的竞争性要体现到全过程,看看“谁先到咸阳”,最终夺标。

第四,及时兑现,刚性兑现。根据项目和任务的结果,按照揭榜承诺,及时足额兑现,给予将帅充分的激励和尊重。

8. 规范赛场选马机制

人力资源的核心是“选、育、用、留”,其中选拔关更重要、更关键。

将军是打出来的,状元是考出来的,企业是比出来的。三项制度改革提出“赛场选马”,旨在进一步强调管理者评价、晋升标准中,要加大、加重“竞争”和“比赛”等元素的权重,使得各级人才都通过“赛马”来评定价值。

每家企业的赛马机制不尽相同,但都由马队、赛道、赛制、赛规、赛绩、重奖、淘汰、裁判等8个要素构成。

马队,赛马首先要有选手;

赛道,马队需要赛道配合;

赛制,让各马队有章可循;

赛规,根据自身特点,定义评价指标,宜少不宜多,宜简不宜繁;

赛绩,让观众和比赛的参与者都能及时看到比赛结果;

重奖,让竞争优胜成为人人看重、个个向往的工作方式;

淘汰,有奖励就一定有淘汰;

裁判,成绩的衡量能客观就不要主观,能用第三方评价就不用主观上级评价。还要有质询和投诉机制。

9. 合理拉开收入差距

合理拉开收入差距是三项制度改革中分配制度改革的首要任务,关键在于“拉开”与“合理”。

“拉开”体现在四个层面：

一是分类拉开。企业的不同岗位，按照岗位重要性，划分为不同的类别，核心岗位重点激励到位，不撒胡椒面。

二是层级拉开。不同的岗位级别，要按照岗位价值贡献，确定更有差距的分配系数，不能过于求平求稳。

三是业绩拉开。业绩工资、奖金等激励性薪酬，与考核结果挂钩，不搞利益均沾。

四是岗位拉开。在一些企业，职能部门负责人一个标准，经理层副职统一采用一把手的80%～90%的标准……这些都需调整。

“合理”即符合三个条件：一要符合工资总额增长机制的要求；二要符合企业发展成长的规律；三要符合股东的考核目标。只要符合这三个条件，拉开收入差距，“不让雷锋吃亏”的薪酬分配改革就可行、可干。

10. 激励核心关键人才

最大限度调动核心关键人才的积极性，关键在于解决好两个问题：哪些人能算本企业的核心关键人才？采用什么样的激励工具实现对他们的激励是最好的？

界定核心关键人才，可从岗位价值线、人员考核线、企业战略线等三条线入手，岗位价值高、绩效考核成绩好、企业战略任务重三者兼具的人才，可以确定为核心关键人才。核心关键人才不能泛化，需动态优化。他们是企业的关键少数，需要用特殊的激励工具来强化激励。

激励核心关键人才：一靠专项平台。设计和利用首席科学家、大师工作室等多种内部组织，给核心关键人才充分授权和资源保障的事业平台，放手让他们干有价值、感兴趣的事情。二靠专项奖励。定期授予核心关键人才专项奖励，用重奖激发他们的奋斗潜力；同时，薪酬、荣誉、中长期激励工具等要向核心关键人才倾斜。

11. 用好中长期激励

推动精准化、多样化的中长期激励，是三项制度改革中引人注目的新内容。目前企业常用的中长期激励工具包括3大类，共14种，即股权类的员工持股、虚拟股权、限制性股票、股票期权、股权增值权、新三板股权激励、股权出售、股权奖励、股权期权、科技成果作价入股等10种;分红类的超额利润分享、项目分红、岗位分红等3种,以及投资类的项目跟投。对这些中长期激励工具,要因企施策、因人施策、精准施策,努力取得事半功倍的效果。

总之,企业的核心在于利润,利润的核心在于经营,经营的核心在于人才,人才的核心在于激励,激励的核心在于分配,分配的核心在于绩效,绩效的核心在于预算。没有预算就谈不上绩效,没有绩效就谈不上利益分配,没有利益分配就谈不上共享共赢,没有共享共赢就没有员工的自动自发。

善用定律培养人才

国以才立，政以才治，业以才兴。人才是一个团队、一个组织建设发展诸要素中最重要、最活跃、最宝贵的因素。要想培养一流人才，就应善用相关定律。

一、用“二八定律”开发人才

一个单位往往有这样的情形，即 20％的人完成了 80％的工作任务，创造了80％的物质财富，这就是所谓的“二八定律”。“二八定律”揭示了人才开发的能级规律，突破了人才开发的传统思维，拓展了人才开发的创新思路。

一是最大限度地发挥“20％核心人才”引领作用。事业的成败在 20％，对品德、知识、能力和业绩突出的核心人才，要交任务、压担子，给予其最能发挥作用、最能体现价值的舞台；对发展潜力大的核心人才，更要大胆破格使用，为其充分施展才华提供更加广阔的空间。

二是不断提高“20％核心人才”创新能力。创新精神和创新能力是衡量“20％核心人才”价值的根本标准。在知识爆炸时代，核心人才要在反复不断的强力“充电”中“增值保鲜”，要通过多种培训和实践锻炼，不断增强创新意识和创新能力，使“20％核心人才”始终走在发展前沿。

三是努力促进“20％核心人才”与其他人才协调发展。20％和 80％只是能力的差别而非人格的区分，干事创业要靠 20％和 80％的共同努力。要充分协调20％与 80％的关系，既让 20％的“红花”灿烂绚丽，又让 80％的“绿叶”苍翠欲滴，构建相互促进、合理竞争、共同提高的人才开发机制。

二、用“苛希纳定律”管理人才

在小学低年级算术入门教材中,经常遇到这样一道应用题:“两个人挖一条水沟要用2天时间;如果四个人合作,要用多少时间?”小学生的回答一般都是“1天”。而在实际挖沟过程中,答案就不一定了,可能是“1天完成”,也可能要“4天完成”,甚至还有可能“永远也完不成”。

管理学上有条著名的“苛希纳定律”:如果实际管理人员比最佳人数多2倍,工作时间就要多2倍,工作成本就要多4倍;如果实际管理人员比最佳人数多3倍,工作时间就要多3倍,工作成本就要多6倍。

这条定律是西方著名管理学者苛希纳提出的。“苛希纳定律”可用三句话形象地概括:鸡多不下蛋,龙多不下雨,人多瞎捣蛋。美国人把这条定律理解得很简洁:一个人敷衍了事,两个人互相推诿,三个人则永无成事之日。这也与“三个和尚没水吃”的故事非常类似。

事实胜于雄辩。为验证“苛希纳定律”,法国工程师林格曼做过一次拉绳实验,他把被试者分成1人组、2人组、3人组和8人组,要求各组用尽全力拉绳,同时用灵敏度很高的测力器分别测量其拉力。实验的结果是:2人组的拉力是这2个人单独拉力总和的95%,3人组的拉力只是这3个人单独拉力总和的85%,而8人组的拉力则仅是这8个人单独拉力总和的49%。

“苛希纳定律”告诫我们,要想克服“三个和尚没水吃”的尴尬境遇,必须建立人尽其才、人尽其力的责任机制。也就是说,责任与权利越具体,人的才能发挥就越充分;要滑偷懒的人越少,用真劲的人发展空间就越大。

事业是在人才群体的相互作用中不断发展壮大的,人才与人才的合作,不是简单人力的叠加,而是复杂、微妙的融合共进。人才的能力是方向各异的矢量,方向一致时,事半功倍;方向相反时,则事倍功半。“1+1”的人才合力,团结一致时,比2大得多;相互排斥时,比1还要小。

根据“华盛顿合作定律”,人才资源管理须两手抓。一手抓人才效能的最大提高,人尽其才,才尽其用,用当其时;另一手抓人才资源的最优配置,能岗匹配,人岗相适,人事相宜,营造团结合作干事业、携手共进谋发展的良好氛围。

三、用“带领一群猫定律”选拔人才

世界著名的维珍集团老板理查德·布兰森爵士,在全球拥有200多家公司,个个蜚声海外。他让世人啧啧称奇的领导风格是“不要牧羊,要带领一群猫”,其意思是:下属不要盲目遵照老板的指示办事,要努力营造一种富于挑战性的工作环境,让下属尽情发挥自己的聪明才智,人人成为“可以做主的大管家”。布兰森爵士的领导风格给人才培养诸多启示:集聚“身怀猎鼠绝技之猫”式人才,才能创造事业奇迹。“人尽其才、才尽其用”是管人用人的本质。人才群体千姿百态、形态各异,大才者叱咤风云,专才者摧城拔寨,异才者斩关夺隘,这些“身怀猎鼠绝技之猫”而非“温顺的羔羊”式的人才,能力突出,个性鲜明,充满活力,需要诸多布兰森式的领导者,用科学人才观的“慧眼”辨识这些人才,用高超的境界和艺术使用这些人才,不断推进事业高质量发展。

要做“带领一群猫”的指挥家,不当“牧羊”式的领导者。开拓创新是领导者的核心能力素质,一个富于创新精神和挑战精神的现代领导者,应当是一个思想解放、胸襟广阔、长袖善舞的指挥家,不能是一个禁锢创新思想、限制创新行为的“牧羊”式领导者。要给人才充分施展“猎鼠绝技”的自由和勇气,方能充分挖掘人才创新创造的巨大潜能。一个甘愿“带领一群温顺的羔羊”守摊子,而不愿“带领一群猫”拓疆土的领导者,也许短时间能“管好”一个单位,但这个单位最终难逃惨遭淘汰的厄运。

四、用“彼得定律”使用人才

每个组织和团体都是由各种不同的职位、等级或阶层组成的,组织中的每个人都隶属其中一级。美国学者劳伦斯·彼得在研究组织和团体中人员晋升相关现象后,得出这样一个结论:在各种组织和团体中,员工总是向往或趋向晋升到与自己能力素质不相称的地位或职位。这就是著名的“彼得定律”,有时也称“向上爬定律”,它对合理使用人才有两点启示。

首先,一个人在某个岗位干得好,不一定能够胜任更高的重要职务,必须改变单纯“根据贡献决定晋升”的用人思维。某学校曾发生过这样的事例,为体现对知识、对人才的尊重,上级党委把一名在本专业领域有突出成就的著名教授提拔到校领导岗位,结果这位教授任职一年之后力不从心,主动辞职,让党委和很多人大失所望。“彼得定律”提醒我们:一个人在某个岗位干得好,不一定能胜任更高的重要职务,“根据贡献决定晋升”有时候不一定正确。这个学校将这名教学科研成绩斐然的教授,晋升到一个无法充分发挥其作用的岗位,不仅没有达到鼓励人才、奖励个人的目的,反而造成单位和个人“双输”的尴尬局面。

其次,唯才是举,量才使用,必须建立科学的人才评价体系标准。当前,人才使用之所以经常出现重大失误,存在人才紧缺和人才浪费并存的问题,其中重要的一条原因是缺乏科学化、具体化的人才评价体系。因此,必须以科学人才观为指导,根据德才兼备要求,建立健全以岗位为基础,以能力和业绩为导向,由品德、知识、能力、贡献等要素构成的人才评价体系,为最大限度合理使用人才,提供更加科学、更加客观的依据。

五、用“酒与污水定律”优化人才

“酒与污水定律”说的是:把一匙酒倒进一桶污水,得到的是一桶污水;把一匙污水倒进一桶酒里,得到的仍是一桶污水。一个能工巧匠呕心沥血花费时日制作的精美瓷器,一头驴子一秒钟就能把它彻底毁坏。这一定律对人才优化有着重要的借鉴意义。

构建人才高地,一定要及时赶走或赶紧拴住人才群体中的“驴子”。在任何一个组织,总有几个不琢磨事、专琢磨人的“驴子”,如果听任“驴子”的存在,真诚互信的良好气氛会被钩心斗角所取代,积极竞争的良好机制会被嫉妒和猜忌所“毒化”,高效运转的团队或单位也会效率低下,甚至走向衰亡。破坏比建设容易,对人才队伍中的“驴子”,要及时采取措施,把它们赶得远远的,彻底根除“震源”。即使无力这么做，也要想方设法把它拴紧，让这头“驴子”无法“兴风作浪”。对待人才群体中的“驴子”，要坚持原则，妥善处置，留不得半点情面和私心。

建立高效和谐的人才团队，一定要选好“领军人物”。一匙污水能毁掉一桶酒，如果这匙污水是一个无德无才的“领军人物”，对“一桶酒”的破坏力就更大，局面就更难收拾。高效和谐的人才团队是建立在相互理解、包容的基础上的，有其脆弱性和不稳定性，一旦受到“一匙污水”的侵害，组织就会迅速成为一盘散沙，进而走向土崩瓦解。

“酒与污水定律”告诫我们：选拔一个德才兼备的“领军人物”，对于构建一个优秀团队、推进事业兴旺发达非常重要。

六、用“马太效应”激励人才

“马太效应”一词来源于圣经《新约·马太福音》中的一个典故，经常用来描述“穷者越穷、富者越富”“优者更优、差者越差”等两极分化现象。

典故说的是一个国王远行前，交给3个仆人不同数额的银子，吩咐道：“你们去做生意，等我回来时，都来见我。”国王回来时，第一个仆人说：“主人，你交给我的银子，我已经赚了2倍。”国王给他10座城邑作为奖励。第二个仆人报告：“主人，你交给我的银子，我已经赚了1倍。”国王又给他5座城邑作为奖励。第三个仆人报告：“主人，你交给我的1锭银子，我一直包在手巾里，怕丢失，一直没有拿出来。”国王命令将第三个仆人的1锭银子赏给第一个仆人，说：“凡是少的，就连他拥有的也要夺过来。凡是多的，还要给他，让他多多益善。”这就是“马太效应”的意涵，反映了当今社会中存在的一个普遍现象，即“赢家通吃”。

用“马太效应”激励人才，需要更新观念、转变方式。对作出突出贡献的一流人才，要发挥精神激励和物质激励的双重功效，最大限度调动优秀人才献身事业的主动性、积极性、创造性；对安于现状、不思进取、效益低下的落后者，不仅不能让其得到相应的酬劳，还要给其刻骨铭心的惩罚，鞭策其在逆境中寻求突破，知难而进，迎头赶上。

要努力实现“三个破除、三个转变”，即：破除“靠先进打天下”的思维定式，实现由少数过硬向整体提升的转变;破除“靠树标杆带后进”的思维定式,实现由“抓先带后”向“抓后促先”的转变;破除“靠传统方法抓争创”的思维定式,实现由注重评比向引导竞争的转变。

“人才兴则企业兴,人才衰则企业败。”人才在精不在多,人尽其才最重要。树立“人才是创新的第一资源”“没有人才,一切归零”等理念,始终把人才摆在引领发展的战略地位。寻觅人才求贤若渴,发现人才如获至宝,举荐人才不拘一格,使用人才尽其所能,为高质量发展提供根本保障。

人才培养与使用之要诀

企业要提高竞争力，实现高质量发展，必须要依靠人才。但是，企业应如何培养人才？又如何能让人才成为企业的依靠呢？

一、改变培养思路

1. 坚持三个原则

当企业把员工培养作为人才开发的重要手段时，就应跳出传统的培训框架，坚持三个原则，重构人才培养体系。

一是赛马原则。这是在充分尊重员工个人贡献差异的基础上，引入竞争机制。它有别于“伯乐相马”，不是由组织的重要成员或第三方根据个人印象或既定规则发现和提携优秀人才，而是让员工站在同一起跑线上，通过“赛马”方式，展现各自的能力，管理者据此安排相应岗位。

二是差异化原则。企业员工按岗位可分为管理人员、研发人员、营销人员、工程技术人员、生产人员和行政人员等，按层级又可分为高层员工、中层员工和基层员工。企业不应对所有员工都采取相同的培养方式，因为培养的对象和目的不同，培养的理念和方法自然也就不同。

三是利益原则。趋利避害是人们天生具有的心理模式和行为模式。既然员工的很多行为都是围绕利益进行的，那么就应引导他们使个人利益与企业利益趋于一致。利益原则就是在维护企业利益的基础上妥善安排员工利益，使员工的行为和利益诉求符合企业战略。

2. 善用三种方式

良好的工作氛围可以让员工具有更强的责任意识和敬业精神,为员工创造良好的工作氛围要用好三种方式。

一是熏陶。熏陶是指通过创造合适的企业文化为员工提供一种良好的工作氛围,在潜移默化中引导员工的行为,让员工朝着企业的既定方向努力。

二是引导。引导是指用理念和制度等元素调整员工的行为方向,让员工自发地沿着企业既定方向产生企业所期望的行为。

三是实践。提升员工能力要靠岗位实践,而不是开会说教。

二、创新培养方法

企业基层、中层、高层员工的工作重点各不相同:基层负责实施计划和反馈信息,中层负责制订目标计划和团队建设,高层负责制定发展规划和实施控制。三个层级员工的职责、工作重点不同,培养的重点也就不同。

培养基层员工用“流程”。基层员工的工作结果会直接影响企业对客户的承诺,影响客户满意度。在培养基层员工过程中高度关注流程,是为了使员工完成具体工作时“有要求、有规范、有约束”,这样就可有效避免生产产品和提供服务过程中可能出现的差错。

在没有流程指导和规范动作指引时,我们经常会看到,基层员工喜欢说,“我认为”“我以为”。按照个人既往经验和理解所生产出来的产品会因人而异,甚至五花八门,最终导致产品质量不稳定。重视流程的最终目的是让员工严格执行规范,不改样、不走形,从根本上保证产品质量的稳定性。

培养中层员工用“考核”。中层员工的角色较多,既是企业战略的执行者,又是基层团队的领导者和管理者。关注他们的绩效,其实就是关注企业绩效、部门绩效和员工绩效。

考核可以让中层感受到压力,使其既能精准执行企业战略,又能出色履行管理职责,进而使中层的绩效能力不断提升。

培养高层员工用“监督”。高层要对企业战略负责，应具备战略视野和系统运营思维，其工作要有很高的创新度。目前，创新已成为经济社会发展的主要动力，受国内外科技与市场发展形势的影响，企业如果不创新，就适应不了变化的形势，就会被淘汰出局。但创新是一项高难度和高风险的活动，因此必须充分激发高层员工的创新活力，同时有效控制高层员工的创新风险。要做到这一点，就必须做好监督工作。

对高层实施监督式培养，目的是实现对企业创新的把控。

在员工的培养方面，还须做好配套保障。如做好理念保障，使企业的发展理念与高层的管理理念协调一致；做好制度保障，发挥制度设计中精神激励、物质激励和负激励（惩罚）等的作用；做好文化保障，营造良好工作氛围，确保员工培养有序有效。

三、用好现有人员

企业要想在市场上取得成功，选人用人十分关键，但是要想在市场上找到合适的人才，需要花费很大的力气，因此企业应重视用好现有人员。

如何用好现有人员？

一是多赏识，少责备；用其长，容其短。

二是对基层员工用待遇留人，对中层员工用情感留人，对高层员工用事业留人。基层员工普遍待遇偏低，他们需要获得更高的收入。通过厚待基层员工，使其过更好的生活，更努力地工作，这不是双赢吗？对于中层员工，单纯的物质利益已不能满足他们，企业需要对他们有更多情感上的关怀，赢得他们的忠诚。高层员工最需要的是干事业的空间，给他们提供施展才华的平台，给予物力和政策的支持，又有何不可？

三是六分人才，八分使用，十分待遇。不少企业用人都有“你干多少活，我给你多少钱”的思维定式。与此对应，员工是“你给多少钱，我干多少活”。双方总在博弈，企业很难做大。让六分的人才，做八分的事情，给十分的待遇，并给予充分的容错空间，最后就有可能锻炼出所期望的人才。员工工作中出现了失误，反而获得了超出心理预期的工资,自然会倍感珍惜,加倍努力,做到"做事无私也有畏"。当员工在经历一番锻炼后变得称职了,企业又给他更高的岗位和更高的待遇,允许他进一步施展才能,让他又一次成长成熟。如此反复,就一定能打造出人才来。所以,对员工一定要用厚待之举。

四是用人疑、疑人用。所谓"用人不疑,疑人不用",在企业经营中是有问题的。做企业,"用人不疑"是对企业不负责任,"疑人不用"是对企业资源的浪费。

五是善于发现,倾情呵护,充分包容,慷慨使用。培养人才首先要发现人才,然后呵护他们的才能,包容他们的个性,最后让他们拥有自己的舞台。这样的人才不仅能留住,更能让他们把企业当家,把事情当事业做。

企业没有人才,一切都是零。只要我们加快形成有利于人才成长的培养机制,有利于人尽其才的使用机制,有利于员工竞相成长、各展其能的激励机制,有利于各类人才脱颖而出的竞争机制,就一定能开创企业经营的新局面。

研发人员绩效管理之道

如何对研发人员实施科学、合理、公正的绩效考核，已成为企业、研究院所管理和人力资源开发的重要课题。研发人员的绩效管理是有章可循的。

一、研发人员绩效考核的原则

一是结果考核与行为考核相结合，以结果考核为主。对于研发人员来说，业绩考核应以结果为导向，相关评价最终要落到工作成果的评价上。如果指标体系过于强调行为因素，会形成一系列错误导向，容易挫伤员工积极性，员工会更关心做事的方式而不是做事的结果。

二是价值评估与产出评估相结合，以价值评估为主。盈利是企业的本质追求。因此，只对研发人员开展产出评估是不够的，还必须评估其为企业创造的价值。企业不会只关注拟订了多少个方案，设计出多少件产品，做了多少次展示，发表了多少篇论文，获得了多少项专利，等等。研发的效果要体现在新产品开发、老产品改进，成本降低、销量上升，市场占有率提高、新市场拓展等方面。

三是评价应尽量客观。在评价研发业绩时，相关数据通常是比较客观的，但是，质量和成本数据往往有较强的主观性。尽管很难用完全客观的方式测评质量，但在设计评价标准与流程时应尽量减少数据的主观性。简单的方法便是借助“外力”，比如评价产品改进的价值时，可邀请参与生产制造人员参与，而不是由研发团队负责人独立评估。

二、研发人员绩效考核指标的设计原则

一是绩效指标必须紧密结合企业研发策略,确保企业以市场需求为导向开发新产品,或改进升级老产品。

二是研发部门、研发团队和研发个人的绩效指标必须息息相关,是自上而下逐层分解形成的指标体系。

三是根据研发策略平衡好长期指标与短期指标、绩效指标与技能指标的关系。

三、研发人员绩效考核的方式

研发人员的绩效考核可采取自我评价、同级(事)评价、上级评价、下属评价(适用于研发管理人员)相结合的方式。

自我评价主要是研发人员对自己过去一段时间业绩目标的实现程度进行评估。

同级(事)评价主要考核团队协作能力,在需要多人、多部门协作的研发项目中,这种能力尤为重要。对于一些出于保护自身技术优势地位而不愿与人合作的员工来说,同级(事)评价可以对其产生一种强有力的约束。

上级评价中的上级通常是行政意义上的上级,但也可以是项目负责人,或二者结合,因为对于那些跨部门协作的研发项目来说,行政上级也许不清楚自己的员工干了什么、工作质量如何。

对项目负责人的考核应引入下属评价,旨在促使其培养项目组成员,促进沟通,共享知识,保证项目顺利开展和企业持续发展。

四、需要注意的问题

一是研发人员的绩效管理应与企业科技创新及产业开发战略结合。

二是要不断提高项目管理水平。

三是建立中期述职体系。

四是充分利用信息平台，强化量化管理。

五是建立与绩效挂钩的激励机制。

六是建立强调责任意识、重视承诺和沟通的绩效文化。

执行力是企业的核心竞争力

没有主动性,就没有执行力;没有执行力,就没有竞争力。员工能做到接受任务不谈条件,执行任务不打折扣,反思任务不讲借口,完成任务不等追问,企业就具有了强大的核心竞争力,就能在激烈的市场竞争中占据有利位置,取得竞争优势。

一、多角度理解执行力

执行力是完成任务、取得效果的实际运作能力。一分部署,九分落实。有想法还得有办法,有愿望还得有行动。没有执行力,一切皆空谈。

1. 执行力的原则

1) 客户优先

这里的客户是一个广义概念,与我们接触的、需要我们提供服务的人,都是我们的客户,包括我们的上司和下属。

客户优先要求我们在工作中体会客户的情绪和想法,理解客户的立场和感受,并站在客户的角度去思考和处理问题。

2) 团队优先

团队内的关系是奉献关系。没有奉献作基础,组织内的关系是不成立的,组织内人与人之间、部门与部门之间、上下级之间都是相互付出的关系。只有存在这样的关系，团队才会真正存在并发挥作用。

凡是强大的团队，都是成员愿意为团队奉献的团队，只有这样的团队才会将整体利益放在第一位。覆巢之下无完卵。团队解体了，整体利益没有了，还谈什么部门利益和个人利益？

在执行任务过程中，谁都难免会有自己的想法，担心自己的利益，挂念自己的前途。当个人的利益与团队的利益发生冲突时，应舍小我、保大我，用局部的牺牲换取集体的利益；当个人的想法与团队的想法出现偏离时，应本着求同存异的原则，共同推动团队的执行，而不是一意孤行；当个人的执行与团队的执行节奏不合拍时，应迅速调整个人的节奏，以保证整体进度。

3）服从优先

服从是执行的前提，任何执行都是从服从命令开始的。没有服从，执行就会失去方向；没有服从，执行就会乱套；没有服从，执行就不可能达到既定目标。

个人要服从团队，下级要服从上级，少数要服从多数。不能因为自己认为决策是不正确的或不公正的就拒绝服从。

4）行动优先

行动了不一定会成功，但没有行动是绝对不会成功的。从这个意义上讲，简单的行动比智慧的思考更重要。

5）成果优先

执行的目的在于获得成果，实现预期目标。没有成果，所实施的行动就始终缺失一种意义。为没有取得成果找借口的员工是很难有执行力的。

2. 执行力的保障

1）服从命令

决策、执行和业绩之间有如下的关系，做正确的事（决策）且正确地做事（执行），就可以把正确的事做正确（业绩）。

一件事情该不该做,在决策阶段就已经定下来了,执行阶段就要不折不扣地落实,而不是回过头来讨论决策对不对,否则将会影响业绩。下级不能老是怀疑上级的决定,毕竟下级掌握的信息、认识的高度、视野的广度、思考的深度相对来说都是有限的。

2) 立即行动

执行开始前,决心第一、成败第二。执行开始后,速度第一、完美第二。

3) 恪守职责

恪守职责非常重要,执行过程中一定要做到不越位、不错位、不缺位。

4) 严守纪律

纪律是执行力的保障,要自觉遵从制度,严守工作纪律。

5) 用心做事

用心做事就是要全身心投入事务之中,用心才能看清事物本质,用心才能把事情做好。

6) 高效工作

要想高效工作,必须分清轻重缓急,每次只做一件,坚持今日事今日毕。大凡事业成功者,执行力强的人,做事都非常专注,从不三心二意。

7) 关注细节

执行力的乘法原理中有这样的算式:

$0.99\times0.99=0.9801$,

$0.99\times0.99\times0.99=0.9703$,

$0.99\times0.99\times0.99\times\cdots\cdots\rightarrow0$。

这样一直乘下去,结果会越来越小。如果工作标准是1,那么0.99就是还行、还凑合,但团队执行力会在无数细节问题的累积中不断衰减,越来越差。

$1.01\times1.01=1.0201$，

$1.01\times1.01\times1.01=1.0303$，

$1.01\times1.01\times1.01\times\cdots\cdots\to\infty$。

而这样一直乘下去，结果则会越来越大。如果每个人的本职工作都比标准要求的多做一点，那么团队事业就会在这些点滴的积累中蒸蒸日上，越做越大。因此，员工一定要重视细节，不断在细节上做优化。

3. 执行中的要点

1）效率方面

效率方面的执行要点是自动化。

要不要自动化，需要计算自动化带来的成本。如果原来岗位的人工成本高，就应自动化，况且人工还会带来很多管理问题，流动性也大。一些劳动强度大、单调而枯燥的岗位，很难招到人，也应自动化。此外，自动化还可让产品的品质更稳定。

自动化不一定说整体都自动化，组织发动员工做一些可重复使用的小模具也是自动化。

2）成本方面

成本方面的执行要点是有目标、讲方法。

有目标就是"千斤担子人人挑，人人头上有指标"。有要求处处省钱，无要求钱像流水，手指一松，全都漏光了。

讲方法就是"不该花的坚决不花，可花可不花的尽量不花，必须花的尽量少花"。比如，采购原材料是必须花的，但可以少买，尽量压库存，还可以把产品系列变少、标准统一，等等。

3）利润方面

利润方面的执行要点是去掉对利润没有帮助的工作，不断开拓新的利润增长点。

企业的工作可分为正工作、零工作、负工作。一项工作如果停止做，就产生了不好的效果，这项工作即是正工作，应该继续做；如果没有任何效果，这项工作就是零工作，可以不做了；如果停止做，反而产生了好的效果，这项工作则是负工作，就不必再做了。

为了促进利润增长，企业应一方面利用各种方法和手段控制成本，与利益相关方共享利润，另一方面应大力推进科技创新和管理变革，着力培育壮大新的利润增长点。

4) 质量方面

质量方面的执行要点是培养员工的程序意识、责任意识和问题意识。

严格执行质量管理体系认证标准，旨在培养员工的程序意识。执行标准是质量的保障，企业应打造具有自身特色的简化版标准，有用的标准就留下，无用的或太复杂、成本高的标准就删掉。

推行“6S”管理，旨在培养员工的责任意识。责任心是做好一切工作的前提和基础。推行“6S”管理，可以提高员工素养，让员工认真做事不马虎，规定动作不走样。

深入开展质量控制(QC)和合理化建议活动，旨在培养员工的问题意识。问题是实践的起点、创新的起点，也是追求效果的行动起点，员工的价值就在于不断发现问题并解决问题。

5) 安全方面

安全方面的执行要点是做好预防和应急工作。

工作安全无小事。每次大事故发生之前，大概会发生十次小事故；每十次小事故发生之前，大概会发生一百次惊吓；每百次惊吓发生之前，大概会发生一千次隐患。因此，要想避免事故，就应消除隐患。隐患已经是事故，没出事故是因为运气好，但不可能每次运气都好，运气不好就会出事故。

举个例子，某公司的工作安全措施如下。每个生产组下面管理着生产班，上面受车间管理，车间又受生产部管理。如果生产组长发现生产班的安全隐患，就扣生产班长的安全奖金。如果车间主任发现生产组的安全隐患，只扣生产组长的安全奖金，生产班长就不扣了。如果公司经理发现车间主任的安全隐患，也只扣车间主任的安全奖金。公司还设有安全巡查员，专门到处巡查，如果他发现了安全隐患，就扣公司经理的安全奖金。这样一来，生产班长去查安全隐患，生产组长也去查安全隐患，全公司上上下下都在查安全隐患，还会有安全隐患吗？

发现了安全隐患还要及时处理，要做到排查全面、处置及时、整改彻底。

6）服务方面

服务方面的执行要点是善待员工。企业只有善待员工，员工才有可能善待客户。

服务有很多种，上道工序对于下道工序是服务，后勤部门的工作对于质检部门、研发部门、人事部门的工作也是服务。

服务要有时间规定和服务规则，要先讲速度再讲态度。企业制定好服务规则后，提供服务的速度就快，质量就好。

服务既要响应快，还要态度好，客服人员应专业耐心地解决客户的疑问，反馈客户的意见。

7）合作方面

合作方面的执行要点是平衡各方利益。只考虑自己的利益，不考虑别人的利益是不行的。

二、执行力的具体表现

企业的一切战略最终都要通过执行来实现，只有具有强大的执行力，企业才能在市场竞争中占据有利位置，取得竞争优势。虽然不同企业的执行力千差万别，但是良好的执行力都有一些共同的具体表现。

1. 以结果为导向

目前，在执行方面存在一种片面甚至错误的认识，以为执行到位就是完成任务，这其实有很大误解，需要引起管理者的注意和思考。比如，有些员工说："我完成了任务，为什么领导还是不满意，甚至还要扣我的工资。"但是我们只要看看他们的工作结果就知道答案了。工时定额完成了，零件也加工出来了，但零件有瑕疵，无法使用；产量指标完成了，但产品基本上是次品或废品；销量指标完成了，但货款迟迟没有收回来；报告写出来了，可是废话连篇。如此种种，如果领导能够满意，倒是怪事。

显而易见，这些员工是把"完成任务"等同于"产生业绩"了。而正确的理解应当是：加工零件是任务，加工出的零件管用才是业绩；生产产品是任务，产品合格、质量上乘才是业绩；销售产品是任务，把货款安全收回来才是业绩；报告写出来是任务，写出来的报告管用、领导满意才是业绩……总而言之，上班工作是任务，为客户创造价值、为员工实现价值、为社会展现价值才是业绩。

事实上，任务与业绩是两个概念，任务是执行的手段与过程，而业绩是执行的目的与意义。完成任务并不等于万事大吉，关键要看完成的结果如何，没有结果的工作是没有任何意义的。辛苦劳动虽然值得称赞，但辛苦劳动能够产出业绩才是真正有意义的；辛苦劳动的结果不一定有价值，但如果获得客户的认可，这一劳动结果就很有价值了；客户认可的结果也不一定真有价值，只有客户肯出钱购买这些劳动结果才真的有价值。

2. 严抓落实

1）纠正"差不多"的心态

市场上有些知名企业为什么可以屹立百年而不倒？因为它们不但在产品品质上精益求精，在企业管理上更是精益求精，从不允许自己的员工做事时总是一副"差不多"的心态。有个算术式很流行，说的是 1.01 和 0.99 相差不多，但 1.01 的 365 次方是 0.99 的 365 次方的 1400 多倍，因此，请不要再把"差不多"挂在嘴边。

我曾参观过一家知名的大型企业，发现每个员工手里都有一个比新华字典还厚的工作手册，一项流程就有好几十页，这说明了什么？在这个竞争激烈的社会，要想做得出色，受到认可和欢迎，就必须严格要求自己，这也是把事情做好的保证，如果总是觉得"差不多"就行了，就将永远停留在"做完"那一步。

2）在执行中树立自己的品牌

在如今这个年代，人们早已不再是仅把工作看作谋生的手段，每个人都渴望在职场中闯出一片天地，有所作为。所以，很多人对于职业的情感是神圣的，工作更多的是一种精神劳作。

既然如此，高效的执行不仅可以带来圆满的成果，还能使员工个人渐渐树立起自己的品牌，产生源源不断的工作动力。所以，既然做就要一次做好，这样一来，你的整个工作流程就会变成一种良性循环，任务就会在轻松愉快的气氛中被完成。

3）对自己和结果负责

任务落实得不好，说到底是一个人对自己不负责任的表现，而这样的人在职场中是很难提升自己的竞争力的。因为竞争力的基础是执行力，执行不到位，落实不认真，那么描绘得再美好的蓝图也只能是一张废纸，交出来的最终结果对企业不会有任何价值，不过是在浪费人力、物力、财力罢了。所以，身为企业员工，不要一味地在口头上重复执行力的重要性，而要在实际行动中把任务落实到位，对自己和结果负责，这样才能在“做完”的基础上“做好”，持续提高自己的竞争力。

3. 执行力的“三多”特征

1）方法多

北宋文学家、史学家欧阳修曾说：“任其事必图其效；欲责其效，必尽其方。”也就是说，想把事情做好，必须有方法。方法不但要好，而且要多。遇到问题一筹莫展、束手无策、无计可施，没有解决的办法，就不可能有执行力。永远不要说没有办法，没有办法大都是因为没有用心想办法，只要尽了心，办法总比困难多。

2）贡献多

日本很多企业引入了“贡献力”这个概念，一个人如果没有贡献力，也就没有执行力，也就不可能取得成功。管理学家德鲁克在《卓有成效的管理者》一书中写道,每个人都要问自己一个问题——我能贡献什么——唯有如此,才能够在工作中真正有所贡献。如果不问"我能贡献什么",总想"我能得到什么",这样的人是很难主动去执行上级指示的。

3) 反思多

成功的人都是反思自己的问题多,失败的人永远在抱怨别人不给自己机会。一个人如果没有"吾日三省吾身"的精神,执行力就无从谈起。一个人只有善于反思,善于复盘,才能增强责任心,而责任心是执行力的基础。

4. 执行力的"三快"特征

1) 思路快

思路决定出路。思路是一个人思考某一问题时思维活动进展的路径或轨迹,它既影响执行力的好坏,也决定个人成就的大小。一个人之所以没有思路,或者不积极寻求解决问题的思路,除了能力问题外,更多的是因为自我设限、自卑懦弱、得过且过、墨守成规。所以,突破思维定式的唯一方式就是接受挑战。

2) 行动快

一个人为什么缺乏执行力? 因为有工作懒散、办事拖拉的恶习。打造执行力,必须强化时间观念和效率意识,树立"立即行动、马上就办"的工作理念。任何人,无论做什么事,都不要有"等一会""以后再说吧""明天再办""我再考虑考虑"等语言和行动,这样的借口多了,执行力也就差了。

3) 反馈快

很多企业的执行问题是工作虎头蛇尾,甚至半途而废。有些管理者布置完了工作,就以为万事大吉了。由于管理者没有抓反馈,员工常常出现执行走样甚至有令不行的问题。因此管理者在布置工作后要积极落实反馈机制,获取准确、快速的反馈信息。

5. 执行力的"三好"特征

1）态度好

一个人的态度对他的行为具有指导性或动力性的影响。执行力好不好取决于两个因素，一是个人能力，二是做事态度。能力是基础，态度是关键。能力不足是"不会干"，而态度不好是"不想干"，"不想干"的表现就是理由多、磨洋工、装糊涂。"不会干"可以教育培训，"不想干"只能淘汰放弃。

2）合作好

什么是合作，合作就是配合工作。有一句俗话叫"好虎架不住群狼"，有一句成语叫"寡不敌众"，这都说明了合作的重要性。当下是团队制胜的时代，单枪匹马很难发挥力量。

3）结果好

执行是什么？执行是追求结果的行动。企业要生存和发展，靠的是员工沉甸甸的产出，而不是嘴上响当当的口号。管理学家德鲁克曾经说："他们重视勤奋，但忽略成果。他们耿耿于怀的是，组织或上司是否亏待了他们，是否该为他们做些什么。他们抱怨自己没有职权，结果是做事没有效果。"没有效果，你所有的努力都是低质量的勤奋。

6. 执行力的"三省"特征

1）让领导省心

员工的价值在于帮助企业解决问题。员工如果遇到问题绕着走，甚至将问题"踢"给领导，那么他在团队中可以发挥什么价值呢？所以，让领导省心是团队具有执行力的一种表现。如何让领导省心呢？核心有四条：一是想在前，二是做参谋，三是谋方案，四是抓细节。

2) 替公司省钱

替公司省钱的意思是“做事要有经济性”,也就是说,花最少的钱,办最多的事,出最好的结果。电视剧《亮剑》中有这样一个情节:为消灭山崎大队,程瞎子组织部队强攻,结果损兵折将,即便获胜,也是杀敌一千自损八百。而换了李云龙,一顿手榴弹就解决了问题。所以,李云龙的执行力自然更强一些。

3) 让工作省时

工作效率是执行力的突出表现。一项工作如果需要在三天内做完,但是员工一周都没有眉目,这能叫执行力吗?所以,执行力的前提就是力求让工作省力省时。省时就是合理安排时间,让时间利用率最大化,或者创新工作方法,节省工作时间。注意,省时绝不是偷奸耍滑删减必要的流程。

三、增强工作主动性

没有主动性,就没有执行力。增强工作主动性,就应把握“三个区别”,认清“四个好处”,明确“五个方向”。

1. 把握“三个区别”

1) 找办法不找借口

富有工作主动性的人,面对工作中的困难和问题,总是想尽一切办法去破解它,尽心竭力地完成工作任务。绝不会在没有努力的情况下,就事先找好种种借口。遇到困难和问题习惯找借口的人,永远不会成功。富有工作主动性的人,即使不具备超人的能力和才气,也会取得出色的工作成绩。

2) 敢担责不敢懈怠

积极主动开展工作的人,在接受任务或发现问题后,总是满怀强烈的责任心和使命感，千方百计、创造性地开展工作。那些成就大业之人和凡事得过且过的人之间最根本的区别，就在于成功者懂得为自己的行为负责。

3）会吃苦不会吃亏

主动工作的人，在工作中虽然需要付出比被动工作的人多得多的时间和精力，但却获得了比被动工作的人多得多的工作本领和发展机会。一个人如果不积极主动工作，那么锻炼本领的机会就少，工作能力提高就慢，当然发展的机会自然就少，最终吃亏的还是自己。

2. 认清“四个好处”

1）学到的本领多

主动工作的人，为了干好工作，不仅不会“等靠要”、安于现状、得过且过，而且会主动学习新知识，主动思考新问题，主动研究新方法，主动拿出新措施，主动破解新难题，主动创造新业绩，从中学到许多新本领。

2）积累的经验多

主动工作的人，不仅不会挑三拣四、拈轻怕重、斤斤计较，而且会挑战自我、自加压力、勇挑重担、奋力拼搏、攻坚克难，在勤动脑多思考、勤动手多做事、勤动嘴多宣传、勤动腿多调研中不断积累更多的经验。

3）赢得的机会多

大量的事实证明，一个人工作越主动，得到锻炼的机会就会越多，得到大家认可的机会就会越多，得到单位领导赏识的机会就会越多，为自己赢得的生存发展机会也就会越多。

4）收获的快乐多

工作是生活的重要组成部分，主动工作的人，会把主动工作作为一种境界来追求、作为一种习惯来培养，把压力看成一种动力，把工作看成一种锻炼，把困难看成一种机会,从而乐在其中,努力在主动工作中超越自我、体现价值、享受快乐,用智慧和汗水谱写出人生绚丽的乐章。

3. 明确“五个方向”

1)主动提高工作标准

坚持高标准、严要求,敢于向自己挑战,敢与强的比,敢跟快的赛,敢向高处攀,树立新标杆,主动向先进学习,向标兵看齐,跳出自己看自己,对照先进找差距,放眼全局定目标,自我加压谋超越,努力争创一流工作业绩。

2)主动超前思考问题

坚决克服“等靠要”的思想,积极主动超前思考问题,做到早预测、早计划、早安排、早落实,确保有一个提前量,力求把问题想在前、把措施定在前、把工作做在前,努力增强工作的主动性、计划性和预见性。

3)主动加大创新力度

坚决摒弃不合时宜的旧思想、旧观念,冲破旧的思维方式,坚决防止和克服按“惯例”办事、按部就班的经验主义做法,适应不断发展变化的新形势,创新工作理念,创新工作思路,创新工作措施,创新工作方法,努力开创工作新局面。

4)主动强化精细意识

牢固树立“细节决定优劣”“细节体现责任”“细节体现水平”“细节体现形象”“天下大事必作于细”的意识,坚决摒弃“差不多、过得去、能凑合”的敷衍标准,养成精益求精的工作态度,无论做任何事情,都要做到“认真、认真、再认真”“细致、细致、再细致”。

5)主动加快办事节奏

以只争朝夕的意识、雷厉风行的作风、一抓到底的干劲,加快工作节奏,提高运作时效,立说立行抓落实,真正做到抢时间、争速度、促进度,全面提高工作效率。

四、提升团队执行力

企业提升团队执行力，必须有工具和方法，必须在指令、行动、沟通、汇报等四个方面制定行为规范。

1. 指令方面：核实指令，及时报告，实行全员周报

1）核实指令

指令丢失、遗漏或者被误解的危害非常大。核实指令就是保证指令的传达没有偏差，确保指令相关方理解一致。

2）及时报告

管理者只有了解管理区域内的情况和员工的工作进度，才能作出正确的判断和部署，因此员工及时报告工作十分重要。它能保证管理者的指令不折不扣地被执行。及时报告需要做到及时回应、及时汇报、及时通报和及时求援。

3）实行全员周报

全员写周报是解决上情下达、下情上达等信息沟通问题的有效管理方式。周报需要对上周工作进行复盘，并制订下周工作的计划，发送直接上级，抄送上级的上级，这样可以有效避免部分管理者对下属员工工作信息的封锁。

2. 行动方面：说到做到，保持准时，立足解决问题

1）说到做到

对自己来说，不能说到做到，久而久之会被贴上“不靠谱”的标签；对别人来说，不能说到做到，可能会使同事和相关部门工作无法按期达成。所谓说到做到，

就是在规定的时间内保质保量地完成任务。这就要求我们想清楚再承诺，承诺的时候要留有余地，承诺了就要竭尽全力去做，做不到时要第一时间告知对方。

2）保持准时

在企业内，不准时会浪费别人的时间，影响自己的形象，最重要的是会影响工作的进度。因此，保持准时很关键。保持准时，就是在约定的时间内做约定的事情。企业员工应将保持准时作为自己的修身要求来对待。

3）立足解决问题

企业是一个永远存在问题的组织，员工的价值就体现在解决问题上。所谓解决问题，就是把阻碍企业前进的障碍都清除掉。解决问题是行动而非想法，是员工的必要职责。解决问题首先要有逢山开路、遇水架桥的勇气和信心，其次要懂得分阶段、分轻重缓急，最后在解决不了问题时要及时求援。

3. 沟通方面：日清邮件，记录会议，勤于写备忘录

1）日清邮件

日清邮件就是所有发给你的邮件，最迟不能晚于发件人发出后的 24 小时作出回复。日清邮件可以让员工把全部心思都用在工作上，提升工作效率。日清邮件的正确顺序是：先处理重要且紧急的邮件，再处理紧急不重要的邮件，接着处理重要不紧急的邮件，最后处理不重要不紧急的邮件。

2）记录会议

会议结束后应有会议纪要。会议纪要应记录会议的主题、结论和计划措施，可以作为资料备查。会议纪要一定要指定合适的人去做，会议主持人要第一时间审定会议纪要，并在 24 小时内将其发给参会者，以及与会议内容相关的人。

3）勤于写备忘录

这主要是说要有写备忘录的习惯。备忘录有记录、确认、提醒的重要作用。

写备忘要注意什么时候写（一般是和上级谈完工作后就写）、写什么（原则上只要是自己认为需要知晓和记住的信息都可以写）、怎么写（清晰、简洁）。

4. 汇报方面：总结精练，报告简洁，善用统计分析

1）总结精练

不管是什么总结，都尽量用简洁的话语说清楚。话语如果简洁清晰，就容易被理解；容易理解，就容易被记忆；容易记忆，就容易被执行。习得这项能力，需要不断归纳、总结、提炼，再归纳、再总结、再提炼，并尽可能以清晰、准确的口语表述出来。

2）报告简洁

报告不宜长篇大论，日常的报告应尽量控制字数。只有这样，报告才易于阅读。此外，写报告可以先写结论，并给出相关的建议，这样才有利于引起对方的重视和注意。因此，写报告可以按照“结论—理由分析—行动建议—附件”的结构来进行。

3）善用统计分析

统计分析的核心是用数字说话，因为用数字描述更准确，并且容易用于比较分析。如果在做调查研究时，全是做的定性的判断，这样的调查研究是难以有说服力的。

抓落实是管理者的基本功

发展是硬道理,落实是真功夫。抓落实是管理者的一项基本功。敢不敢抓落实、会不会抓落实,体现的是担当精神,反映的是务实作风。从成就事业的意义上看,管理就是落实,管理能力就是落实能力。

一、能力是根本

管理者都是经过层层筛选的,是一个优秀者群体。建设一支乐于多作贡献、敢于担当作为、善于分工合作、富于创新精神的管理团队,关键在选人用人。

企业应当明确一种导向,即管理者要干事;应当倡导一种价值,即管理者要有为;应当形成一种风气,即管理者要带头干。其关键是建立业绩导向下的选拔任用机制,真正把那些想干事、能干事、干成事的人放到重要管理岗位;是建立问题导向下的甄别淘汰机制,把那些玩猫腻、打折扣、讨价还价、搞花架子的"假把式"清理出去;是建立目标导向下的教育培养机制,锻造管理者发现问题的眼力、研究问题的脑力、解决问题的魄力和一抓到底的执行力。

二、动力是抓手

动力是一种激情,展现的是一种坚持不懈、坚韧不拔的意志。工作中的动力来源于对事业的热爱,来源于对信念的执着,来源于内心深处强烈的使命感和责任感。激情点燃易,保持难;一时一事易,持之以恒难。激情需要不断激发,不能光靠说服教育和自我觉悟，需要目标驱动、责任驱动和利益驱动。目标产生引力，责任产生压力，利益产生动力。大锅饭、铁饭碗，是动力不足的制度表现之一。干与不干一个样，干多干少一个样，干好干坏一个样，真干假干一个样，干的不如看的，是消解斗志、涣散人心的“致命伤”。人的自我塑造空间是巨大的。如果想抓落实，就没有翻不过的高山、闯不过的险滩、冲不破的藩篱；如果不想抓落实，也可以列出一千条理由，找出一万个困难。

管理者的责任就是明确目标，厘清责任，赏罚分明，充分激发员工的工作动力。这是狠抓落实的抓手。只有这样，一个人才能激情满满、动力十足，始终保持旺盛而充沛的精力，始终保持昂扬而积极的精神，不断推进工作的落实。

三、方法是关键

无论做什么事，都要讲究方法。方法得当，事半功倍；方法不当，事倍功半，甚至徒劳无功。抓落实也要讲究方法，要用心、用智、用力、用情。

用心抓理论学习。学习是提升履职能力的必由之路。要学习掌握工作的性质定位、特点规律、原则要求，打牢理论功底，掌握看家本领。要坚持学以致用、知行合一，把学习成果转化为抓落实的思路举措和实际成效。

用智抓调查研究。开展调查研究，需要掌握科学的方法论，既要对实际情况进行多层次、多方位、多渠道的调查了解，把事情的真相和全貌搞清楚；又要对调查材料去粗取精、去伪存真，进行由此及彼、由表及里的思考和分析，形成针对性强、操作性好的工作方案，推动工作落实。

用力抓攻坚克难。只有知重负重、遇难不避，努力解决各种矛盾和问题，才能抓好落实、抓出成效。管理者要敢于直面问题，在危急关头豁得出去、在关键时刻站得出来，不躲避困难，不推卸责任，咬定目标不放松，不达目标不罢休，做到抓铁有痕、踏石留印，善始善终、善作善成。

用情抓团结协作。管理者要将心比心、以心换心地搞好团结，整合一切有利于抓落实的资源和要素，努力找到最大公约数，画出最大同心圆。讲团结不是无原则地一团和气，而是要大事讲原则、小事讲风格，多沟通、勤交流，营造心往一处想、劲往一处使的生动局面。

四、程序是保障

事有好办的事，也有不好办的事。落实之难，难在落实那些不太好办的事。

时常有管理者责备员工无能，把好办的事办砸了；员工也抱怨管理者领导无方，逼人干那些干不成的事；还有员工责怪环境不友好，许多本来能办成的事就是办不成。究其原因，根本就在于办事者办事的任务书、流程图、时间表不清晰，管事者管事的任务书、流程图、时间表也不明确，即程序上出了问题。任何计划的实现，都是主观与客观相结合的结果。如果不重视计划的系统性、渐进性、可操作性，忽视办事的步骤和次序，只要结果、不管过程，片面依靠人的主观能动性和责任心，是靠不住的。必须逐条细化目标任务，逐一形成工作抓手，逐项确定时间要求，推行清单化管理、节点化推进、精准化落实。

因此管理者的责任就是压担子、给条件、教方法，确保决策正确、程序合理、方法得当，让人们在安全、顺畅和便捷的环境中放手去工作。

五、效果是目标

有效果是硬道理，抓落实就要讲求效果。要把效果作为抓落实的出发点和落脚点。不能只看重结果而忽视效果，也不能把结果当作效果。

把结果当效果，是一种认认真真走过场的行为。做工作、办事情，问问结果怎么样，这是必要的，但又是远远不够的。一般来说，结果有两种，一种是好结果，一种是坏结果。好结果是有效的，是我们所追求和需要的，而坏结果是无效的，甚至是有害的。

把结果当效果，既有认知上的缺陷，也有能力和作风上的不足。有一种似是而非的说法，强调什么重过程不重结果，还美其名曰“只问耕耘不问收获”。俗话说：种瓜得瓜，种豆得豆；一分耕耘，一分收获。干一件事情，既要看苦劳、疲劳、辛劳，更要看功劳。只开花不结果，这样的花开得也未必好看；只耕耘没收获，做的多半是无用功。没有效果的过程最终是意义不完整的过程。把结果当效果，既是事业心、责任感不强的表现，又是能力不足、本领不够的反映，更是作风漂浮、形式主义作祟的结果。心有余而力不足或力有余而心不足，只会导致有结果却未必有效果。

把结果当效果，甚至只看结果不问效果，会带来不好的后果。一是容易耽误事儿。对问题的解决心中无数，对任务的完成含糊不清，导致研判出现偏差，决策出现错误。没落实好的事还可能因为没被看到而错过了纠正的时机。二是容易助长坏风气。奖赏不足以鼓励好人，就等于压制善事；责罚不足以惩戒坏人，就等于放纵恶行。把结果当效果，容易形成工作敷衍了事、随意应付，浅尝辄止、停于表面等坏风气，使形式主义大行其道。三是容易混淆对错好坏。好的结果，说明工作有成绩，值得褒奖和肯定；不好的结果，说明有差距和不足，应当引起注意并加以改进。倘若好坏不分、对错不清，则达不到奖优罚劣的目的。

我们做工作、办事情要想取得效果，就应学会一种思维——效果导向思维，明确一个认识——效果是硬道理，认准一个前提——做正确的事才能有效果，明白一个道理——效果还取决于正确地做事。

再好的政策不落实也是一纸空文，再好的决策不贯彻也难以取得实效。抓落实是一个系统工程，既要有制度体系的顶层设计，也要有精准务实的操作流程，还要有有力有效的工作机制。抓落实必须提升能力、激发动力、讲究方法、严明程序，这样才能抓出效果。

掌握七问分析法 提升管理水平

目前,管理知识得到前所未有的普及,这要归功于培训业的快速发展和互联网的强力推动。在一个正规组织里,每个受过培训的初级管理者都能随口说出数个企业管理理论和方法,比如二八法则、PDCA 循环、精益管理、绩效管理、目标管理……但大多数企业管理者仍未把管理当作一项技能。在他们看来,研发、生产、销售、财务等职能才是务实的,管理则似乎是一个没有技术含量的名词。

一、问题描述

不少企业管理者总在抱怨:员工缺乏积极性,不主动反馈结果;核心人员流失严重;研发流程明确,但项目总是拖期;销售目标年初就已分解到人,但年底总达不到目标;跨部门沟通有壁垒,工作进展迟缓;奖惩制度似乎对员工失效了;委派工作后总是陷入管与不管的纠结……这些问题都不是管理者口中的"职能"所能解决的,恰恰是"管理"发挥威力的领域。

管理靠的是什么?用的是什么?有这样一句话:"当我们看到想法的运行时,我们真的在思考,这就是思考的目标。"其背后的含义是,我们要掌握进入自己意识领域的方法,能观察到自己的想法,能察觉到它如何发生,这样就能掌控自己的想法,而不被惯性或定势所控制,从而专注面对问题并予以解决。

不少管理者在行使权力时,没有产生新的思考,更没有意识到自己做管理靠的是什么,用的是什么。可见,不是管理没有技术含量,而是管理者没有真正掌握管理的方法,不懂得如何应用。

二、七问分析法的基本特征

七问分析法，常简写为“5W2H”，就是用“What、Why、When、Who、Where、How、How much”来提问，通过这些设问发现解决问题的线索，寻找发明思路，进行设计构思，从而开发出新的项目。七问分析法简单、方便，易于理解、使用，富有启发意义，被广泛用于企业管理和技术研发活动，对于做决策和执行决策非常有帮助，也有助于弥补考虑问题的疏漏。

管理者每天要对很多事做决策，或者要了解很多事，这时七问分析法就派上用场了。比如，员工来找你确定是否启动某个项目，而你对细节不像他了解得那么深，怎么做决策？怎么让下属对工作有所思考而不是按部就班地去做？你可以问他这几个问题：这个项目到底是怎样的？为什么要做这个项目？一定要现在启动吗？谁来负责这个项目？需要哪些人配合？需要什么资源？如果项目启动，应怎样去做？怎么保障结果？预计投入产出是否合理？……一连串的问题下来，通过员工的回答，双方又一次厘清了思路，如何决策就变得简单了。

这可以给我们一些启发。

启发一：我们总在追求新方法，却忽略了当下可用的方法，最终能真正用好的却没有。

启发二：对于工具方法，实践中试一试、用一用，总比只看一看要好很多。

启发三：学习上一看就会，却从来不用，是管理实践中经常出现的问题。

综上所言，管理并非很玄妙，而是一种从理念到实践的活动，关键在于如何学、如何理解、如何应用。

三、七问分析法的本质性理解

1. 七问分析法的产生背景

七问分析法,最早起源于二战时美国陆军兵器修理部。它是指对既定项目或任务,从七个问题所代表的方面来提问和激发思考,从而对工作进行明确和分解,并尽可能实现创新。

有时候我们会发现,企业的很多工作都流于形式,甚至很多工作计划只需把日期改一改就能继续使用,但这样并不产生价值,也经不起推敲。比如,我们不妨思考一下这个问题:招聘新人真的是在解决骨干流失问题吗?

企业管理者让员工对自己要采取的行动或选择的项目提出问题,思考如何才能真正有效解决问题,符合七问分析法的使用场景,有利于激发员工学习管理工具的欲望。

2. 七问分析法的应用领域

学习一项工作方法,一定要了解其发挥作用的领域,这样才能知道在特定场景下是否可以拿来使用,什么情况下使用更好。一般而言,七问分析法在以下几个方面可以发挥较大作用。

一是发现既定工作中可能存在的漏洞和问题。

二是帮助独立思考,使思维更加系统周全。

三是通过提问,重新梳理思路,避免决策的个性化和惯性化。

四是对工作进行评估和复盘。

五是进行工作创新,避免思想僵化。

作为管理者虽然不用像普通员工那样处理很多具体事务,但应清楚知道管理方法在自己工作中的价值。如七问分析法一般可以在以下三种情况下使用:独立思考重要工作;须在未充分了解情况时做决策;需要员工改善工作,并对其进行辅导。管理者经过一段时间的实践，就可以非常了解什么情况下该用什么方法，也就找到了方法的价值。

3. 七问分析法的深化应用

很多人在学习过程中，只看表象，觉得学习内容特别简单，甚至对其不屑一顾。就如七问分析法，几乎每个人都能看懂，但在未深入了解该方法的情况下简单照搬提问，就很难产生相应效果，所以人们通常觉得七问分析法简单、无效。实际上，七问分析法远不止对工作提七个问题那么简单。

七问分析法表面上是提出七个问题，实际上是要求系统全面审视工作内容。在实际应用中，管理者会发现，七问分析法之所以成为广泛应用的工具方法，是因为它结构完整，七个问题就是审视工作的七个角度。掌握了它，就能让思维更完善，进而减少工作上的疏忽和错误。

七个问题还可以进一步深化演变。很多人对工具方法的认知，仅仅停留在“是什么”层面，缺少“反思必要性”和“寻求更佳选择”这两步的深化（见表 3）。

表 3　七问分析法的深化应用

提问角度（5W2H）	具体问题	反思必要性	寻求更佳选择
目的（Why）	为了什么	有无必要性	理由是否充分
对象（What）	干什么	为什么要干这个	能否干别的
地点（Where）	在何处干	为什么在此干	有更好的地点吗
时间（When）	在何时干	为什么此时干	有更好的时间吗
人员（Who）	谁来干	为什么由他干	有更适合的人吗
方法（How）	用什么方法	为什么这样干	有更好的方法吗
花费（How much）	花费多少	为什么花费这些	有更节省的办法吗

如上表所示，七问分析法真正发挥威力是在后两项，一是通过“反思必要性”来发现问题和矛盾；二是通过“寻求更佳选择”来摆脱现状，产生更有效的新想法。

企业管理者在采用七问分析法与员工对话时，表面上是问关于现状的七个问题，实际上在问“必要性”，激发下属产生“更佳选择”。

因此，通过分析在很多人看来很简单的七问分析法，就能懂得其中的管理秘诀,而且越用越好。至于你觉得方法简单而不去用它,是因为你对它还不够了解。

“死于消化不良的公司,比死于饥饿的公司多得多。”这句话同样适用于个人。不停地学习新概念新方法,同时不断抛弃过去所学信息,因而学得越多,却越不知道自己能用什么,这就是知识“消化”出了问题。

四、七问分析法的学习掌握

我们用七问分析法重新看待管理者抱怨的问题,例如,针对“奖惩制度似乎对员工失效了”这一抱怨来优化绩效管理制度。

What:真正要解决的问题是什么?是员工动力问题还是绩效制度本身的问题?哪些可以不用改变?加大奖惩幅度的目标是否正确?

Why:为什么要优化绩效管理制度?要解决的问题是不是普遍现象?

Who:优化制度会影响到谁?需要谁参与、谁审核?员工接受度如何?员工的支持点和抵触点分别在哪里?

When:什么时候开始优化?是否影响到其他工作?预计何时颁布制度?

Where:制度优化完毕,是小范围试点,还是全面铺开?

How:怎么解决问题?惩罚对员工失效,是否就是绩效制度出了问题?

How much:需要哪些资源?投入是否值得?

针对这些问题,看似毫无技术含量的“管理”却发挥了积极作用。员工开始重新审视工作并行动起来,不再按部就班,更不会一直停留在抱怨的层次上。

掌握工具的本质,是学习应用工具的最佳方法。在眼花缭乱的方法论和工具包中,很多人永远在学,努力在学,却总是难以提升工作效率。互联网让我们可以随时随地查询到自己想要的信息,也让我们被海量信息所淹没,我们总在不停地学习,却仍然无所适从。

对于工具方法,为什么有的人总在创造,有的人却总在模仿?区别在于他们对本质的掌握有差异。奉行“拿来主义”的人,总在寻找最为便捷的匹配之路,恨不得找到“绝招”一下子就解决自己头疼已久的问题,问题一旦解决或暂时解决,就会把那个“绝招”扔到一边,再去为下一个问题寻找新“绝招”,有如“猴子掰玉米，掰一个扔一个"，这正是当下很多职场人学习管理方法的真实写照。可见，只有开始思考工具的本质，才能真正理解并开启应用之门。

管理需要不断学习，但不能一味追求新方法新工具，为求新而求新。不能把管理变成一个追逐潮流的行为，而要认真研究一些本质性问题，并有效解决它。总之，企业管理者千万别把追逐当作获得，别把了解当作掌握，别把知道当作应用。

调查研究是一项基本功

习近平总书记在2021年秋季学期中央党校(国家行政学院)中青年干部培训班开班式上的讲话指出,“要了解实际,就要掌握调查研究这个基本功。要眼睛向下、脚步向下,经常扑下身子、沉到一线,近的远的都要去,好的差的都要看,表扬和批评都要听,真正把情况摸实摸透。”笔者以为,调查研究是我们党的工作的传家宝,是谋事之基、成事之道,是做好领导工作的基本功。面对新矛盾、新问题,管理者要了解真实情况、掌握工作主动权、作出科学决策,深入实地的调查研究必不可少。

一、调查研究是一项基本功

毛泽东曾说:“没有调查,没有发言权。”党的十八大以来,以习近平同志为核心的党中央高度重视调查研究工作。可以说,调查研究是做好领导工作的基本功。掌握这一基本功,应把握好以下三个方面。

1. 紧扣调查研究的“的”

调查研究从来不能也不是为调查而调查,为研究而研究,调查研究本身并不是目的,而是实现更高目的的途径、手段和方法。当下,之所以会有一些形式主义的调查研究、官样文章的调查研究,就是因为有些人把调查研究行为本身当成了目的,为完成调查研究而调查研究。其实,对于管理者来说,调查研究的目的是很明确的,这就是帮助科学决策、密切联系群众、汲取实践智慧。着眼于这三大目的的调查研究才是有意义的调查研究。

一是帮助科学决策。毛泽东同志讲过，没有调查，就没有发言权。你连口都张不开还怎么去决策？但是现实中没调查就决策的情形并不鲜见。现在有些决策名为“应变之策”，其实与实际情形完全不搭界；一些决策在理论上讲得很通畅，到了实际环境中根本行不通；更有甚者，有些决策纯属蛮拧，本来头痛它去医脚，本来发烧它还拱火。为什么会如此？这都是没有进行足够的调查研究，在会议室里捣鼓出来的。

决策不是想当然，决策也不能拍脑袋。科学决策首先要解决的问题是决策的针对性，就是要理清一项决策究竟要解决什么问题和为什么要解决这个问题；群众对解决这个问题的态度是什么，拥护的有多少、反对的有多少、持中间态度的人又有多少；某一决策的实际可操作性有多大，实施成本相对于政策收益是否得不偿失；某一决策会不会产生尚未预料的负面效应，引起“并发症”，按下葫芦起了瓢，等等。这些都是决策的前提性问题。对这些问题做不到心中有数，决策是不可能符合实际的。而这些问题只有经过深入细致有效的调查研究才有可能解决。

二是密切联系群众。随着现代社会科技进步，交通越来越便捷，过去吉普车要跑大半天的路现在用不了一个小时；通信越来越便捷，过去连邮政都难通的地方现在有了手机宽带。由于现代社会专业分工越来越细，加之现代社会运行模式逐渐定型，管理者与群众的联系事实上越来越淡薄。别说在部委大机关工作的同志很少直接面对群众，就是在基层一线工作的同志也整天被困在会议室里、办公桌前。但是，百余年来中国共产党革命、建设、改革、发展的实践告诉我们，真正依靠人民、密切联系群众一直是我们党攻坚克难走向胜利的法宝，是我们最大的政治优势。只要真正依靠人民、密切联系群众，与群众血肉相连，纵有千难万险也能逢凶化吉，纵使山重水复也能勇往直前；如果脱离了群众，哪怕办好事、办实事，群众也不会买账。那么，如何密切联系群众？最直接的办法就是通过调查研究，深入基层，到发展的第一线去，在与群众同吃同住同劳动的过程中了解人民群众的所思所想所盼。以心交心，自会心心相印。

三是汲取实践智慧。在发展中国特色社会主义的过程中，会出现许多新情况新问题，需要我们用新的办法、新的举措去切实解决。但是解决问题的好办法不会从天上掉下来，也不是我们头脑中固有的，只能来自人民群众的社会实践。毛泽东同志一直主张“群众就是孔明”，经常到群众中间去，才会知道我们的政策该怎么定,才会知道什么政策是好的,什么政策是不好的。邓小平同志多次号召全党向实践学习,向群众学习,他说,“改革开放中许许多多的东西,都是由群众在实践中提出来的……绝不是一个人的脑筋就可以钻出什么新东西来……我的功劳是把这些新事物概括起来,加以提倡”。比如农村家庭联产承包责任制,邓小平同志就很谦虚地说,这是群众的发明。

搞调查研究,就是要广泛听取各行各业群众提出来的好意见好建议,认真学习各地区各部门在实践中摸索试验出来的新思路新办法,在此基础上形成科学的决策和科学的制度,把政治智慧的增长、执政本领的增强深深扎根于中国社会火热的创造性实践之中。

2. 坚守调查研究的“本”

检验一项调查研究的质量好与坏、水平高与低最终要看是否对作出科学决策有借鉴意义,以此作出的决策在实践中是否有成效。然而,就调查研究本身来说,也还是有自己的一定之规,这就是真实、全面、客观,这三大要求就是调查研究之“本”。如果说“的”针对的是调查研究真心诚意的问题,“本”则是强调调查研究真知灼见的问题。

一是了解真实。任何调查研究都是为了了解客观实际,为了发现问题、认识问题、分析问题和解决问题,在这个过程中掌握事物发生发展变化的规律。因此,真实性是调查研究的生命。如果说跑了一大圈看到的都是布置出来的虚假景象,得到的都是编造出来的不真实情况,这样的调查研究不仅无益反而有害。当然,有些时候真实情况确实可能不那么令人高兴,甚至还有些难堪,但这些情况并不会因为我们不高兴就自然消失。所以,管理者在调研过程中一定要正视“没想到”与“不合意”,这些甚至是调查研究中最宝贵的东西。过去没想到的情况今天看到了,就会成为明天想得到的政策;把今天不合意的事情提出来并予以改善,明天就会成为皆大欢喜的好事情。

了解真实并不意味着不可以适当“装装糊涂”。曾经有位领导讲,在调查研究中,面对一些应该解决但一时解决不了的问题,我们可以“装作不知道”,但不能真的不知道;可以“假装”没看到,但不能真的看不见。虽然嘴上不说,但要心中有数,只要时机与条件一成熟,就大大方方地把它提出来并解决掉,但是在条件不具备的时候过分渲染会欲速则不达，乃至好心添乱。这样的“装糊涂”并不是不去了解真实，而是对真实有更深层的认知。

二是把握全面。真实是最基本的，但只有真实还是不够的。我们不否认有些调查研究看到的是真实的，听到的也是真实的，但这真实很可能是管中窥豹，看到的只是斑点而不是整个豹子；“横看成岭侧成峰”，看到的也都是真的，但并不是庐山全貌。要想让调查研究了解到的真实成为真正的真实，还要站在全局的高度去把握全面。“会当凌绝顶”，方能“一览众山小”。尤其在现代社会，利益分化越来越深刻，甲方得到的很可能就是乙方失去的，只看一点不及其余，很容易顾此失彼，甚至一叶遮目。要多层次、多方位、多渠道去把握利益相关的不同方面，尤其是对立双方的情况。比如调查研究干群关系，就不仅要听管理者的，更要听普通群众的；研究企业发展，不仅要考虑企业老板的诉求，也要关注企业员工的愿望；促进产业振兴，不仅要体谅经营者的苦衷，还要满足消费者的需求。抓住了矛盾对立的两个方面，也就抓住了事物的本质，这样的调查研究才是全面的调查研究。

另外，要想把握全面，还有一个要求就是要下马看花，而不能走马观花；要做“广角镜头”，不能只观赏“盆景”；要多一点“自选动作”，不能沦为“被调研”。时间长了、看得多了、深入下去了，全面也就自然在其中了。

三是保持客观。调查研究是一种主体性色彩很强的行为，但调查研究又力求去主体性，调研者是“观察者”“裁判者”，不是“当事人”“运动员”。在调研过程中，切忌主观意志，避免先入之见，不能带着结论去调研。习近平同志讲，现在有的领导善于察言观色，准备了几个口袋，揣摩上面或领导的意图来提供材料。可谓一语中的。只是，这个板子固然主要应该打到下级管理者身上，上级调研者也不是完全没有责任。“上有所好，下必甚焉。”人家投其所好是因为你自己有“好”可投。但调研者一旦有了所“好”，不管是利益所好，还是感情所好，就不容易做到客观，就可能拉偏架，甚至可能“视而不见”，明明真实情况就是这样的，就是看不进去、听不进去。这样的调查研究不仅不会有好效果，还会产生坏作用。

当然，保持客观不等于没有立场。中国共产党的所作所为都是为了最广大人民群众的利益，始终站在最广大人民群众这一边就是我们的立场。在调查研究过程中始终坚持这样的立场不仅不是不客观反而是更大的客观。离开了这一立场，貌似中立，自诩超然，不仅不会做到客观，反而会沦为个别群体的帮闲与工具。对于这一点,管理者不能不察。

3. 提高调查研究的“技”

管理者搞调查研究,仅仅认识到为什么搞调查研究和什么是好的调查研究还不够,拿出好的调查研究成果才能算功德完满。那么,如何才能拿出好的调查研究成果呢？遵循调查研究的规律,创新调查研究的方法,讲究调查研究的艺术,在提高调查研究的“技”方面下功夫。

一是善于运用新的手段。随着现代科技发展进步,调查研究的手段也得到了极大拓展。特别是互联网络和智能手机的普及,过去一些面对面的访谈今天可能变成了键盘对键盘的敲击。曾有领导同志讲,官做得越大,获得的信息越苍白。确实,传统的信息反映渠道层层过滤、级级筛选,真正送到领导那里可能也就剩下干巴巴几句话。但有了网络信息技术之后就不同了,不管级别多高的管理者,只要轻轻一点鼠标,就可以与最广泛、最普通、远在千里之外的群众互动,及时了解到社会上最鲜活的情况。现在有些管理者害怕网络,甚至视如洪水猛兽。其实不然,只要我们真正掌握了、用好了,网络就会成为执政利器。我们今天搞调查研究,不仅不能回避这些新的技术和手段,还要勇于开发这些技术更大的潜能,为调查研究如虎添翼。

二是善于获得真实情况。召开座谈会是调查研究很重要的一个方式,但座谈会并不一定只是在会议室召开,太多的经验与教训告诉我们,会议室里召开的座谈会在获得真实情况方面效果并不好。如何才能更好地获得真实的情况,毛泽东同志给我们树立了很好的榜样。毛泽东不但亲自做了一系列农村调查,而且形成了自己独特的调查研究方法。他在《关于农村调查》一文中谈到:“我在兴国调查中,请了几个农民来谈话。开始时,他们很疑惧,不知我究竟要把他们怎么样。所以,第一天只是谈点家常事,他们脸上没有一点笑容,也不多讲。后来,请他们吃了饭,晚上又给他们宽大温暖的被子睡觉,这样使他们开始了解我的真意,慢慢有点笑容,说得也较多。到后来,我们简直毫无拘束,大家热烈地讨论,无话不说,亲切得像自家人一样。”我们反对在调查研究过程中大吃大喝,特别反对管理者在小圈子内部吃吃喝喝,但是与调研的对象一块吃吃饭、喝喝酒,特别是走到群众中间去,喝他们自己酿的土酒,抽他们自己卷的旱烟,感情交流后,一次饭桌上的收获可能胜过若干次会议室的座谈。这样的调研成本很低，但成果很大。

三是善于透过现象看到本质。调查研究是一件事情的两个环节，调查掌握情况，研究把握规律。抱着一大堆材料、带着一脑子印象回来，调查研究不能算完，只有透过现象把握到本质才算做到位，只有把握住本质了，所做的决策才可能有效、管用。现代经济社会发展越来越复杂，有些截然不同的现象，背后反映的是同一个问题；有些同样的表现形式，背后却是完全不同的机理。透过现象看本质，就是要在不同中看到相同，在相同中发现差异。

二、调查研究应注意的十个问题

要想提高调查研究的水平和成效，必须注意以下十个问题：

1. 调查前要准备“问题”而非仅“选题”

调查研究要紧紧围绕“问题”展开，无论是问题的真相和全貌、问题的本质和规律，还是解决问题的思路和对策，都要以“问题”作为出发点和落脚点。可以说，问题意识是做好调查研究的重要基础，问题意识强不强、能不能抓住关键问题，将决定调查研究的成效。

2. 调查前要准备“设计”而非仅“设备”

科学严谨的调查研究之前必须精心设计选题，而非仅仅准备调查研究的设备。设计选题应重点把握以下环节：一是查阅文献资料，掌握初步情况。二是研究文献资料，推测性判断调查对象的特征及有关现象之间的关系，明确调查研究的重点和方向。三是确定调研内容，调研内容通常包括状态、意向、行为等。四是确定调研提纲，设计调查问卷。

3. 调查前要准备“方案”而非仅“方法”

调查研究选题确定后，不是简单确定研究对象、地点和方法，而是制订完备的调查研究方案,调查研究方案包括主要目的、指导思想、基本原则、具体对象、研究设计、主要方法、时间安排、参加人员、调查预算和成果要求等。调查研究方法只是调查研究方案的一部分,常用的方法有实地观察法、访谈调查法、问卷调查法、文献调查法等。

4. 调查中要带着“疑点”而非“观点”

“提前预定调子”,即带着自我观点,将导致调研者在调研过程中有意无意地重视与自我观点相符合的信息,忽视与自我观点不一致的信息,调研结果必然偏颇。当下,有一种调查却反其道而行之,即先有认识和结论,再“逆向”运行。这种“逆向”调查,说穿了是借调查之名行主观意志之实,其结果只能是在虚假和荒谬的路上越走越远。

5. 调查中要带着“感情”而非“感性”

“价值中立”是衡量调研者素养的一个重要标准,是确保调查结果客观公正的重要保证。但“价值中立”不等于不要感情,也不等于可以感性。调研者对某一群体或某一领域的感情越深厚,越会促使其在调研过程中克服一切困难,弄清事情真相,把问题弄明白,找准对策。当然,感情不等于感性,在调查研究过程中,要坚持实事求是的态度,按照科学的调查研究方法,收集资料,了解信息,确保调查研究结果的真实性、公正性和有效性。

6. 调查中要带着“身子”而非“架子”

在调查研究过程中,只有扑下“身子”、沉到一线,近的远的都去,好的差的都看,表扬批评都听,才能了解到最真实的信息,才能为正确决策提供准确的依据。此外,还要保持不怕脏、不怕苦、不怕累的心态,保持谦虚、务实、低调的作风。

7. 调查后要带回“资料”而非“材料”

写出一篇好的调研文章,资料的收集是最基础的工作,要通过多层次、多方位、多渠道的调查,掌握大量第一手资料。调研过程中,要注重调查方法的多样性、调查对象的广泛性，设计各种类型的问题，了解各个层次的声音。

8. 调查后要带回“思考”而非“思绪”

调查研究的过程其实就是一个深入思考问题的过程。调查研究结束后，调研者对原有问题的假设会有新思考。有些调研者从不积极思考问题，在调查研究过程中，始终处于被动，其调查结果必定是对调研过程“好的方面”的回味和遐想，对“不好的方面”的抱怨和责备。

9. 调查后要着手“研究”而非“总结”

调查研究要达到解决问题的目的，就必须实现“调查—研究—决策—落实”的全过程统一。不仅要搞好调查，而且要在分析研究上下功夫，在利用调研成果上做文章。既要搞好为决策提供依据的超前型调查研究，也要注重在决策执行和落实环节的追踪式反馈调查。

10. 调研文章既要“研究”更要“讲究”

开展调查研究，必须坚持“调”“研”并重，做到“研以致用”。调查后，不仅要研究调查资料背后的规律，更要讲究调查资料处理的三步法：综合、分析、提炼。当然，调研文章的价值关键在于情况掌握是否全面准确，问题及原因分析是否科学到位，对策建议能否解决实际问题。

三、如何撰写调研文章

调研文章又叫调查研究报告，是对某一事务或某一问题进行深入细致的调查研究和综合分析，并将这些调查和分析的结果整理成书面文字的一种文体。例如考察报告、调研报告、调查思考等，都是常见的调研文章体裁。

1. 调研文章的作用

调查研究是我们党制定和实施正确路线方针政策的重要前提,是我们党的优良作风,也是管理者科学决策的基础和推动工作的方法。所以,写好调研文章是管理者义不容辞的责任。调研文章的作用,概括起来有以下四个方面:

一是总结经验。通过反映某单位、某部门工作中的突出成绩,总结经验,树立榜样,以此推动工作。通常在某项工作由试点向全面推开时,对某项工作普遍感到难度很大,需要示范引导时,或者工作中出现某方面的突出典型需要宣传推广时。

二是揭示问题。通过反映工作中某种带倾向性、普遍性的问题,揭露其真相,找准其根源,分析其危害,以期引起高层的重视,促成问题的解决。

三是研讨工作。通过对某项工作或全面工作的分析探讨,总结经验,找出问题,提出相应对策,指明努力方向。

四是服务领导。通过调查研究,掌握有关情况,直接为领导决策提供依据。这类文章一般形成于某项决策形成之前,领导觉得某个问题需要决策,但又情况不明,一时下不了决心,需要弄清情况,权衡利弊,再作决断。于是亲自出马或指派有关人员进行调查分析,形成决策的依据。

2. 调研文章的特点

调研文章相比其他文章,有其特别之处,体裁、结构、思维、文风、语言等都与文学作品大不相同。文学作品着眼文艺性,讲究渲染夸张、含蓄朦胧、文字激扬、十年一剑;而调研文章强调政治性,突出逻辑严密、言之有据、朴实无华、表达清晰、行文迅速。具体来讲,有以下四个特点:

一是真实性。就是尊重客观事实,靠事实说话。调研者必须树立严谨科学的态度和认真求实的精神,既报喜也报忧,不仅充分肯定工作成绩,而且准确反映工作中存在的问题。

二是针对性。调查工作是针对较为迫切的实际情况,解决某些实际问题而进行的,具有很强的针对性。调查文章必须中心突出,明确提出针对的问题,明确交待获得的事实材料,分析出问题的症结所在,提出具体可行的建议和对策。

三是典型性。调研文章写作过程中所采用的事实材料要具有代表性，所揭示的问题要带有普遍性。这一特点在总结经验和反映典型事件的调查中尤为突出。

四是系统性。调研文章必须把被调查情况完整、系统地交待清楚，所得出的结论必须有说服力。这里所说的系统性，不是事无巨细、面面俱到，而是抓住事物的本质和主要矛盾，写出结论的推理过程。

3. 调研文章的种类

调研文章，按服务对象，可分为需求者（消费者）、供应者（生产者）；按调研范围，可分为区域性、全国性、国际性；按调研频次，可分为经常性、定期性、临时性；按调研对象，可分为商品、房地产、金融服务等。按内容性质，又可分为以下六种：

一是揭示问题型，也叫专题型。是对某个问题进行较为深入的调查后形成的报告，这类报告常常在标题上反映出来。

二是综合型。以调查众多的对象及其基本情况为内容，形成全面系统的调查和研究报告，具有全面、系统、深入和篇幅较长等特点。

三是理论研究型。以学术研究为目的，大多发表在学术刊物上，或载于学术著作中。

四是实际建议型。也叫工作探讨性。通常因实际工作需要而写，其主要内容是为预测、决策、处理问题、制定政策等进行调查和探讨性研究，提供有关建议。

五是历史情况型。根据实际需要，以历史情况为对象进行调查而形成的调研文章。

六是总结经验型。也叫经验介绍。以正在发生的一些工作典型为对象，推介先进典型的工作成绩、经验和做法，进而全面推动工作。

4. 调研文章的写法

写好调研文章，首先要熟悉调研文章的结构特点和写作程序。其结构一般包括标题、导语、正文、结尾和落款。

一是标题。标题应能揭示中心内容，具体写法有四种：

（1）公文式。由事由和文种构成，平实沉稳。

（2）一般文章式。直接揭示调研报告的中心内容，十分简洁。

(3) 提问式。这是常用的标题写法,特点是有吸引力。

(4) 正副题结合式。正题揭示调研报告的思想意义,副题表明调研报告的事项和范围。

二是导语。导语又称引言,是调研文章的前言。简要叙述为什么对这个问题进行调查;调查的时间、地点、对象、范围、经过及采用的方法;调查对象的基本情况、历史背景以及调查后的结论等。导语写法很多,有的引起读者注意,有的采用设问手法,有的开门见山,有的承上启下,有的画龙点睛。没有固定形式,但要紧扣主旨,为正文做好铺垫。文字要简练,概括性要强。

三是正文。正文是调研文章的主干和核心,是导语的引申和结论的依据。主要写明事实的真相、收获、经验和教训,即介绍调查的主要内容是什么,为什么会是这样的。正文有不同的框架,按照内容表达的层次可分为:

(1)"情况—成果—问题—建议"式结构,多用于反映基本情况。

(2)"成果—具体做法—经验"式结构,多用于介绍经验。

(3)"问题—原因　意见或建议"式结构,多用于揭露问题。

(4)"事件过程—事件性质结论—处理意见"式结构,多用于揭示案件是非。

不论采取什么结构,都应主次分明、先后有序、详略得当、联系紧密、层层深入,为更好地表达主题服务。

四是结尾。结尾大多是调研者对问题的看法和建议,这是分析问题和解决问题的必然结果。不同的调研报告,结尾写法各不相同。一般来说,写法有以下五种:

(1) 对调研报告归纳说明,总结主要观点,深化主题,以提高人们的认识。

(2) 对事物发展作出展望,提出努力方向,启发人们进一步探索。

(3) 提出建议,供领导参考。

(4) 写出还存在的问题或不足,说明有待今后研究解决。

(5) 补充正文没有涉及而又值得重视的情况或问题。

总之,结尾要简洁有力,有话则长,无话则短,认为没有必要,也可不写。

五是落款。落款要写明调研者——单位名称和个人姓名以及完稿时间。如果标题下面已注明调研者,落款时可省略。

5. 调研文章的写作程序

一是选准课题。调研文章能不能被上级或有关部门重视，除了文章质量外，一个重要原因就是是否符合上级或有关部门的需要，符合需要且文章质量好，被重视的概率就大。如何选课题呢？不外乎以下三个方面：

（1）从上级或有关部门下发的调研课题中选题。

（2）从某单位有影响、有特色、对其他单位有指导和借鉴意义的工作典型中选题。

（3）抓住普遍关注的难点热点问题，当前工作、生活中迫切需要解决的问题作为调研课题。

二是确定主题。主题是调研文章的灵魂，对写作的成效有决定性意义。确定主题要注意：

（1）文章的主题应与调查主题一致。

（2）根据调查和分析的结果，重新确定主题。

（3）主题宜小，且要集中。

（4）与标题协调一致，避免文题不符。

三是取舍材料。对调查得到的“调查资料”，在组织调研文章时要精心选择，不可能也不必都写进文章。如何选择材料呢？

（1）选取与主题有关的材料，去掉无关的和关系不大的，使主题集中、鲜明、突出。

（2）注意材料的点面结合，不仅要支持文章中某个观点，而且要相互支持，形成面上的“大气”。

（3）对现有有用的材料进行比较、鉴别、精选，选择最好的材料来支持调研者的意见。

四是布局和拟定提纲。布局反映在提纲上，也就是文章的“骨架”。拟定提纲的原则是：围绕主题，层层进逼，环环相扣。提纲必须纲举目张，层次分明。提纲有两种，一种是观点式，即将调研者在调查研究中形成的观点按逻辑关系一一罗列出来。另一种是条目式，即按层次表述上的章、节、目，逐一写成提纲。也可将以上两种结合起来制作提纲。

五是写好草稿。这是调研文章的行文阶段,要从实际需要出发,准确选用语言,灵活划分段落,夹叙夹议。既有事实陈述,又有理论高度,坚持定性分析与定量分析相结合,才能写出好文章。在行文时要注意:一要结构合理,二要文字规范,三要通俗易懂。对数字、图表、专业名词术语的使用,要深入浅出。语言要有表现力,准确、鲜明、生动、朴实。

六是认真修改。文章起草好后要认真修改。好文章是改出来的!主要检查文章的主题、材料、结构、语言文字和标点符号,并加以增、删、改、调。完成这些后,文章才算定稿。

6. 撰写调研文章的注意事项

一是必须掌握材料。这是调研文章的生命。符合实际的丰富确凿的材料,一方面来自实地考察,另一方面来自书报、杂志和互联网。在当今这个知识爆炸时代,获得间接资料似乎比较容易,打开电脑,鼠标轻轻一点,应有尽有,难得的是深入实地获取第一手资料。如何有效获取第一手资料?这就需要眼睛向下,脚踏实地地到一线去认真调查。俗话说的"入深山采好药,临深池钓大鱼"就是这个道理。搞调研,坐在办公室里闭门造车不行,到基层蜻蜓点水、走马观花也不行,必须扑下身子,深入基层、深入群众、深入生活,以真心换真情、以勤奋换素材。

二是必须研究到位。毛泽东同志说过,没有调查,就没有发言权。调查研究是我们工作的一种最常用方法。调查研究的前提是通过调查弄清事实,关键是搞好研究,抓住本质、掌握规律。同样的素材,得出的结论有深有浅,写出的报告有高有低,这里除了个人素质外,研究方法占很大比重。

三是必须选好角度。文章写得平铺直叙,一二三四,甲乙丙丁,面面俱到,包罗万象,似乎什么都涉及了,但又什么也没说清楚。可归咎的原因很多,最重要的是没有选好角度。选角度不易,选好角度更难。文章一旦选好角度,就自然峰峦起伏、重点突出。所以有人说,角度选对了,调研也就完成了一半。选择角度也有章法:

(1) 选择所研究课题的精华部分。

(2) 选择关乎中心工作的事项。

(3) 选择群众关心的热点难点问题。

总之，一篇好的调研文章应是“精品专卖店”，而不是“零碎杂货铺”。

四是必须用词准确。撰写调研文章，应尽量用概念成熟的专业用语，非专业用语也力求准确易懂。不要盲目追求用词新颖，把简单的事物用复杂的词语来表达，把简单的道理说得云山雾罩、玄而又玄。调研文章应是“以意为之主”，当然也不是全然无视文采。“言以文远”，文采斐然总是好的。应在朴实无华的文风下讲究用字，既要掌握分寸，又要言简意赅。“掌握分寸”就是在遣词造句时字斟句酌，注意掌握政策，并选用适当的词汇准确表达想要表达的思想，既不过之，也无不及。“言简意赅”则是文字精练，字少义多。鲁迅先生在其名作《秋夜》的开头写道：“在我的后院，可以看见墙外有两株树，一株是枣树，还有一株也是枣树。”共 28 字，是文字佳品。若写调研文章，8 个字足矣，“后院墙外植两枣树”。锤炼文字也要防止过分修辞，若“以词害意”，那就弄巧反拙了。

五是必须撰文迅速。调研文章之异于一般小说散文，其最突出之处在于撰文迅速，不能“十年磨一剑”。情况、看法和建议反映如不及时，就犹如明日黄花，文章写得再好也了无一用。撰写调研文章要学习中国女排的“短、平、快”战术，把“快”体现在调研的全过程，从材料收集，到分析综合，再到构思撰写，都应“快”字当头。很多调研内容的时效性强，必须苗头抓得快，材料收集得快，分析研究得快，文章出手得快！“不经一番寒彻骨，哪得梅花扑鼻香。”只要多思、多问、多练、多改，就能写出有价值、高水平的调研文章。

管理者要具备良好的表达能力

作为管理者,无论职位高低、权力大小,需要具备的主要能力不外乎组织能力、决策能力和表达能力,而组织能力、决策能力的实现,很大程度上又取决于表达能力,表达能力是管理者的基本功。

一、表达应有"三性"

表达包括书面表达和口头表达,一个好的表达,应集思想性、逻辑性、艺术性于一身。

1. 思想性是魂

思想性说的是要给人以启迪。每次表达不一定都要有真知灼见,都能言他人之所未言,也无须追求语不惊人誓不休,但一定得有独到的见解,最起码是独立的见解,而非人云亦云。没有独立的思考,没有平时的积累,事到临头是要抓瞎的。没有思想性的表达,就难以引发听众、读者的共鸣,表达就味同嚼蜡。

还有一点也很重要,就是坚持讲真话,绝对不能讲假话。真话并非都是正确的话,真话只是说话人认为是真的不违心的话而已。当然,讲真话也并非要像《皇帝的新装》中那个小男孩那样直接,讲真话也有方式方法。

2. 逻辑性是纲

逻辑性说的是要以理服人,用逻辑的力量增强语言的说服力。说服力强的东西，人们易于理解，易于记忆，也易于事后执行。

3. 艺术性是韵

艺术性说的是要以情动人。表达要富有感染力，须做到“五要”。

一要自信从容。只有充满自信，才能从容不迫。自己都不相信自己所言，自然就没了底气。

二要有激情。先把自己感动了，才能感动别人。好的演讲与文章，总是充满着感动人心的力量。

三要旁征博引，引经据典。这既能增强表达的说服力和感染力，又能显示表达者的人文修养。

四要有鲜活的事例与数据。事实最有说服力，故事与细节是最生动形象的。而一个靠谱的数据常常胜过一大堆废话。

五要调动听众、读者参与其中。台上台下、书内书外要有互动，要让受众身临其境，思绪与情感随着你一起变化起伏。

除了做到“五要”，还要做到“五忌”。

一忌说官话、套话、空话。表达者要有自己的话语体系，要言之有物，不宜冠冕堂皇、只做样子。

二忌念稿子。除了特别严肃正式的场合必须照本宣科外，都不要念稿子。念稿子是最乏味的，而且同一个语速语调地念着，让人昏昏欲睡，效果肯定不会好。

三忌口头禅式的衔接词。比如“这个”“那个”“嗯”“啊”之类的，这些词用多了，会打断表达的连贯性和严密性，同时也显得表达者的思维不够敏捷，再精彩的内容被这样的表达形式一切割，也会大打折扣。

四忌跑题太远。跑题太远，扯得很开，漫无边际，会冲淡主题、破坏逻辑、削弱效果。

五忌长篇大论，滔滔不绝。说得多，并不是博学或有理的表现。写作最好惜字如金，讲话最好言简意赅。

二、演讲应讲技巧

管理者经常要在公众场合即兴演讲,要想临场不乱,侃侃而谈,必须掌握一些技巧。

1. 打好腹稿要巧用“三段论”

管理者的即兴演讲,就是管理者在事前没有做准备的情况下,根据现场不同情况发表的即席讲话。这要求演讲者具有较强的表达能力、思维能力、应变能力。从方法论上讲,即兴演讲要先打好腹稿。酝酿腹稿的方式多种多样,一般可采用“三段论”,即把演讲的内容分三部分来论述。

一是认识论。主要谈思想、谈认识、谈看法,说明某一事项的重要性、必要性、紧迫性或者可行性。归根到底是要提高听众对某一事物的认识,使其接受、重视某一事物。

二是实践论。即指导听众在实际工作中应做哪些事、怎么去做,要谈任务、谈措施、谈方法。

三是强调论。即对怎么做好某件事提要求,强调要从哪些方面来保证该项工作达到既定目标。

演讲者可以在三段论的每一个论点下再拟出若干小观点,大论点统领小观点,一篇即兴演讲的腹稿就基本完成了。

2. 临场发挥要把握“三方法”

临场发挥是管理者即兴演讲的灵魂,较常见的方法有三种。

一是借题发挥。即通过扩大或缩小某一场合的主题外延来展开阐述,由近到远,由内到外,由此及彼,借此喻彼,展开联想,深化主题。其好处在于可以激发联想,丰富演讲素材,能保证“有话可讲”或是“有话说不完”。

二是典型引路。管理者如果对某一事物感到“很难说透”或者“难以展开”时,运用典型事例来阐述是最佳选择。用典型事例论证论点，用典型做引子，寓理于事中，变深奥为通俗，变虚为实，可增强演讲的主动性、说理性、通俗性。但要注意，不要罗列大量典型事例，要选择有代表性的典型事例说深说透。

三是避实击虚。当遇到自己并不十分熟悉的问题时，要注意“扬长避短”，对不熟悉的事物不要讲得太具体、太务实，主要从宏观上多讲一些自己较熟悉的带指导性的意见。比如，在技术性较强的会议上，就不要在具体操作方面发表意见，因为对自己并不太熟的东西，如果讲得不缜密，就会闹笑话。

3. 讲求效果要遵循“三原则”

即兴演讲效果的好坏取决于多种因素，但准备一场精彩的即兴演讲，至少应遵循以下三个原则。

一是逻辑性原则。也就是要把握好演讲过程中语言、内容、结构等的内在联系。

二是创造性原则。在整个演讲中，要有自己的观点，有自己独立思考问题和解决问题的方式方法。

三是鼓动性原则。即兴演讲的目的在于发动组织群众，富有鼓动性是即兴演讲的一个重要原则。管理者要通过演讲，向听众传递信息、表达见解、灌输思想，让听众能够接受管理者的观点，产生共鸣。

三、汇报应讲逻辑

把工作干好是一种能力，把工作汇报好是一种情商。俗话说“低调做人，高调做事”，说的就是要善于汇报。要做一个善于汇报的人，就一定要做一个思路清晰的人，这里面涉及一个核心因素，注意前因后果、培养闭环思维。

1. 善于总结工作规律

职场里，有的人善于总结，有的人干过就忘。在同样的起点中，善于总结的一定比干过就忘的走得远，这是必然。只有不断总结，总结成功、总结失败，才能发现工作的内在规律，才能知道工作的发展路径。比如客户是如何拓展的、合同是怎么履行的，这些都隐藏在日常工作中。

职场不是学校，这里没有老师能够耐心教你，耐心告诉你哪里错了，耐心告诉你应该怎么办。职场如同竞技场，这里只有为了生存而拼命前行，为了业绩而疯狂内卷，这是很残酷但也很真实的现状。

因此，身在职场，很多时候无法依靠任何人，只有靠自己不断总结，把工作的每个环节、每个步骤、每个要点都罗列出来，反复回味、反复揣摩。俗话说，“书读百遍，其义自见。”当你能够复盘自己的工作，你就会很容易发现工作的内在规律，就会有啃下任何“硬骨头”的能力，也就具备了做一个闭环思维的职场人的基础。

2. 建立闭环思维体系

任何工作，表面上都不一样，但核心都一样，无非是做什么、怎么做、需要什么、会遇到什么难题、要达成什么目标，这就是闭环思维体系。

用这种方法干工作，往往会事半功倍。汇报工作也要学习这种闭环思维，去领导那里之前，把思路理清楚，初步设计一个闭环，也就是我完成了什么工作、我有什么收获或者教训、我遇到了什么难题值得大家警醒、我发现什么资源能够利用、下一次工作要怎么提高完成工作的质量。用这种闭环思维体系去汇报，思路就非常清晰，很难会有前言不搭后语、说一半漏一半的问题。领导也会非常认可，你在他心里的权重也会大幅增加。

有人说，这没有用，现在是人情社会，靠能力是上不去的。不可否认，社会上免不了人情世故，但是你有没有想过，人情其实也是一种能力，不具备这种能力的我们，想要“逆袭”，那就只有干好工作、汇报好工作。这种时候，闭环思维就显得更加重要。

3. 锻炼语言表达能力

普通人要在职场中逆袭，有一个能力特别有用，就是用最短的时间，最清晰的语句表达出最核心的观点。电影里经常会出现这样的桥段：“我只需要您三分钟的时间，和您说一下这个事。”设想一下，如果这时候换成你，给你三分钟向领导汇报，你能汇报好吗？你能讲清楚吗？你会不会前言不搭后语，让人不知所云？所以，用最短的时间说清楚事情，这个能力非常重要，在工作中我们一定要注意培养这个能力。

怎么培养？很简单，昂首挺胸、不卑不亢，培养自己的气质；多读报纸，多关心国家大事，开阔自己的境界；多练习说话，字正腔圆，锻炼自己的表达能力；善于提炼，总结规律，锻炼自己的逻辑思维。

在某些特定时候，你可以用最短的时间、最清晰的语速、最自信的状态表达你清晰的观点，说不定，这时候就成为你未来腾飞的起点。机遇有时候突然出现，就看你能不能抓住这个机遇。

4. 掌握请示汇报要诀

在职场，向领导请示汇报工作必不可少。请示汇报工作时，要善于提出自己的解决方案，给领导做“选择题”而不是“问答题”。

一是找准机会再说。向领导请示汇报工作，应找准时机、注意场合，才能有好的效果。否则，只能让领导反感，适得其反。

二是精准无误地说。向领导请示汇报工作，应准确无误、精准到位地表达自己的观点，这样领导才能根据你的意见或建议作出决定。

三是简明扼要地说。向领导请示汇报工作，应直截了当说重点，而不是说东说西，反反复复，在短时间内将事情表述清楚即可。

四是巧妙换位地说。向领导请示汇报工作，应懂得将自己的意见或建议立足于单位和领导关切的事情上，这样领导才会欣喜地采纳。

五是了解清楚再说。无论是书面还是口头请示汇报，事先应把前期的“功课”做好，搞清楚事情的来龙去脉，做到了如指掌、胸有成竹。

六是按照程序来说。遇到事情要逐级请示汇报，争取直属领导的大力支持，并让领导及时掌握事情进展，这样领导才认为你是一个可以托付的可靠人。

四、积累重在平时

所谓积累重在平时,就是一要读书,二要思考。

读书可以增长知识,开启智慧,修身养性。可以只凭兴趣读,只拣自己喜欢的读,少一些功利,别只为工作而读。读书是一件乐事,别把它当负担、当差事,当工作与生活的工具。读书是一种生活状态和生活方式,是工作与生活本身应有的内容。读书是其他任何学习方式都不能替代的,它带给人的享受是无与伦比的。读书应追求持之以恒、乐此不疲的状态。不读书的人容易浅薄,生命缺乏厚度;不读书的人也容易无聊,生活缺少意义。有人说:“我没有时间读书,家里家外都忙。”其实,时间对于每个人都是公平的,有没有时间,取决于你是否愿意为这些事去花时间。

再说思考。思考比读书更重要。只会读书,不会思考,“书虫”而已。用我们的行话说,读书如同技术引进,思考则是消化吸收再创新。只有经过思考,书本上的知识、别人的道理才能变成自己的;只有经过思考,死知识才能变成真见识;只有经过思考,才能触类旁通、举一反三。因此,读书的人是聪明的,思考的人是智慧的。思考也要养成习惯,保持一颗童心,多问几个为什么。不要怕经典,不要怕权威,不要怕领导。生活中可能有多种约束和限制,但思想是自由的。自由的思想是独立之人格的首要标志,你可以不是一个思想家,但一定要做个思想者。如果说读书只是一种爱好或习惯,那思考就是一种能力,而除了天赋之外,任何能力都需要培养,都需要积累,没有捷径可走,没有取巧的方法可授。

五、准备必须充分

每次讲话发言,都应认真并且尽可能充分地做准备。弄明白想要表达什么、重点在哪、怎么表达等。最好列出提纲,再不济也要打个腹稿。有准备,就能从容应对、镇定自如,就不会自乱阵脚。有准备,就不会词不达意、前言不搭后语,使人听了一头雾水。准备的过程，就是一个学习的过程，一个提高的过程。

总之，表达是管理者向员工宣传讲解发展思路、改革韬略、管理理念，发动组织员工干事创业的重要手段。一个好的表达，应具思想性、逻辑性、艺术性，平时积累是基础，充分准备是保证。

讲话稿的写作要领

领导讲话,既是领导思想观点和能力水平的集中展现,也是领导艺术和技巧的综合反映,体现着讲话者的经验阅历、文化修养、思维方式和工作方法,是领导履行职责、行使职能、表达思想、部署工作的重要途径。写好讲话稿是文秘人员尽以文辅政之职的主要形式,写好讲话稿永远在路上。

一、主要类型

按用途分,讲话稿可分为:部署工作类,总结工作、表彰先进类,例会类,直接指导基层工作类,研讨会座谈会上的指导性讲话类,非正式讲话类,等等。对企业而言,讲话稿主要有以下17种类型。

(1) 党代会、职代会等代表大会的报告。内容一般是对上一届或上一次会议以来工作情况的回顾总结和对今后工作的部署。要求内容全面,表述严谨庄重。

(2) 会议开幕词。一般在比较隆重的大型会议上使用,内容主要是讲明会议的目的、意义、议程和方法。要富有启示性和鼓舞性。

(3) 会议闭幕词或会议总结讲话稿。主要是总结会议的收获,要求贯彻落实会议精神。要富有号召性。

(4) 工作会议讲话稿。根据既定的会议内容,讲对某一项或几项工作的要求。要讲得鲜明、透彻、实在。

(5) 动员会议讲话稿。主要讲开展某项工作的意义和方法。要讲得入情入理,振奋人心,鼓舞斗志。

(6) 庆功会、表彰会讲话稿。主要是概括、总结、肯定受表彰单位或个人的成绩和经验，对其进行表彰、鼓励，并提出学习、推广的要求。要富有激情和感召力。

(7) 庆祝会、纪念会讲话稿。根据庆祝、纪念的主题，立足现实，回顾历史，展望未来。要讲得客观准确、切合实际。

(8) 专题报告会的报告。如学习理论心得、外出考察报告等。内容要有厚度和深度，给人以启示和借鉴。

(9) 碰头会、汇报会讲话稿。根据碰头、汇报的情况，肯定成绩，针对存在的问题或薄弱环节，有针对性地强调一方面或几个方面的工作。要有具体要求，有力度。

(10) 现场会、经验交流会讲话稿。充分运用与会人员看到的、听到的先进事迹和经验，进行深入分析和总结，要求学习推广，促进工作。要有较强的说服力和号召力。

(11) 研讨会、座谈会总结讲话稿。根据与会人员发言情况进行总结，并提出改进工作或进一步研讨的意见、要求。要有较强的概括力和条理性。

(12) 综合性会议上的专题发言稿。主要是分管某一方面工作的领导在综合性会议上就自己分管的工作，讲情况和意见。要主题突出，富有资料性和参考性，并注意不过分强调自己分管工作的重要。要讲“实”而不讲“虚”，讲“适”而不讲“过”。

(13) 在新旧领导工作交接会议上的讲话稿。这是一种很特殊的会议讲话稿。在这种会议上往往有三个讲话，一是卸任领导的讲话，二是接任领导的讲话，三是上级领导的讲话。卸任和接任领导的讲话，都要讲得谦虚、诚恳，并有表态的意思。上级领导的讲话，则要对双方都给予肯定，并对该级领导班子及下属提一些要求和希望。

(14) 在各种邀请会、协作会、联席会上的讲话稿。这也是一种比较特殊的会议，这种会议面对的不是下级，而是客人。作为东道主发表讲话，要对客人表示欢迎，对本单位的情况作简短介绍，还要讲会议的目的和议程。要讲得诚挚、热情、实在。

(15) 签约仪式上的讲话稿。这种讲话主要是对所签合作契约予以积极评价，对合作方表示感谢，对合作事项充满信心、寄予厚望。要简短、礼貌。

(16) 接见、会见的讲话稿。接见下级单位的代表并发表讲话，主要是表示某种褒奖、慰问和鼓励;会见客人,主要是表示友好和友谊。要简短、亲切。

(17) 致辞。包括欢迎辞、感谢辞、答谢辞、慰问辞、祝贺辞等,用于专门的仪式或宴会等场合。作为“致辞”,必须有别于一般讲话,要措辞严谨,具有文采,形成书面文字。

二、基本结构

讲话稿通常采用“三段论”,即统一思想、提高认识,突出重点、把握要求,加强领导、明确责任。“三段论”依次回答了三个问题:一是为什么要搞,二是具体怎么搞,三是怎么搞才好。这三个问题,不多不少、刚刚好。

通过大数据分析大量领导讲话后发现,“三段论”的最后一部分“加强领导、明确责任”,通常包括组织领导、落实责任、协调配合、资金投入、宣传发动、队伍建设、考评奖惩、督查问责等八大元素。

当然,八大元素不是每一次讲话都全部出现,而是根据实际情况灵活选取,一般同时出现三到四个就可以了。不过,“组织领导”通常是必选项。

有时候,还可以将其中的几个元素合并,比如“组织领导”就可以和“落实责任”合并,“考评奖惩”就可以和“督查问责”合并,比较典型的组合有:

(1) 一是上下一条心(组织领导),二是全局一盘棋(协调配合),三是干群一股绳(宣传发动);

(2) 一是领导要个个带头(组织领导),二是责任要环环相扣(落实责任),三是压力要层层传递(督查问责),四是群众要人人发动(宣传发动);

(3) 一是把 A 工作作为龙头工程推进(组织领导),二是把 B 工作作为系统工程推进(协调配合),三是把队伍建设作为基础工作推进(队伍建设);

(4) 一是领导上阵带头干(组织领导),二是部门联动齐心干(协调配合),三是考核督促务实干(考评奖惩+督查问责);

(5) 一是高层面加强组织领导(组织领导),二是高强度加大资金投入(资金投入),三是高质量加力队伍建设(队伍建设);等等。

八大元素浓缩起来,就是俩字:套路!

三、坚持“五多”

写讲话稿没什么窍门和捷径，靠的是坚持“五多”，即多看、多记、多悟、多写、多改。

1. 多看

看是学习、接收、摄取信息的主渠道，没有大量的信息积累就谈不上深度思考。具体看什么？可从以下几方面入手：

一要耐住性子看理论文章。比如党代会报告、政府工作报告、社论、评论员文章等，这些文章比较抽象概括，但只要长期坚持看，政治敏锐性就会增强，思维层次就会提高，这也是吃透上级精神、增强稿件思想性的有效途径。

二要打起精神看与工作有关的材料。写稿件大都与所从事工作有关，只有成为本系统本专业的行家里手，对本专业知识有深刻理解，才能写出有思想、有内涵的稿件。特别是文秘新人，更要把学好政策规定作为一项基本功练好、练扎实。

三要睁大眼睛看身边事物。文秘人员应当练就一副“火眼金睛”，善于观察周边事物，观察社会发展变化，从中学到知识，得到感悟。这样才能时刻保持敏感性，让写出来的稿件有新思想、新观点、新建议。

2. 多记

写好讲话稿，手中没有大量有价值的资料是绝对不行的。资料的积累，可摘记，也可剪贴。摘记是个好方法，既是资料积累的过程，也是学习的过程。摘记的同时不但能加深对所学知识的印象，而且能根据自己的感受，对摘记的内容在理解的基础上进行发挥和改造。当然，摘记的内容一定要建立在符合保密规定的基础上。摘记可在以下四方面下功夫：

一要摘记领导指示和上级要求。这项内容最好专门建一个文件夹，全面系统地把领导讲话、文件精神和有关要求记下来。对一些大型任务和重点工作，领导在每个时段以及各类场合提出的具体要求也应记下来,这样,在平时汇报情况、撰写报告、总结经验、下达指令时就能有的放矢。

二要摘记专业工作资料。专业知识必须熟悉、精通。如果在写作过程中需要引用一些基本数据、上级精神时,想不起来、记不清楚,手忙脚乱地翻阅,往往会让脑子“短路”、思路中断。因此,文秘人员对工作中常用的政策法规、基本数据要烂熟于心,写讲话稿时才能言之有物、言之有据。

三要摘记文史类资料。积累资料不仅需要工作类,也需要政治类、理论类、文学类、典故类,有些历史典故、名言警句常能起到“点睛”作用。历史典故和名言警句不仅含义深刻,而且短小精悍,摘记也很方便。

四要摘记学术和经验资料。在阅读一些学术文章、理论书籍时,当中会有很多新观点,要把这些新观点及时摘记下来,认真加以研究,做到学以致用。只有平时善于收集,用时才会应有尽有。

3. 多悟

讲话稿是围绕工作需要、按照领导指示拟制的,文秘人员必须用心领悟领导意图、思维方向和关注重点,这些情况掌握得越全面、越深刻,稿件写起来也就越顺利。领悟领导意图,应抓住四个途径,掌握三种方法。

四个途径是:

一要把上级指示精神与领导意图结合起来。在写稿件时,经常会遇到这类现象,初稿写出来后,自我感觉良好,可领导看后却觉得起点不够高,层次没上去,也就是说没有站到全局的高度思考问题,一个重要原因就是体现上级指示精神不够。因此,文秘人员要注重学习理解党的路线方针政策和各项规章制度,也就是要在吃透上级指示精神的基础上理解领导意图。

二要把单位现实状况与领导意图结合起来。经常写稿件的同志都知道,动笔之前,一般要对单位的全面情况作简要梳理,或者看一些反映单位情况的材料,这样才能对领导意图领会得更准确、把握得更到位。为什么有的稿件领导看后认为,虽然看上去说的都对,很系统全面,语言也很精练,但就是感觉很平淡,缺乏新意,也就是我们常说的稿件太“空”,主要原因就在于提出的观点与单位的现状联系不紧密。

三要把单位重点工作与领导意图结合起来。通常来说，领导关注的“焦点”是一个时期单位的中心工作、重大活动和倾向性问题。如何抓好这些工作，解决这些问题，是领导经常思考的问题，也是领导工作的核心。文秘人员只要紧紧围绕单位中的倾向性问题、久拖不解的“老大难”问题、上下普遍关心的热点问题，开动脑筋，多作思考，就能跟上领导的思维，理解和体现领导意图。

四要把领导一贯思想与阶段讲话结合起来。领导在某个场合的讲话是他一个阶段现实思想的反映，把这些讲话收集起来学习领会，对准确理解领导意图很有帮助。领导意图的确立，要经过一个从萌发、完善到成熟的过程，在这个过程中，领导的思想会在多个场合、各种时机通过言行举止等反映出来。文秘人员要做有心人，在与领导研究工作、谈论事物、交换意见时，用心记下领导因某事触发的感想、阐发的思想。

三种方法如下：

一是主动询问。这是了解领导意图最常用、最直接的方法。写稿件要想不走弯路或少走弯路，就应在下笔前把领导的真实想法搞清楚。但作为文秘新人在受领写作任务时，往往不敢主动询问，领导说一就是一，说二就是二，领导问“清楚不清楚？”，不管你心里是否清楚，都会回答“清楚！”，结果却很被动。初学者要注意克服这个弱点，尽量主动一些。

二是他山之石攻玉。有个成语叫“他山之石，可以攻玉”，写稿件也是这样。初稿完成后，如果不是保密的缘故，一定不要封闭，要尽可能地给一些熟悉领导的同志、经常给领导写讲话稿的同志看看，听听他们的意见，这将有助于正确领会领导意图。

三是善于捕捉。文秘人员捕捉领导意图，可从主动询问中获得，从领导批示中领会，从批评表扬中领悟，从讲话稿件中把握，从积零为整中综合。尤其是与领导一起检查工作、参加会议、研究稿件，一同就餐、散步、闲聊时，要把领导谈话中的闪光点，特别是新思想、新观点不失时机地记下来，并进行归纳分析。

4. 多写

写是一个创造性脑力劳动过程，只有多写，才会熟能生巧，笔下生花。

一要机械性背记。这种方法适用于文秘新人，作为初学者，对各类经典例文和上级下发文件要反复研究揣摩,认真体会品味,达到烂熟于心、几乎能背诵的程度,再在此基础上模仿写作。对文件柜里的各类文件都要看,主要看文件的架构,看汉字数字一、看扁担数字(一)、看阿拉伯数字1、看括号阿拉伯数字(1),通过看文件的框架结构来学习稿件写作。对领导欣赏的,上级下发文件中的范文要认真学习、反复揣摩,尽可能整篇背诵下来,然后默写下来,反复对照,以求改进。

二要创造性模仿。文秘新人可以"依葫芦画瓢",进行仿制临摹。当然,"依葫芦画瓢"不是照搬照用,而是在参照过程中对范文的标题、思想、语言、事例、文风等认真研究,时间长了,就能提高思维层次,准确把握问题,再融入自己的认识和个性化语言,写出的稿件就会让人耳目一新。

三要主动性参与。文秘新人要拜单位的文字高手为老师,把他们写的稿件作为范文。要主动参与高手牵头的写作组,积极参加推稿。推稿,即把稿件投影到屏幕上,写作组一起逐段逐句审提纲、查内容、改字句,这是一个非常锻炼人的过程,既可以学到具体的方法、技巧,更可以学到深层次、思路性的东西。比如,怎样确定主题、怎样拟定标题、怎样破题、怎样组合铺排结构、怎样提炼观点、怎样抠思想、怎样把握语言风格、怎样运用资料,等等。

四要经常性总结。单位下发一些文件,开展一些活动,采取一些措施,研究一些办法,有些什么样的做法,做了哪些卓有成效的工作,有什么突出问题和好、坏典型案例,要多总结、勤总结。要善于向领导学习,通过陪领导下基层、给领导写讲话稿,注意把领导的工作经验记下来;善于向同事学习,在日常工作中,注意周围的同事怎样谋划工作、怎样开展工作,有哪些好办法;善于自己总结,每完成一项工作,注意在脑海里再过一遍,总结一下经验教训。

5. 多改

"文章不厌千遍改。"所谓"改",有两层含义,一是修改,二是校对。

一要愿意修改。有人稿件写完后惜字如命,自己不愿改,也不喜欢别人改,领导改了他还不满意。稿件总是要改的,从某种意义上讲,稿件是改出来的。哪有不改的稿件?淮海战役纪念塔那里有一块石刻,背面镌刻着毛主席"关于淮海战役作战方针"的手稿,修改的痕迹原原本本地刻在上面。领袖如此,何况我们?修改中要注意:标题是否精练,层次是否分明,内容是否齐全,语句是否连贯,字句是否言简意赅。稿件不要怕修改，不要怕返工。要充分认识稿件好坏关乎单位得失和集体荣誉，主动听取不同意见，认真吸纳合理建议，让稿件在一遍遍修改中不断完善。

二要在修改中学习。稿件经过修改、核稿等环节后定稿，审定稿是再学习、再提高的珍贵教材，从中能清楚地看到自己在稿件写作方面的弱点和差距，这是学写稿件的一个捷径。

认真琢磨修改的原因，拓宽稿件写作思路。要把别人和领导修改过的稿件与自己写的原稿仔细对照，看看别人修改过哪些地方、为什么要这样改、这样改动后比原稿好在哪里。仔细琢磨这些修改过的地方，会让人有一种豁然开朗、柳暗花明之感。

仔细推敲改动的词句，增强文字表达能力。在比较审定稿和初稿时，特别要注意研究改动过的词句，看看与原来的有什么不同，想想为什么要这样改。反复琢磨领导改动过的词句，有助于缩小与领导在思想上的差距，有助于增强写作能力。

潜心研究增删的稿件，提高分析判断能力。领导在审稿时，可能会换掉一个不够典型、不够新颖的事例，也可能会换一个角度举例……通过研究定稿时的增删，可以学到领导独特的思维方式，领略较高的领导艺术，学会全面正确地观察事物、认识事物。

三要犁田耙地式校对。稿件如果有问题没校对出来，会影响工作质量，甚至单位声誉。校对的重点是错、漏、忘。校对要讲究方法。第一，要看全。纸上所有的东西都要看到。从第一页左上角的第一个字，到最后一页右下角的最后一个字，包括页码都得看到，哪里看不到，哪里就容易出问题。第二，要两人以上校对。重要的稿件一般两人以上校对，多几只眼睛是管用的。第三，要反复校对。不是校对一遍就完事了，要多看几遍，确保无问题了再出手。校对也要注意总结，名字、数据、日期、段落序号是容易出错的，对这些容易出错的地方要特别注意。

四、把准"十点"

写讲话稿要把准"十点"，即把准长与短、事与理、古与今、内与外、信与美、宏与微、浅与深、己与群、快与慢、赞与批等“十点”。

1. 长与短

一悟己之长。要对自己有分析和判断，长处在哪、擅长的在哪、特在何方。要通过学习、积累、锻造，让特点更特，优点更优，亮点更亮，为写好讲话稿储备利器。

二悟己之短。要清醒认识个人短板，对不熟悉的，不畏惧、不敷衍、不急躁，运用所学知识和掌握资料，多方请教，让短板变长。对熟悉的，力求突破，不“炒剩饭”、不落入俗套。

2. 事与理

一悟历史之事。要有历史思维、系统眼光。历史已错的今天不能再走，历史走通的今天也不宜照抄照搬，要具体分析、科学选择，使其符合社会发展规律和历史规律。

二悟当前之势。讲话稿是在现实条件下解决特定问题，要对形势有判断。应急之事要准、狠、快、严，经验之事摆事实、用数据，研究之事阐道理、讲逻辑。

三悟未来之远。讲话稿的生命力，既取决于当下，也取决于未来，不能就当时看当时、就事情说事情。既要有历史依据和时代特点，也要有战略思维和长远谋略。

3. 古与今

一悟古之经。稿件无道也有道，稿件写作虽无标准模式，但高手各有其道。要学习前人，或刻苦钻研，或善于调研，结合自身特点，形成特色和品牌。

二悟古之失。稿件写作失败各有原因，有的不愿刻苦学习，只想啃老本；有的不愿艰苦劳动，大而化之，粗而浅之，只能原地踏步。要有危机意识，防止重蹈他人覆辙。

三悟古之无。文章千古传，从来无一同。要根据时代特点，突出人文元素，借助网络语言，走前人没走之路，写前人没写之文，打造清新韵味、经得起时代和历史检验的稿件。

4. 内与外

一悟文内之事。讲话稿要眼光聚焦、文字聚力。解决思想问题的突出思想特点，解决作风问题的突出作风特色；解决体制问题的体现体制性质，解决制度问题的体现制度要义；解决人员问题的凸显人之本性，解决执行问题的强化执行特色……不能这行说那行话，更不可外行说内行话，尽可能做到令行禁止、药到病除。

二悟文外之事。有的讲话稿要“醉翁之意不在酒”，强调 A 问题，但对解决 B 问题，也有教育、启发、引导之意。文秘人员要准确把握哪些是文内之事，哪些是文外之意，合理用笔、用墨、着色，发挥最大效果。

三悟他山之石。要跳出自己看自己，通过网络或实地调研，了解他人的提法、做法和实效，对照本地实际，提出新观点、新思路、新做法，发展领先的好上加好，发展落后的跳出旧轨道、找出新路子，快马加鞭、奋起直追。

5. 信与美

一悟忠诚之基。讲话稿必须对党、对人民忠诚，对历史、对组织、对领导负责，不能执行的命令坚决不下。需要斩钉截铁地用“必须”“无条件”，需要协商的用“请研究”“请斟酌”；把握准确地用“一定”“务必”，对有变化的用“供参考”“供斟酌”；需要定性的用定性语言，需要定量的用定量字句。

二悟美言之要。文之美，美在净。让多余的字词、绕口的表达、重复的阐述彻底清除，令人清爽一目。文之美，美在实。让空话、假话、套话、废话彻底消失，倍生亲切感和穿透力。文之美，美在短。立世流传的，全都短小精悍，能用 100 字的不用 101 字，要用最简洁语言、在最短时间，传递最大信息量，挖掘最大正能量。

6. 宏与微

一悟上位之精髓。要准确把握相关法律法规、条例规章、政策制度和上级党委、政府的最新指示、要求、部署，突破这个“高压线”，即便稿件再怎么华丽，也只能被“枪毙”。

二悟本位之可行。稿件不能脱离现实，否则就是空中楼阁。别人的经验要三思而后行,切不可一见到“新鲜果实”就直接装篮,否则“需要苹果却装了梨”,驴唇不对马嘴。

三悟精品之底线。稿件写作要慢慢积累和自然生长,不奢求“一口吃成胖子”,不希冀“一步登天”,要树立久久为功的思想,与稿件同成长,与人生同成熟。

7. 浅与深

一悟文之从小向大。没有大量简单稿件、小稿件、冷稿件的磨炼与积淀,就难有大作面世。要坚持从小稿件写起,不是只写一篇十篇,不是只写一月一季,而是写一年十年乃至一生。基础打牢后,才能驾驭重要稿件、复杂稿件,才能浑然天成,要避免犯冒进之错、前蹄之失。

二悟文之从低向高。领导为什么一眼就能看出稿件的不足、破绽和毛病?关键是领导一览众山小。文秘人员虽身在兵位,但要胸为帅谋。要在一字一句、一段一段的积累之后,运用语言、表达、行文等技巧,让稿件拔地而起、高屋建瓴,而不是东施效颦、华而不实。

三悟文之从浅向深。文章之深乃无形之深、无尺之衡。要坚持从浅处入水,一直下潜,再从最深处脱身,一飞冲天。要先将简单道理、小道理写清楚,再将复杂道理、大道理写透彻。不能一味追求文字晦涩、辞藻华丽,而要追求听闻者的大快朵颐、学习者的解渴之爽、贯彻者的拨云见日。

8. 己与群

一悟个人之力量。稿件既要体现个人特色,更要体现集体特征,不能以个人特色代替组织使命,更不能因为追求“特立”而让稿件有硬伤。要杜绝偷懒思想,完全依赖同事,沾集体之光、揩他人之油,这样容易让自己承担的写作任务成为稿件的“塌陷区”。

二悟集体之荣誉。稿件不全是个人创造,可能有小组起草、集体修改,要防止仅有个人“一枝独秀”而无集体“满园春色”。稿件要经得起推敲或“责难”,让稿件更加完美,使个人得到提升。要甘做“勤务兵”“跑腿工”,吸收集体智慧,发挥团队力量,让稿件更加灿烂。

9. 快与慢

一悟决战之快。时间是稿件的第一生命，需要一夜成“春笋”必须见亮光就出头，需要两小时见报告必须 60 分钟就定稿。要留提前量，比如第二天下午交稿的，必须头一天晚上完成，否则第二天一上班领导就要，必然会交“未装修”的“毛坯房”。

二悟精髓之慢。拿到“订单”，既要“洗锅洗碗”，更要备菜备料，做到主辅料齐备，新旧料同丰。要准备特殊工具，制定工序流程，让稿件经得起“震动”，扛得住“摔打”。完成初稿后，不能急着“收兵”，要一遍遍反复推敲，一遍遍提炼修改，甚至还要请专家学者、权威人士审定，让稿件有分量、有质量，有力度、有高度。

10. 赞与批

一悟赞之不骄。写出美文值得称赞，但要清楚成绩已经过去，未来才是关键。如果从此躺在功劳簿上享受点赞，若干年后，除了美文存档，必定再无佳作。因此，要在获得点赞后总结成功经验，让稿件质量“芝麻开花节节高”，从被单位认可，到被上级称赞，直至被社会传颂。

二悟批之不怨。稿件“一次性”通过要肯定，偶尔“多次未过”甚至“夭折”也不可妄自菲薄，以为“江郎才尽”甚至心灰意冷；应对批评有感谢之心、感恩之情、感激之志，视批评为良药，或“治病”，或“预防”，从而少走弯路，不走邪路或错路。

五、写出“五有”

讲话稿要写出“五有”，即言之有理、言之有物、言之有序、言之有文、言之有情，这样的讲话稿，听起来让人精神振奋，读起来津津有味。

1. 言之有理

言之有理就是写出五个维度。既要立论正确、观点明晰，更要讲出思想的高度、深度、广度、力度和温度，让人醍醐灌顶，深表认同。讲出“高度”，就是立意高远，善于运用战略思维，站在全局看问题、着眼长远看当下，体现一个时期上级机关政策精神，展现领导的境界层次，字里行间流淌出政治、理论、思想的高度；讲出“深度”，就是透过现象看本质，用联系的眼光看问题，用发展的眼光看趋势，用辩证的眼光看形势，进而揭示事物的本质特征和客观规律，增强讲话的说服力；讲出“广度”，就是开阔视野，不局限于本单位、本领域，而是放眼世界、纵观寰宇，准确把握宏观大势，因势利导、科学决策；讲出“力度”，就是铿锵有力、掷地有声，主张什么、反对什么态度鲜明、直截了当、分寸适度，体现讲话者的权威；讲出“温度”，就是运用“百姓思维”，以朴实无华、通俗易懂、群众喜闻乐见的语言，传递思想、阐明道理，体现“人情味”、蕴含“泥土气”、展现“务实风”。

2. 言之有物

言之有物就是写出特色新意。没有特色新意，会降低讲话价值，不利于总结经验、指导工作，有损领导形象。写出特色新意，关键要做到“三个善于”：一要善于概括归纳，把典型思路、主要做法用概括精练的语言表达出来，提炼出诸如“五个坚持”“六个精准”等概括性表述，让人一眼就能抓住重点、入脑入心；二要善于选取角度，重点讲人无我有、人有我特的工作，表达出特色，靠特色取胜，亦可在普通工作中另辟蹊径，讲出独到见解，靠新意动人；三要善于“迎合”听众，充分考虑听众的身份、背景、心理需求和接受习惯，了解听众的诉求和愿望，采用合适的表达口吻，赢得听众的信任和拥戴，更好地推动工作落实。此外，要养成精练文字的习惯，力求将可有可无的段、句、字全部删掉，避免冗词赘句“稀释”了关键内容，“冲淡”了核心思想。

3. 言之有序

言之有序就是写出逻辑层次。文秘人员在起草讲话稿之前，想清楚要讲几个层次，每个层次要讲哪几个方面，每个方面要讲哪几个问题；想清楚稿件如何排兵布阵、布局谋篇；想清楚段与段之间、上句与下句之间的关系，把自己所思所想、欲达目的等完整准确地传递给听众。所谓逻辑层次，就是稿件思想内容的表现次序，既是客观事物的发展阶段和各个层面的有序体现，也是文秘人员思维流动的发展过程。稿件的层次安排，是写作的关键环节，应结构严谨、层次分明。要运用逻辑思维，注重逻辑思维的同一律、矛盾律、排中律，注意前后句连贯，层层推理、丝丝入扣，将讲话稿的每个层次、每句话有机整合到一起，成为一个整体，让听众很容易辨别出段与段、句与句之间的逻辑关系，能够准确把握讲话者的意图，理解其想要达到的目的，按照讲话者的要求有效落实，由此达到讲话的目的。反之，说后面忘前面，首尾不能兼顾，前言不搭后语，圆凿方枘、生拼硬凑，必然会给听众带来困扰，从而难以推动工作。

4. 言之有文

言之有文就是写出文章辞采。恰当运用排比、比喻、引用等修辞手法，增强讲话的感染力。善用排比，可以增强讲话气势，声浪犹如波涛，一浪高过一浪，形成强大声势。例如用排比说理，可使论据严谨周全；用排比抒情，可使情感充沛动人；用排比渲染，可使讲话气势磅礴。善用比喻，可化抽象为具体，化枯燥为生动。例如把“绿水青山”比作“金山银山”，把纪律规矩比作“高压线”，把核心技术比作“命门”，形象贴切地展示本体特点，令人印象深刻。善用引文，从我国几千年文化积淀中汲取营养，准确引用古代诗词、名言警句、成语谚语，可使讲话更加简洁传神。善用对偶，可使句式工整、内容凝练、富有节奏。例如，“劳动创造历史，奋斗成就伟业”“学有榜样，干有标准”“功盖天下，誉满山河”，等等。善用对比，可使听众对事物现象有更加清晰的认识。例如“不管多么小的问题，只要乘以 14 亿，都会变成一个大问题；一个很大的总量，除以 14 亿，都会变成一个小数目”，通过对比，深入浅出地阐明了道理。此外，顶针、夸张、拟人等修辞，也是讲话稿中经常使用的写作手法，要准确把握，恰当运用。

5. 言之有情

言之有情就是写出真情实感。要使讲话思想情感真实，遣词造句就要准确、实在，既不矫揉造作，也不粉饰浮夸，更不无病呻吟，而是恰如其分、朴实无华、有感而发，意深情真味长，方能“行远”而不衰。正如明代焦竑在《澹园集·雅娱阁集序》中所说：“苟其感不至，则情不深，情不深则无以惊心而动魄，垂世而行远”，讲的就是这个道理。比如某领导在谈办公室工作时讲道：“我在办公室工作了几十年,深知大家很辛苦,但我个人觉得,能到办公室工作是幸运的,因为这里是展示才华、造福职工的平台。当我们提出的建议被领导采纳,组织的会议活动有序进行、起草的稿件受到领导肯定、职工反映的问题得到解决,再苦再累也会'痛并快乐着'。"这段话结合自身工作经历,直抒胸臆,娓娓道来,讲出了办公室人的心声,怎能不引起共鸣。

此外,写好讲话稿要体现领导风格。要用心揣摩领导的语言习惯、思维方式,了解领导的学历、工作经历,在写讲话稿时模仿领导风格和语言习惯去行文,这样才能使写出的讲话稿更合领导"胃口"。例如"学者型"领导的讲话稿,要注重稿件结构、层次和思想深度,做到标题对仗、结构分明;"实干型"领导的讲话稿,要注重稿件中的数据、事实和经验,善于把基层的好措施、好经验总结提炼到位;"学者型+实干型"领导的讲话稿,要更加注重平时的沟通、磨合,逐渐找到领导讲话的规律,尽量贴合领导讲话风格,突出个人特色,切忌千人一面。

讲话稿写作只有起点没有终点,只有更好没有最好。阅前人之文,写今秋之事,留后世之作,当在实践中感悟,在感悟中反思,在反思中提升,在提升之中再实践,以锲而不舍、写而不倦之气概,写出佳作美文。

撰写高质量的会议纪要

会议纪要，是记载和表达会议主要精神和议定事项的一种公文。它是对围绕会议中心议题所形成意见的归纳整理，是会议记录的一种再加工。如何写好会议纪要，真正做到择其要点而归纳整理之呢？我以为，应注意把握好以下三个关键点。

一、对会议内容要去粗取精，把握议题的侧重点

会议纪要是对会议的主要精神、议定事项的记载和表述，要抓住会议的中心议题，侧重表述已经取得的一致的或基本一致的意见，去粗取精。具体来讲，要从以下三个方面着手。

一要围绕会议研究的中心议题“取精”。中心议题就是会议应研究和解决的主要问题。要尽量把与中心议题关系密切的主要意见写充分、写完整。会议的中心议题有时很明确，但有时不十分明确，还有的会议同时讨论多个议题，且难分主次。遇到这种情况，应把难分主次的几个问题视为一个中心议题的几个子议题，放在基本同等的位置上，分别归纳整理。在纪要的正文中明确写成“一、关于××问题”“二、关于××问题”等形式。

二要围绕与会人员取得的一致性意见“取精”。对于起指导作用的会议纪要，应表述与会人员在讨论中形成的一致意见或基本一致的意见。但与会人员在围绕中心议题发言时，往往在有些问题的看法上不完全一致。遇到这种情况，应对各种意见进行认真研究，然后归纳整理完全一致或基本一致的意见。对少数人提出的意见，如果没有被会议否定，也应采纳。如果有些意见分歧较大，会议没能统

一认识,就不应写入纪要中去。

三要围绕会议主持人的总结性讲话“取精”。一般召开重要会议,在大家围绕中心议题讨论后,主持人会对会议认可的大多数人的意见、观点等进行归纳概括,发表总结性讲话,并对需要决定的事项进行阐释。这是写入会议纪要的最好材料,也是最便于抓住的“纲”。在写入纪要时,要言简意赅,但必须把问题说明白,讲清楚。

二、关于决定事项的表达要滴水不漏,把握议题的相关点

需要写纪要的会议,一般都是要对一个或几个重要事项作出决定的。那么,在写会议纪要时,对决定事项在文字上究竟如何表述,使之观点鲜明、提法准确、不出纰漏呢?这就要求注意以下三点,把握议题的相关点。

一要注意语言表达的准确性,防止产生歧义。在与会者对会议研究的问题作出一致决定后,如何对决定进行文字表述,是写好会议纪要的关键。这要求起草人员注意用语准确,讲究方法,尽量避免在文字上产生歧义。

二要注意重要决定的依据,防止互相矛盾。会议形成的重要决定是要写入纪要的。但有时在会上作出某个决定时,所提出的支持该决定的政策依据不是很充分,这时起草人员就应在查找有关依据、研究类似问题的基础上,选择恰当的表达方式,补充依据,并防止不同依据之间相互矛盾。

三要注意付诸实施的可行性,防止影响操作。会议纪要是需要有关方面共同遵循的,会议形成的议定事项是要付诸实施的。因此,写会议纪要的目的在于促进落实。如果缺乏可行性,就无法达到目的。要增强会议纪要的可行性,务必使表述切合实际、具体明白。

三、写作的方法和体式上要切合实际,把握基本点

会议纪要应有基本的写作方法和比较规范的体式,但也不是一成不变的。究

竟怎样写，应从实际出发，根据会议的内容来灵活运用，但也要把握其基本点。

会议纪要的标题有三种基本形式：一是会议名称与文种的组合；二是召集会议单位名称、会议内容与文种三者的组合；三是有固定形式的会议名称，如领导碰头会等，也可直接用会议的次数与文种的组合。究竟应采用何种类型的标题，要视会议的具体情况而定。

会议纪要的内容一般由两部分组成，即会议概况和正文部分。

会议概况主要写主持会议的单位，会议的名称、时间、地点、参加人员（出席人、列席人）及会议研究的中心议题等。概况力求简要，有时可以只写上述方面的部分内容。参加会议人员也可以在正文后面独立成段。

正文部分的写作方法一般有三种：一是按照会议研究的顺序分条排列，逐个说明会议研究了什么问题，作出了什么决定；二是按会议所研究、决定的内容，将主体分为几个部分；三是把会议所涉及的问题和与会人员的意见按性质分类，分成几个类别来写。

总之，只要认真把握好会议内容的侧重点、决议事项的相关点、写作方法与体式的基本点，就一定能写出高质量的会议纪要。

职业生涯行稳致远的要诀

职场的关键在于做人、做事。如何做人、做事,是每一个职场人需要经常面对和正确把握的大问题,处理好了,则健康成长,反之则裹足不前,甚至掉入人生的一个个“陷阱”。我以为,只要增强一项本领,弘扬三种精神,练好四个功夫,善处五个关系,把握十组要素,职业生涯就可行稳致远。

一、增强一项本领

一项本领,就是会抓工作本领。“一分部署,九分落实。”不会抓工作,再好的决策部署只能是空谈,再好的蓝图只能是一纸空文,再美的夙愿只能是空中楼阁,再近的目标也只能是镜中花、水中月。会抓工作是做事的一项基本功,会抓工作的人,就会想方设法、敢抓敢管、善始善终、善作善成,以抓铁有痕、踏石留印的劲头,尽心竭力推进各项工作向纵深发展,不断开创事业发展新局面。

1. 真抓有实劲

“真”和“实”,体现的是真抓实干的作风。“不驰于空想,不骛于虚声。”一要摸实情。深入基层,深入实际,深入群众,多搞调查研究,真正了解基层和群众的愿望和需求,全面掌握各方面的真实情况,为决策和工作提供可靠依据。二要想实招。在吃透上情、摸清下情、了解外情的基础上,既积极思考带有全局性、战略性、前瞻性的重要问题,又深入分析带有普遍性、苗头性、倾向性的现实问题,认真研究和提出切实可行的解决问题的思路、办法和措施。三要干实事。坚持把解决问题、推动工作、促进发展、服务群众作为检验工作成效的根本标准,把精力放在研究思路上，把功夫下在推动工作上，把本领用在解决问题上，把目标定在创先争优上，不搞花架子，不做表面文章，不搞形式主义，努力使一切工作经得起实践的、群众的和历史的检验。

2. 敢抓有狠劲

“敢”和“狠”，体现的是敢抓敢管的魄力。一要不忘责任。牢记自己肩负的使命和责任，树立“敢抓敢管是胆识、会抓会管是本事、不抓不管是失职”的使命意识，强化“在其位、谋其事、尽其责”的责任意识，把责任记在心上、扛在肩上、落实在行动上，切实做到忠诚履责、尽心尽责、勇于担责。二要不忘原则。坚决克服怕得罪人的思想，按照原则管好职责范围内的人和事，严格按照原则、政策、制度、程序公正办事，该办的事抓紧认真办，不该办的事坚决不办，真正做到坚持原则不动摇、执行政策不走样、落实制度不变通、履行程序不随意。三要不忘担当。担当是一种品格，是一种追求，是一种勇气，是一种责任，也是一种能力。一代人有一代人的使命，一代人应有一代人的担当。强化“日常工作要尽责、难题面前要负责、出现失误要担责”的担当意识，切实做到有追求，愿担当；有勇气，敢担当；有能力，会担当。

3. 善抓有巧劲

“善”和“巧”，体现的是善作善成的能力。“善抓就是水平，巧干就是能力。”善抓就要统筹抓，分清轻重缓急，按照“紧急程度”和“重要程度”两个“维度”统筹抓好工作落实，对既重要又紧急的事重点办，对重要而不紧急的事想着办，对不重要而紧急的事及时办，对既不重要又不紧急的事有空办，切实做到要事先办、急事急办、特事特办，真正把事情办得又好又快。一要马上抓。以雷厉风行、时不我待的紧迫感狠抓工作落实，立说立行，高效运作，切实做到不懈怠、不推诿、不拖延。二要精准抓。牢固树立“细节决定优劣”的意识，坚决摒弃“差不多、过得去、能凑合”的敷衍标准，养成精益求精的工作态度，全面提高各项工作的精准度。三要跟踪抓。对部署的工作、交办的事情，要盯紧跟进抓督查，及时反馈落实结果，绝不允许出现有令不行、有禁不止、中梗阻、推诿扯皮等不作为、慢作为、乱作为的现象。

4. 常抓有韧劲

“常”和“韧”,体现的是持之以恒的定力。抓工作必须保持一抓到底的执着精神,树立不达目的决不罢休的勇气和决心,不折腾,不懈怠,不反复,善始善终,务求实效。一要经常抓。常抓、不懈地抓好每一天、每一月、每一年的工作落实,决不能半途而废、虎头蛇尾。二要反复抓。一个环节接着一个环节地抓,一个问题接着一个问题地落实,一件事情接着一件事情办,做到不抓出成效不撒手,有了成效不放松,不见效果不收兵。三要持久抓。牢固树立“功成不必在我、建功必须有我”的意识,发扬“钉钉子”精神,对自己职责范围内的工作任务,一项任务接着一项任务地落实,一个节点接着一个节点地推进,持之以恒、一抓到底,确保各项工作落地见效。

二、弘扬三种精神

三种精神,即敬业精神、“安专迷”精神、攻坚克难精神。

1. 弘扬敬业精神

敬业是应有的基本职业素养。弘扬敬业精神,就必须自觉做到爱业、勤业、精业、乐业,这样才能在平凡的岗位上创造不平凡的工作业绩。

爱业是基础。爱业就是热爱本职工作。对职业的热爱是敬业的深层动力,会燃起人们巨大的工作热情,激发人们奋进的强大动力。爱业的人在工作中会保持一股积极进取的干劲、一种拼命奋斗的热情,想方设法把工作做好、做到极致。因此,应以正确的态度对待自己所从事的工作,努力培养对自己所从事工作的幸福感、荣誉感,真正做到干一行、爱一行,把岗位当战位,把职业当事业,安心本职,热爱岗位,把自己的工作岗位当作施展才华、干事创业、服务群众、奉献社会的平台,让生命在平凡的工作岗位上发热、闪光。

勤业是保证。勤业就是勤奋努力工作。无数事实告诉我们:成功常与努力相伴，不愿作艰苦努力，希望成功轻松光临，是不可能的；不愿作持久努力，希望成功立马到来，也是不现实的。要想取得理想的成就，就应变“尽力而为”为“竭尽全力”，变“一般努力”为“万分努力”，胜利就会向你招手，成功便会朝你走来。因此，应满怀强烈的事业心和责任感，把精力放在思考问题上，把功夫下在研究措施上，把本领用在推进工作上，把目标定在创先争优上，努力创造经得起实践检验、群众检验和历史检验的工作业绩。

精业是关键。精业就是精通本职工作。俗话说，没有金刚钻，别揽瓷器活。一个人如果不能精通业务、精益求精，即使工作态度再好，也难以胜任本职工作。因此，要牢固树立“细节决定优劣”“细节体现责任”“细节体现水平”“细节体现形象”“天下大事必作于细”的意识，对自己高标准、严要求，认真、认真、再认真，细致、细致、再细致，真正做到不让差错在我手中发生，不让政策在我手中截留，不让时机在我手中耽误，不让服务对象在我这里受到冷落，不让单位形象在我这里受到影响。

乐业是根本。乐业就是快乐地工作。快乐工作就是以一份好的心情对待每一天的工作，工作的乐趣在心态，只要你以良好的心态去工作，就一定能够从中获得快乐。因此，要始终保持为了党和人民的事业以奋斗为本、以奉献为荣、以建功为乐的思想境界，始终保持一种乐观向上的心态，正确处理个人与组织、工作与家庭、失与得、苦与乐的关系。多比吃苦奉献，少比阔气享乐；多比工作绩效，少比生活待遇；多比工作质量高低，少比个人进步快慢。切实做到在奉献中体现价值、在忙碌中享受生活、在艰辛中体验快乐。

2. 弘扬“安专迷”精神

“安专迷”精神源于中央领导看望吴良镛、师昌绪两位院士时，两位功勋卓著的科学家不约而同地谈到“安专迷”精神。一个人要想成功，就必须将“安专迷”精神内化于心、外化于行，努力朝着“安心本职、专注工作、迷恋事业”的方向砥砺前行。

一要以“安”的境界安心本职。“安”就是安下心来，安下心来方能做到心无旁骛。要安心本职，就必须切实做到“三个拥有”：一是拥有“心静如水”的境界。守得住清贫、耐得住寂寞、挡得住诱惑、稳得住心神、经得起考验，把心思花在干事业上,把精力放在做工作上,把功夫下在抓落实上,把本领用在创一流上,努力创造经得起时代、人民和历史检验的工作实绩。二是拥有"久久为功"的境界。牢固树立"功成不必在我"的思想,多做打基础、利长远的事,不做急于求成的事,不做竭泽而渔的事,不做寅吃卯粮的事,不做违背规律的事,一步一个脚印往前走,蹄疾步稳做好本职工作。三是拥有"看淡得失"的境界。全面理解"失去休闲、得到充实,失去玩乐、得到事业,失去轻松、得到锻炼"的深刻内涵,坚决破除患得患失的思想,有一种"舍小家、为大家,舍自己、为国家"的高尚情怀,少计较个人得失、多考虑全局利益,少计较升迁快慢、多考虑能力提升,少计较岗位忙闲、多考虑事业发展,做到以感恩之心对待组织、以进取之心对待工作、以友善之心对待他人、以知足之心对待自己,努力创造无愧于时代要求的新业绩。

二要以"专"的追求专注工作。"专"就是专心致志,专心致志方能成为"行家里手"。要专注工作,就必须切实做到"三个应有":一是应有"学以致用"的追求。树立"以学习的大进步推进事业大发展"的理念,主动向书本学习、向实践学习、向群众学习、向强者学习,切实做到学以致用、用以促学、学用相长,努力使自己成为本职工作的行家里手。二是应有"精益求精"的追求。牢固树立"细节决定优劣"的意识,坚决摒弃"差不多、过得去、能凑合"的敷衍标准,坚持高标准、严要求,做任何一件事都反复思考、反复琢磨、反复斟酌、反复推敲,努力实现办文零差错、办会零失误、办事零缺陷。三是应有"一抓到底"的追求。注重防止和克服"忽紧忽松"的思想和"缓缓劲、歇歇脚"的情绪,发扬"钉钉子"精神,对自己职责范围的工作,一个环节接着一个环节地推进,一项任务接着一项任务地落实,一件事情接着一件事情地办理,切实做到不抓出成效不撒手、有了成效不放松、不见效果不收兵。

三要以"迷"的状态迷恋事业。"迷"就是迷恋至深,迷恋至深方能成就一番事业。迷恋事业,就必须切实做到"三个保持":一是保持"爱岗敬业"的状态。忠诚是态度,岗位是责任,担当要能力。要始终坚守爱岗敬业的职业操守,时刻保持爱岗敬业的精神状态,沉下心来干工作,心无旁骛钻业务,干一行、爱一行、钻一行、精一行,在"爱岗敬业"中赓续忠诚担当。二是保持"攻坚克难"的状态。牢固树立"化解矛盾就是能力、战胜挑战就是水平、攻坚克难就是胜利"的思想,始终保持永不懈怠的精神状态和一往无前的奋斗姿态,以披荆斩棘的勇气、动真碰硬的锐气、无坚不摧的魄力，敢啃“硬骨头”，敢淌“深水区”，敢打“攻坚战”，奋力攻克阻碍事业发展的各种艰难险阻，不断谱写新时代事业发展新篇章。三是保持“创先争优”的状态。强化“善作善成、干就干好”的意识，敢向自己挑战，敢与强的比，敢跟快的赛，敢向高处攀，向先进学习，向标兵看齐，跳出自己看自己，对照先进找差距，放眼全局定目标，自我加压谋超越，力求在工作中创特色、出精品、增亮点。

3. 弘扬攻坚克难精神

攻坚克难是一种责任，也是一种使命，更是一种能力。弘扬攻坚克难精神，就必须加强修养强责任，坚定信念添勇气，努力实践炼毅力，刻苦学习增本领。

一要有责任。岗位意味着责任。一个人能担多大责任，也意味着他有多大能耐，更意味着他有多大作为。一个人要履行好岗位职责，势必会遇到各种各样的问题、困难和挑战，只有增强攻坚克难的责任担当，才能砥砺前行、奋发有为、建功立业，才不会错失机遇、贻误事业、远离成功。一是强化“功成不必在我”的政绩观。甘做铺垫工作，愿抓未成之事，多做打基础、利长远的事，不做急功近利、寅吃卯粮的事，不贪一时之功，不图一时之利，不戚戚于任上就干出惊天政绩，不汲汲于马上就累积显赫声名，努力创造经得起实践、人民、历史检验的实绩。二是强化“功成必定有我”的责任感。要有一种干不好工作就吃不香、睡不着、坐不住、心难安的责任意识，坚持把解决问题、克服困难、战胜挑战作为干好工作的高标准来落实，坚决防止和克服认为攻坚克难就是“自找苦吃”“自找麻烦”“自找罪受”的错误思想，坚决防止和克服避难就易、避重就轻、避实就虚，努力在攻坚克难中创造不平凡业绩。三是强化“敢担当创大业”的事业心。不断锤炼秉公用权的公心、攻坚克难的雄心、干事创业的恒心，把精力放在解决问题上，把功夫下在克服困难上，把本领用在战胜挑战上，奋力谱写事业发展新篇章。

二要有勇气。“狭路相逢勇者胜”“勇者无惧永向前”。万事开头难，做任何事的开端，都需要鼓起勇气，而没有勇气就解决不了问题、克服不了困难、战胜不了挑战。一是增强“知难而进”的勇气。勇于面对艰难险阻，问题面前不回避、困难面前不退缩、挑战面前不畏惧，把问题当考题，把困难当磨炼，把挑战当机遇，努力在解决问题中锤炼能力、在克服困难中展示才华、在战胜挑战中彰显担当。二是增强“冲锋陷阵”的勇气。勇于破除小进则满、故步自封的自满思想，既要勇于破除思想观念的障碍,坚决破除安于现状、墨守成规、畏难苟安、被动应付、碌碌无为的思想;又要勇于突破利益固化的藩篱,坚决摒弃打小算盘、耍小聪明、搞小九九的本位主义,拿出爬坡过坎、滚石上山的气魄,全力扫清前进道路上的一道道障碍,朝着正确的方向奋勇前进。三是增强“动真碰硬”的勇气。大力弘扬逢山开路、遇水架桥的精神,切实做到在问题面前敢冲敢上、在困难面前敢闯敢试、在挑战面前敢作敢为,坚决不做不讲原则的“和稀泥”、明哲保身的“老好人”、畏首畏尾的“守摊汉”、推诿扯皮的“旁观者”。

三要有毅力。常言道:日日行,不怕千万里;常常做,不怕千万事。一个有顽强毅力的人,再险峻的山也能攀登,再汹涌的海也能渡越,再艰巨的任务也能完成。一个没有顽强毅力的人,做事总是半途而废,终将一事无成。一是持之以恒解决问题。不管遇到多么难解的问题,都要以“万折必东不回头”的毅力,勇往直前,全力破解,持续解决工作中的各种问题。二是持之以恒克服困难。不管多么大的困难,都要以“排除万难,去争取胜利”的毅力,迎难而上,奋力攻克,持续克服工作中的各种困难。三是持之以恒战胜挑战。不管遇到多么复杂的挑战,都要以“咬定青山不放松”的毅力,永不言退,主动出击,持续战胜工作中的各种挑战。

四要有本领。打铁还需自身硬,攻坚克难更要本领强。如果一个人自身的本领强,对别人来说是问题的,对他来说可能就不是问题;对别人来说是困难的,对他来说可能就不是困难;对别人来说是挑战的,对他来说可能就不是挑战。一个人只有本领过硬,才可能担大任、干大事、创大业、立大功。一是学会“化整为零”的方法。把大困难分解成若干个小困难,然后一个一个地去突破小困难,由易到难,由简到繁,由表及里,由浅入深,一步一个脚印,一步一级台阶,积跬步行千里,积小胜为大胜,最后就能战胜大困难。二是学会“大胆创新”的方法。勇于创新,打破传统观念的禁锢,摆脱经验习惯的束缚,在理念思路、对策措施、方式方法等方面突破常规,努力以创新的思路解决新问题、以改革的举措克服新困难、以超常的方法应对新挑战,努力推动事业发展取得新突破。三是学会“借智借力”的方法。开阔眼界,开阔视野,开阔胸襟,善于学习借鉴同领域和其他领域推进工作的新经验新做法,对标先进找差距,联系实际抓提升,比学赶超谋跨越,创新思路求突破,努力创造一流工作业绩。四是学会“统筹兼顾”的方法。坚持一切从实际出发,注重统筹兼顾,既立足当前又着眼长远,既强调全局又兼顾局部,既全面谋划又积极探索,既改革创新又稳中求进,有序有力有效地破解工作中的热点难点问题,使攻坚克难的方向更明确、思路更缜密、措施更有力、方法更科学、步伐更稳健,努力开创事业发展新境界。

三、练好四个功夫

四个功夫,即开口能说、提笔能写、遇事“能干”、见人能“调”。

1. 开口能说

开口能说,就是语言表达能力强。开口能说的人,能够充分利用各种讨论、交流和汇报的机会,大胆说出自己的感受、观点、决心和建议,使自己的语言表达有质量、有深度、有亮点,让领导和同事从自己的语言表达中看到自己站位的精准、逻辑的严密、思路的清晰、措施的可行,进而为自己的更快成长进步创造更多的机会。

想要开口能说,一要学会说朴实通俗的“大白话”,能够把深奥难懂的问题说得深入浅出、通俗易懂,让人听得进去、听得清楚、听得明白。二要学会说老百姓说的“大众话”,能够引用一些在老百姓中广为流传的俗语、谚语、格言、歇后语、顺口溜、方言等生动形象的大众语言,让人想听、爱听、听得懂。三要学会说符合实情的“大实话”,能够用简洁的语言说真实客观的话,做到实话实说,让人听起来顺耳、听起来舒畅、听起来亲切。

2. 提笔能写

提笔能写,就是文字综合能力强。提笔能写的人,能够写出有思想、有思路、有新意的文章,写出有观点、有深度、有见解的材料,让领导和同事看到自己的归纳提炼、逻辑思维、谋划创新能力,特别是提出问题、分析问题、解决问题的能力,对自己的更快成长进步非常有好处。

想要提笔能写,一要多看,多读别人的好文章,从中学习借鉴写作技能,用于自己的写作实践。二要多搜,充分利用网络来搜集相关资料,采集自己想了解的信息,开阔自己写材料的思路。三要多思,在落笔前,先把事情想清楚,理出一个中心,并围绕这个中心,设计合理完整的逻辑框架,寻找几个支撑点,整理搜集到的有关资料,形成文稿提纲;在落笔时,认真思考文稿的字法、句法、文法,注重语言的锤炼,一字一句地斟酌,使文字准确、简洁、鲜明、易懂,力求平实中见精彩、自然中有韵味。四要多写,遵循"由小到大、由简到繁、由少到多、由粗到细"的写作规律,逐步实现写作能力由低到高、写作内容由简到繁、写作范围由微观到宏观的转变,刚开始写作时,最好先写一些通知、简讯、请示、批复等难度不大的材料;接下来就可以着手写一些难度稍大的信息、情况反映、会议纪要、计划等;经过两三年的磨炼摔打,有了一定写作基础并站稳脚跟后,就可以写调研报告、工作报告、总结、意见、决定、领导讲话、典型经验等难度较大的材料了。五要多改,文稿起草出来后,要不厌其烦地反复修改,尽量避免出现不必要的疏忽和瑕疵,力求观点正确、论据有力、结构严谨、逻辑严密,力求文稿逐步接近完美,力求写出精品力作。六要多听,坚持在写作实践中勤拜师、勤请教,善于听取别人意见,取长补短,不断完善自己的文稿,加快提高自己的写作技巧和水平,特别是要善于在自己认为写作成功时,虚心求教,欢迎别人对自己的作品"横挑鼻子竖挑眼",力求写出高质量的文稿。

3. 遇事能"干"

遇事能"干",就是谋事干事能力强。遇事能"干"的人,能够积极主动干好本职工作,爱岗敬业,勤勤恳恳,任劳任怨,精益求精,力求把每一项工作做到极致,使自己的工作态度和成效超乎领导和同事的预期,让自己的工作才能和成绩得到领导和同事的认可,进而为自己未来的更快发展赢得更多的空间。

想要遇事能"干",一要想干事,强化"寝食难安"的责任感、"时不我待"的紧迫感、"如履薄冰"的危机感。二要会干事,具有谋划能力、办事能力、创新能力。三要敢干事,敢于攻坚克难、坚持原则、承担责任。四要快干事,做到精细策划、快速落实、高效反馈。五要干成事,力求创特色、出亮点、争一流。

4. 见人能“调”

见人能“调”，就是沟通协调能力强。见人能“调”的人，能够疏通内外交往的渠道，沟通上下、左右之间的感情，协调好各方面的关系，让领导和同事看到自己内求人缘、外求支援、左右逢源的沟通协调本领，进而创造有利于自己更快成长进步的和谐环境。

想要见人能“调”，一要对上多请示汇报，及时全面了解上级的部署要求，及时汇报工作开展情况和工作中遇到的问题，及时提出合理化建议，努力争取上级更多的指导、关心和帮助。二要对左右多沟通解释，加强与同级单位的沟通交流，注重把有关法规政策讲清楚，及时把需要办理和配合的事项讲清楚，努力争取同级单位更多的理解、支持和配合。三要对同事多尊重帮助，注重理解、尊重、信任、关心、帮助、宽容、欣赏同事，努力营造和谐共进的工作环境。四要对下多指导服务，牢固树立换位思考的理念，加强对基层单位工作的指导和服务，及时掌握基层单位的工作情况，认真倾听基层单位的意见建议，努力为基层单位解决实际困难和问题。

四、善处五个关系

五个关系，即有为与有位、责任与能力、团体与个体、调查与研究、干事与写作。

1. 有为与有位

有为指的是有所建树、有所作为。有位指的是所在的岗位，所处的位置（地位）。如果一个人过分强调有位，而不在本职工作岗位上干好工作，就是无为，这样不仅很难获得更好的岗位，就连现有岗位也可能难以保住。有为主要体现在“三做”，“一做”就是踏踏实实做人，做人有三种境界：一是规规矩矩做人，二是清清白白做人，三是堂堂正正做人，堂堂正正做人才是最高境界；“二做”就是勤勤恳恳做事,做事有三种境界:一是用力做事,二是用脑做事,三是用心做事,用心做事才是最高境界;“三做”就是认认真真做学问,做学问有三种境界:一是把学习看作生存的一部分,二是把学习看作生活的一部分,三是把学习看作生命的一部分,把学习看作生命的一部分才是最高境界。一个人要想有位,主要体现在“三干”,就是想干事(责任);就是会干事(能力);就是干成事(结果),这样才能在领导和群众中留下良好印象,在人家心目中就会有位置,才可能获得更好、更重要的工作岗位。

2. 责任与能力

责任指的是把分内的事情做好的一种心情,体现的是肯不肯干的问题。能力指的是能胜任某项任务的主观条件,体现的是会不会干的问题。没有强烈的责任,即使有很强的能力也不会用在工作上,甚至可能把能力用错地方。没有较强的能力,即使有强烈的责任也没法把工作干好。强烈的责任主要体现在“三不”,就是不被动——主动动脑、主动动手、主动动口;就是不找借口——找苦吃、找事做、找办法;就是不偷懒——花时间、花精力、花体力。较强的能力主要体现在“三力”,就是学习能力——善学、善思、善用;就是办事能力——会写、会说、会协调;就是自律能力——自醒、自警、自省。

3. 团体与个体

团体指的是有共同目的、志趣的人所组成的集体。个体指的是一个人。一个有战斗力的团体,是由一个个有战斗力的个体构成的。个体的一言一行都会影响到整个团体的形象。团体意识主要体现在“三讲”,就是讲原则——按政策办事、按制度办事、按程序办事;就是讲沟通——思想上多交流、工作上多通气、生活上多关心;就是讲协作——互相支持、互相帮助、互相包容。出色个体主要体现在“三懂”,就是懂欣赏——知他人长处、知自己短处、知努力方向;就是懂尊重——尊重他人个性、尊重他人意见、尊重他人权利;就是懂帮助——在他人遇到困难时给予支持与帮助、在他人悲伤无助时给予关心与安慰、在他人失望彷徨时给予信心与力量。

4. 调查与研究

调查指的是为了了解情况进行考察。研究指的是探求事物的真相、性质、规律等等。调查与研究是干好工作的两个基本环节，调查是研究的基础，研究是调查的升华。没有调查，研究就失去基础；没有研究，调查就失去意义。全面的调查主要体现在“三明”，就是明上情——把握工作方向；就是明下情——把握工作情况；就是明外情——把握工作状态。深入的研究主要体现在“三度”，就是有高度——对策措施站位高；就是有广度——对策措施涵盖广；就是有深度——对策措施研究深。

5. 干事与写作

干事指的是从事某种工作或处理某件事情。写作指的是写文章。业内人们常说：“光写不干假把式，光干不写傻把式，会干会写真把式。”会干事主要体现在“三能”，就是能入迷——真爱岗、真敬业、真奉献；就是能务实——摸实情、想实招、办实事；就是能争先——注重定位、注重克难、注重创新。会写作主要体现在“三得”，就是把得准——准确领会意图、找准文稿主题、选准表达方式；就是写得实——联系实际、文风朴实、内容翔实；就是显得新——立意新、结构新、语言新。

职场成功的关键在变

改变别人和改变自己,可谓这个世界的两大难题。有人说:“改变自己是神,改变别人是神经病。”改变自己难,改变别人更难。改变自己,也许会痛苦一阵子;但不改变自己,就可能痛苦一辈子。无法改变现实,可以改变自己的观念;无法改变事情,可以改变自己的心态;无法改变别人的看法,可以改变自己的想法。我以为,只要积极主动去变,就一定能够走向更大的成功。

一、变观念

变观念包括被动变主动、守旧变创新、马虎变求精、拖拉变高效、“无为”变争先、畏难变克难。

一是被动变主动。主动是一个人成功的开始。会主动工作的人,在工作中虽然需要付出比被动工作的人多得多的时间和精力,但他却获得了比被动工作的人多得多的工作本领和发展机会。不会主动工作的人,锻炼本领的机会就少,工作能力提高就慢,发展的机会自然就少。

二是守旧变创新。创新是一个人成长进步的加速器和动力源。会创新的人,就会思路新、举措新、办法新。不会创新的人,就会墨守成规、故步自封、裹足不前。

三是马虎变求精。求精是一个人打开成功大门的金钥匙。会求精的人,办文力求“精雕细琢”、办会力求“滴水不漏”、办事力求“无可挑剔”。不会求精的人,满足于差不多、过得去、能凑合。

四是拖拉变高效。高效是一个人赢得更多成长进步机会的重要手段。会高效工作的人，做事讲究效率、只争朝夕、时不我待。不会高效工作的人，做事磨磨蹭蹭、推诿扯皮、久拖不决。

五是"无为"变争先。争先是一个人干事创业的主攻点和奋发进取的导航仪。会争先的人，就会锐意进取、砥砺前行、开拓奋进。不会争先的人，就会得过且过、贪图安逸、求稳怕错。

六是畏难变克难。克难是检验一个人综合能力的试金石。会克难的人，就会勇于冲锋陷阵、勇于动真碰硬、勇于担当作为。不能克难的人，就会安于现状、知难而退、回避矛盾。

二、变心态

变心态包括消极变积极、苛求变宽容、贪婪变知足、自卑变自信、自傲变谦虚、漠视变感恩。

一是消极变积极。积极的心态是成功的一半。心态积极的人，乐观向上、充满活力、不怕挫折。心态不积极的人，悲观失望、不思进取、怨天尤人。

二是苛求变宽容。宽容是一个人通向成功的奠基石。宽容的人，心胸宽广、豁达大度、包容他人。不宽容的人，心胸狭窄、妒贤嫉能、斤斤计较。

三是贪婪变知足。知足是一个人快乐生活的源泉。知足的人，心怀感恩、珍惜拥有、随遇而安。不知足的人，永不满足、贪得无厌、欲壑难填。

四是自卑变自信。自信是一个人通往成功的第一秘诀。自信的人，勇于接纳自己、勇于接纳别人、勇于承担责任。不自信的人，怀疑自己、在意别人、推卸责任。

五是自傲变谦虚。谦虚是一个人最宝贵的品质。谦虚的人，心存敬畏、平易近人、宽容大度。不谦虚的人，目空一切、自以为是、唯我独尊。

六是漠视变感恩。感恩是一个人最可贵的品质。懂得感恩的人，不会把别人的付出、帮助看成理所当然，知道受人恩、须回馈，这样就会得到更多人的关心、帮助和支持。不懂得感恩的人，总觉得别人对他好是应该的，总抱怨社会对他不公平，总感到不满足，这样得到别人关心、帮助和支持的机会将越来越少，即使其他方面再优秀也很难取得成功。

三、变习惯

变习惯包括放纵变自律、虚度变惜时、懒惰变勤奋、不思变善思、不从善变从善、萎靡不振变积极向上。

一是放纵变自律。自律是一个人成功的基石。自律的人,懂得自控、抵住诱惑、克制冲动。不自律的人,放荡不羁、无拘无束、为所欲为。

二是虚度变惜时。惜时是一个人取得成功的关键。惜时的人,懂得只争朝夕、挤出时间、讲究效率。不惜时的人,虚度光阴、办事拖拉、不讲效率。

三是懒惰变勤奋。勤奋是一个人成功的必要条件。勤奋的人,废寝忘食、夙兴夜寐、勤学苦练。不勤奋的人,贪图安逸、一曝十寒、无所事事。

四是不思变善思。善思是一个人成熟的重要标志。善思的人,深思熟虑、好谋善断、三思而行。不善思的人,轻举妄动、意气用事、随心所欲。

五是不从善变从善。从善是一个人最高级的修养。从善的人,乐善好施、宽以待人、助人为乐。不从善的人,只顾自己、不闻不问、见利忘义。

六是萎靡不振变积极向上。积极向上是一个人走向成功的重要动力。积极向上的人,志向远大、积极进取、奋力拼搏。不向上的人,胸无大志、不思进取、甘于平庸。

四、变认知

变认知包括不知长变知长、不知短变知短、不知优变知优、不知劣变知劣、迷茫变清醒、困惑变明白。

一是不知长变知长。知长是一个人确定正确人生奋斗目标的前提。知长的人,目标明确、选择正确、信心满满。不知长的人,目标模糊、举棋不定、妄自菲薄。

二是不知短变知短。知短是一个人改进自己的基础。知短的人,会努力正视短处、改正缺点、扬长避短。不知短的人，容易骄傲自满、自以为是、夜郎自大。

三是不知优变知优。知优是一个人充分发挥自己优势的前提。知优的人，懂得自己能做什么、会做什么、该做什么。不知优的人，不懂得自己能做什么、会做什么、该做什么。

四是不知劣变知劣。知劣是一个人避开劣而走向成功的基础。知劣的人，懂得自己不能做什么、不会做什么、不该做什么。不知劣的人，不懂得自己不能做什么、不会做什么、不该做什么。

五是迷茫变清醒。清醒是一个人走向成功的重要保障。清醒的人，方向明确、思路清晰、意志坚定。不清醒的人，方向不明、思路模糊、意志不坚。

六是困惑变明白。明白是一个人走向成功的清醒剂。明白的人，看透名利、看透得失、看透苦乐。不明白的人。看重名利、看重得失、看重苦乐。

五、变目标

变目标包括无的变有的、错误变正确、模糊变清晰、较低变较高、总体变细化、不调整变调整。

一是无的变有的。一个人有目标，才会有努力方向。有目标的人，有的放矢、劳有所获、有所作为。无目标的人，无的放矢、劳而无功、无所作为。

二是错误变正确。目标正确是一个人走向成功的强大动力。目标正确的人，才能走上正道、走向成功、创造奇迹。目标不正确的人，就可能走上邪道、走向失败、毁掉一生。

三是模糊变清晰。清晰的目标让一个人更容易成功。有清晰目标的人，能够看到希望、产生动力、焕发激情。没有清晰目标的人，难以看到希望、产生动力、焕发激情。

四是较低变较高。较高目标是一个人取得更大成功的根本保证。有较高目标的人，会自加压力、挖掘潜力、奋发有为。没有较高目标的人，就可能骄傲自满、失去斗志、难成大器。

五是总体变细化。细化目标有助于加快一个人走向成功的步伐。懂得细化目标的人,能够将长远奋斗目标分解成年目标、月目标、周目标、日目标,并在实现一个个小目标中获得成功的喜悦,最终实现长远奋斗目标。不懂得细化目标的人,就可能会觉得长远奋斗目标太遥远,甚至对长远奋斗目标望而却步,最终会打消自己追求目标的积极性。

六是不调整变调整。适时调整目标,才能确保一个人沿着正确方向前进。懂得调整目标的人,能够在及时总结成功的经验和失败的教训的基础上,根据形势变化和自身条件变化,对自己的人生奋斗目标进行适时调整,使之更加合理。不懂得调整目标的人,不会根据形势变化和自身条件变化,对自己的人生奋斗目标进行适时调整,导致目标不合理、难以实现。

六、变角度

变角度包括片面变全面、单向变双向、看近变看远、静止变发展、脱节变联系、现实变历史。

一是片面变全面。从全面的角度看问题,才能看清事物的本质。懂得从全面的角度看问题的人,虑无不周、明察秋毫、见微知著。不懂得从全面的角度看问题的人,就可能窥豹一斑、以偏概全、一叶障目。

二是单向变双向。从正反两个角度看问题,才能得出理性的结论。懂得从正反两个角度看问题的人,能够全面理解虽败犹荣、虽失犹得、虽辱犹荣的深刻道理。不懂得从正反两个方面看问题的人,就会在意胜败、在意得失、在意荣辱。

三是看近变看远。从长远角度看问题,才能看得更远,看到不一样的未来。懂得从长远角度看问题的人,能够深谋远虑、高瞻远瞩、未雨绸缪。不懂得从长远角度看问题的人,就可能目光短浅、急功近利、临阵磨枪。

四是静止变发展。从发展的角度看问题,才能看到希望、增强信心。懂得从发展的角度看问题的人,能够全面理解前途是光明的、道路是曲折的深刻道理。不懂得从发展的角度看问题的人,就可能墨守成规、刻舟求剑、就事论事。

五是脱节变联系。从联系的角度看问题,才能切实找到解决问题的办法。懂得从联系的角度看问题的人,能够充分理解“皮之不存,毛将焉附”“城门失火,殃及池鱼”的深刻道理。不懂得从联系的角度看问题的人，就可能出现“事不关己，高高挂起”和“碌碌无为，错失良机”的现象。

六是现实变历史。从历史的角度看问题，才能把问题看深看远看透。懂得从历史的角度看问题的人，会把问题放在当时的背景中去分析和评判，而不会用现在的观点去分析和评判。不懂得从历史的角度看问题的人，就可能用现在的观点去分析和评判过去的问题。

七、变思维

变思维包括本位变换位、复杂变简单、变呆板为变通、感性变理性、顺向变逆向、竞争变合作。

一是本位变换位。换位思维，就是能够站在对方的角度和立场思考问题，设身处地为对方着想的一种思维方式，这是一种非常有益又十分实用的思维方式。善用换位思维的人，是心胸宽广、聪明睿智的人，“一事当前，先替别人打算”，在许多事情的处理上常常比别人技高一筹。不善用换位思维的人，是只顾自己、不顾别人的人，“一事当前，先替自己打算”，在处理事情上常常束手无策、四处碰壁。

二是复杂变简单。简单思维，就是能够把复杂问题简单化的一种思维方式，这是一种高级思维方式。善用简单思维的人，能够透过现象看本质，找到规律，抓住主要矛盾，以快刀斩乱麻的果敢和勇气解决复杂问题，达到化繁为简、大事化小的效果。不善用简单思维的人，就可能将简单问题复杂化，既影响效率，又劳民伤财。

三是变呆板为变通。变通思维，就是在思考问题时，当一条路走不通或者付出的机会成本太大时，改变一下思路，从原有的思维框架中跳出来，进入一个新的思维框架中去思考的一种思维方式，这种思维方式会起到“山重水复疑无路，柳暗花明又一村”的奇妙作用。善用变通思维的人，能够坚持原则性与灵活性相结合，遇到事情灵活处理，就会有意想不到的收获。不善用变通思维的人，爱钻牛角尖，做事一根筋，一条道走到黑。

四是感性变理性。理性思维，就是一种有明确的思维方向，有充分的思维依据，能对事物或问题进行观察、比较、分析、综合、抽象与概括的思维方式，这种思维方式能更深刻、更正确、更全面地反映客观事物或问题。善用理性思维的人,主要是靠已经掌握的科学的方法,去思考和分析问题。不善用理性思维的人,主要是靠自己的经验和直觉,去思考和分析问题。

五是顺向变逆向。逆向思维,就是对司空见惯的似乎已成定论的事物或观点反过来思考的一种思维方式,这种思维方式能够打破思维定式。善用逆向思维的人,能够反其道而行之,达到摆脱困境、出奇制胜的效果。不善用逆向思维的人,凭经验、按惯例办事,就可能会制约自身的跨越发展。

六是竞争变合作。合作思维,就是建立在开放、包容、共赢认识基础上的一种思维方式,这种思维方式承认个人能力的局限性,理解团队协作的优越性,并且能够统揽全局,兼顾各方。善用合作思维的人,能够理解别人、关心别人、尊重别人、信任别人、帮助别人,与人和谐相处。不善用合作思维的人,就可能自以为是、单打独斗、各自为政。

八、变方法

变方法包括割裂变统筹、机械变辩证、整体变分解、不适应变适应、面对变回避、争取变放弃。

一是割裂变统筹。统筹兼顾是为人处世的一种重要方法。善用统筹兼顾方法的人,能够分清事情的轻重缓急,按照“紧急程度”和“重要程度”两个“维度”,正确处理各方面关系。不善用统筹兼顾方法的人,就可能顾此失彼、捉襟见肘、左支右绌。

二是机械变辩证。辩证法是认识问题的基本方法。善用辩证法的人,能够用联系、发展、全面的观点看待事物和思考问题,从而作出正确判断、得出正确结论。不善用辩证法的人,就可能用孤立、静止、片面的机械观点看待事物和思考问题,导致作出错误的判断、得出错误的结论。

三是整体变分解。分解目标是加快成功步伐的根本方法。善用分解目标方法的人,能够用化整为零、各个击破的思路,将大目标分解成一个个小目标,并在努力实现一个个小目标后实现大目标。不善用分解目标方法的人,就可能不会将大目标分解成一个个小目标，并转化为实际行动，导致难成大事。

四是不适应变适应。主动适应是一个人走向成熟成功的有效方法。善用主动适应方法的人，积极接受各种变化、挑战和考验，从中磨炼毅力、开阔眼界、丰富阅历、增长才干。不善用主动适应方法的人，就可能自以为是、不肯学习、不能吃苦。

五是面对变回避。适当回避是人际交往中的一种必要方法。善用适当回避方法的人，对一些敏感性问题“视而不见”，避免产生麻烦和烦恼，达到“退一步，海阔天空”的境界。不善用适当回避方法的人，就可能去正面触及一些敏感性问题，徒增麻烦和烦恼，导致“吃力不讨好”的结果。

六是争取变放弃。勇敢放弃是人生选择中的一种实用方法。善用勇敢放弃方法的人，能够全面了解“有所得，必有所失”“有所为，有所不为”的深刻含义，放弃一些不必要的忙忙碌碌，能够用更多的时间和精力去做自己想做的事情。不善用勇敢放弃方法的人，就可能选择追名逐利，迷失人生方向；选择怨天尤人，失去人生快乐；选择贪图安逸，失去发展机会。

九、变格局

变格局包括狭小变开阔、狭窄变宽广、庸碌变超群、低下变高远、索取变奉献、不舍得变舍得。

一是狭小变开阔。视野决定一个人的发展高度。视野开阔的人，能够高瞻远瞩，甘做铺垫工作，愿抓未成之事，多做打基础、利长远的事情，不做急功近利、寅吃卯粮的事，不图一时之名，不贪一时之利。视野狭小的人，鼠目寸光，只看得见眼前的得失，为每一次得失大喜大悲，你争我夺，看不清前途所在，看不清自己，自我在其中迷失，万千的烦恼也应运而生。

二是狭窄变宽广。胸怀决定一个人为人处世的态度。胸怀宽广的人，能够容人之长见贤思齐、容人之短宽以待人、容人之功为其喝彩、容人之过以德报怨、容人之异兼收并蓄。胸怀狭窄的人，就可能爱计较、爱嫉妒、爱怀疑、爱记仇、爱报复。

三是庸碌变超群。胆识决定一个人的前途命运。胆识超群的人,有胆有识、处变不惊、不畏艰难、智勇双全,能够做到敢想敢干、敢闯敢试、敢作敢为。无胆识、庸碌的人,谨小慎微、小心翼翼、畏难苟安。

四是低下变高远。志向决定一个人的发展方向。志向高远的人,深谋远虑、能屈能伸、攻坚克难、开拓进取。志向低下的人,就可能安于现状、得过且过、不思进取、碌碌无为。

五是索取变奉献。境界决定一个人的发展成就。乐于奉献的人,能够心甘情愿做好事、献爱心、帮助人;不肯奉献的人,就可能自私自利、斤斤计较、争名逐利。

六是不舍得变舍得。觉悟决定一个人对待人生的态度。懂舍得的人,能够舍己为人、舍生取义、舍小家为大家、舍名利求宁静。不懂舍得的人,就可能舍本求末、重利轻义、追求名利。

十、变比较

变比较包括比人变比己、比说变比做、比资历变比能力、比名变比义、比位变比为、比阔变比廉。

一是比人变比己。超越自我就是一种成功。会与自己比的人,能够充分认识到超越别人只是完成人生目标过程中的副产品,超越自己才是完成人生目标过程中的主产品,懂得人生成功并非取决于自己与别人相比做得如何,而是取决于自己所做的与自己能够做到的(潜力)相比如何,注重与自己的过去相比,与自己的潜力相比,最大限度地发掘自己的潜力,在自我加压、自讨苦吃、自我鞭策中,不断磨炼自我、改造自我、完善自我、提高自我。会与别人比的人,就可能总是羡慕别人的好,总是嫉妒别人的强,总觉得自己过得不好,接受不了自己的不好,进而产生更多的烦恼,难以感受到快乐和幸福。

二是比说变比做。做比说重要,说比做容易,说起来容易,做起来难。懂得去做的人,能够充分认识到“空谈误国,实干兴邦”的深刻内涵,摸实情、想实招、干实事、求实效,努力创造经得起实践、人民、历史检验的实绩。不懂得去做的人,就可能光说不练,热衷于不切实际、不着边际、不负责任的空谈,成为“语言的巨人、行动的矮子”，不但难以成事，还可能误事甚至坏事。

三是比资历变比能力。要想做好工作，能力比资历重要，因为资历深的人并不一定能力强。能力强的人，智勇双全、能谋善断、敢作敢为、克难而胜。能力不强的人，就可能犹豫不决、力不从心、束手无策、畏难怕错、庸庸碌碌。

四是比名变比义。追名忘义者容易急功近利、误入歧途。讲道义的人，忠肝义胆、深明大义、见义勇为、勇于担当。不讲道义的人，就可能言而无信、背信弃义、言行不一、忘恩负义。

五是比位变比为。有为才有位，无为必无位。想有作为的人，能够废寝忘食、攻坚克难、创先争优、知重负重、担责尽责。不想有作为的人，就可能敷衍塞责、畏难苟安、拈轻怕重、挑肥拣瘦。

六是比阔变比廉。廉洁是一个人走向成功的重要保证。廉洁的人，能够守正不阿、洞若观火、不慕虚荣、挡住诱惑。不廉洁的人，就可能损公肥私、损人利己、见利忘义、利欲熏心。

十一、变心境

变心境包括悲观变乐观、狭隘变豁达、介意变释怀、纠结变看开、焦急变忍耐、愕然变坦然。

一是悲观变乐观。乐观是一个人成功的重要资本。乐观的人，能够以积极的态度对待挫折，把挫折当成迈向成功的垫脚石，就能千方百计去战胜挫折。悲观的人，就可能以消极的态度对待挫折，挫折就会成为前进道路上的绊脚石，就难以战胜挫折，甚至被挫折所吓倒或者绊倒。

二是狭隘变豁达。豁达是一个人最好的气质。豁达的人，能够宽容大度、宠辱不惊、能屈能伸。不豁达的人，就可能心胸狭隘、宠辱若惊、怨天怨地。

三是介意变释怀。释怀是一个人摆脱烦恼的有效方法。懂得释怀的人，能够忘记痛苦、放下烦恼、抛开抱怨。不懂得释怀的人，就可能愁眉苦脸、患得患失、怨天尤人。

四是纠结变看开。看开是一个人获得快乐的源泉。懂得看开的人，能够不为名所累、不为利所扰、不为情所困、不为欲所惑。不懂得看开的人,就可能被名所累、被利所扰、被情所困、被欲所惑。

五是焦急变忍耐。忍耐是一个人一生的必修课。懂得忍耐的人,能够委曲求全、忍辱负重、耐寒傲霜。不懂得忍耐的人,就可能情绪冲动、意气用事、喜怒无常。

六是愕然变坦然。坦然是一个人的至高境界。坦然的人,能够泰然处之、淡定自若、随遇而安。不坦然的人,就可能忐忑不安、心慌意乱、惊慌失措。

十二、变人缘

变人缘包括不懂变了解、误解变理解、轻视变尊重、漠视变关心、干扰变帮助、嫉妒变欣赏。

一是不懂变了解。了解别人是一个人与人和谐相处的前提。想了解别人的人,能够通过坦诚沟通交流,深入了解别人所思所想、所愿所盼、所忧所虑。不想了解别人的人,就可能自命清高、寡言少语、冷若冰霜。

二是误解变理解。理解别人是一个人与人和谐相处的关键。会理解别人的人,能够真正理解别人的想法,理解别人的做法,理解别人的好意,理解别人的失误,理解别人的难言之隐,理解别人不为人知的难处。不会理解别人的人,就可能大惑不解、以偏概全、责怪别人。

三是轻视变尊重。尊重别人是一个人与人和谐相处的本质。懂得尊重别人的人,能够以平等的心态、平常的心情、平静的心境去面对别人,不会因人与人的差异而划分尊卑等级,显示不同的态度。不懂得尊重别人的人,就可能盛气凌人、目中无人、傲慢无礼。

四是漠视变关心。关心别人是一个人与人和谐相处的秘诀。懂得关心别人的人,能够嘘寒问暖、问长问短、关怀备至。不懂得关心别人的人,就可能不闻不问、熟视无睹、隔岸观火。

五是干扰变帮助。帮助别人是一个人与人和谐相处的核心。想帮助别人的人,能够尽自己所能帮助需要帮助的人,多做雪中送炭的事,在别人最困难的时候，从物质上或精神上给予无私的帮助，救人于危难或紧急关头，让别人渡过难关、摆脱困境、战胜困难，真正感受到人间真情和温暖。不想帮助别人的人，就可能会对别人的困难视而不见、置之不理、袖手旁观。

六是嫉妒变欣赏。欣赏别人是一个人与人和谐相处的妙方。懂得欣赏别人的人，能够用欣赏的眼光看待别人的长处和优势，进而发自内心地进行恰如其分的赞美，让被赞美者产生自尊之心、奋进之力、向上之志，从中感受到快乐和温暖。不懂得欣赏别人的人，就可能了无生趣、嫉贤妒能、妄自尊大。

学习力求知行合一

读书行万里,琢玉成大器。“好读书、读好书、善读书”是每个人成长成才、提升自我的内在动力,是改造思想、加强修养的重要途径,也是净化灵魂、培养高尚情操的有效手段。在学习中只有发扬“挤”“钻”“狠”的精神,善于复盘,在“学思践悟、勤学善读”中知行合一,才能练就过硬本领,担当时代重任。

一、发扬“挤”“钻”“狠”的精神

1. “顾不上”就要“挤”时间学,增加知识的厚度

读书、修身、立德,不仅是立身之本,更是成事之基。“不积跬步,无以至千里;不积小流,无以成江海。”学习的过程是知识不断积累、从量变到质变的过程。然而,有些人总以“工作忙”“没时间”“顾不上”为借口不愿读书,疲于应付日常工作,不愿花时间“充充电”“提提能”,导致知识的厚度跟不上工作的难度。我们要用“挤”来对付忙,拿出学习的“挤劲”,抓住重点、把握关键,挤出时间学马克思主义原理、习近平新时代中国特色社会主义思想,用科学的理论武装头脑,坚定信仰信念信心。要紧盯薄弱环节,有针对性地学,弥补知识弱项、能力短板、经验盲区,全面提高适应新时代、踏上新征程的能力。

2. “看不懂”就要“钻”进去学,提升知识的深度

读书不仅要有“挤”的劲头,还要有“钻”的韧劲。学贵在“钻”与“恒”,钻得愈深,其进愈难,久久为功,方得真知。学习要有一种钻研的精神,对于看不懂的字

句，要细嚼慢咽、反复揣摩，要由表及里、由浅入深、由易到难，反复学、经常学、及时学，要了解书本的创作背景、领会其时代内涵和重要意义，认真学习马克思主义理论特别是新时代党的创新理论，学习党史、新中国史、改革开放史、社会主义发展史，研读习近平系列重要讲话精神，以一股子钻劲，学出精神、学出态度。要刻苦钻研业务知识，深度研究业务问题，熟悉工作范围、工作职责的同时，还要精通业务，使自己成为本职工作的行家里手。

3. “跟不上”就要“狠”下心学，拓宽知识的广度

新时代新征程，难免会出现新问题、新挑战，只有刻苦学习、锤炼本领、提升能力，方能有效化解工作中出现的各种难题、破解前进道路上的多重障碍。要清醒地认识到自身能力的不足，知晓自己的短板，努力克服本领恐慌。要打开眼界、开阔视野，不仅要精通自身业务，还要多向不擅长的领域涉涉足、多向不喜欢的工作试试手；既要学习经济、文化、生态、法律等各方面的基础性知识，还要关注组织工作、人才工作，争当“多面手”。要下定决心、铆足气力，不仅要在书本中学，还要到实践中去得真知，狠下心来，使自己成为主专业上“问不倒、难不住、用得上”的综合型人才、相关专业可以替补的复合型人才。

二、善于复盘

学习的方式，通常分为三种：一是从书本、课堂、培训中获取知识；二是主动向有经验的人求教；三是亲身实践，并在实践后进行复盘，总结经验。在这三种学习方式中，哪一种方式更为有效？通常，在实践后进行复盘比自己看书和听别人讲课的效果要好。

1. 什么是复盘？

复盘是围棋术语，也称为“复局”，指的是双方对局结束后复演该盘棋，以分析对局中的得失关键。这种做法，能够增长棋手的棋力，尤其是复盘一些比自己水

平更高的人的棋局,能让棋手看出自己原先看不到或者思考不周全的地方,从而一下子拓宽棋手的视野。

初看上去,复盘似乎跟总结的作用差不多,但是两者的操作方式还是有很大区别的。

用一个简单的例子来说。假设你去了一趟成都,然后回顾这次旅程。用总结的方式,就是把旅行中让你印象深刻的地方记下来。行程中哪些部分有价值、哪些部分浪费时间、哪些安排做得好、哪些安排浪费钱财等,你都得梳理清楚,以此获得这次旅程的经验心得。

然而,复盘就不仅限于此了。除了总结经验心得,你还要对旅行中所发生的重要事情,都要有深层次的认识和分析。比如你觉得这次旅行订的酒店不错,就要分析产生这种体验的原因是什么,是因为酒店的地段不错、性价比很高,还是住宿体验很好等。

经过这番分析之后,下一次出行是继续预订这家酒店,还是按照复盘所得的思路寻找另一家更好的酒店,就很好作出决策了。

同样地,对于行程中那些体验不好的事情,比如原本打算游玩 10 个景点,到头来只游玩了 6 个,就要分析导致这种结果的原因,思考是什么原因导致剩下 4 个景点没有游玩到。

当你对这些事情有过深入的梳理和分析之后,最终获得的结果,可以指导你下次更好地判断哪些景点值得游玩,从而制定更适合自己的行程规划,这就是复盘的核心意义。

换言之,复盘不仅看重结果,还看重获得结果之前,整个过程的每一步是如何走下来的,甚至会对预定目标和实际结果的差异,从人和事两个方面去推演分析其原因,并设法提出新的解决方案或达成其他局面的可能性,这是一种有结构的梳理和分析。所以,复盘就是一种从经验中学习的结构化方法。

2. 复盘的好处

既然复盘是一种从经验中学习的方法,那么不管这个经验是好的还是坏的,要想取得进步,我们都要复盘。一般来说,复盘有三个好处。

1）发现问题所在

复盘可以帮助我们发现自身实践过程中的一些问题。我们只有将这些问题一个一个找出来，然后有针对性地去解决、去优化，才能避免重复犯错，在后续过程中一次比一次做得好。

2）锤炼知识技能

复盘的过程，实际上就是对每一个具体的环节进行“复习”的过程，本身就是一次实战演练。复盘的次数越多越深刻，对相关知识和技能的掌握就会越熟练，久而久之就会形成我们真正的能力。

3）深化知识体系

复盘本身就是对过去所做的事进行一个整体梳理和思考。通常我们在做某件事时，所了解的知识点是比较分散的，缺乏对事物整体的把握。

在经过深度思考和复盘之后，我们就能把相关的知识点串起来，形成自己的一套知识体系。有效的复盘能让一个人不断在实践中学习和提升，之前做错的地方会慢慢被纠正和优化，自身的能力也会越来越强。

3. 复盘的步骤

有效的复盘就是能从已有经验当中，找到需要提升或改进的地方。正如前面所说的那样，复盘的过程就是把原本好的地方不断优化放大，把原本不好的地方修正到正确的状态，并剔除有问题的地方。复盘一般需要完成以下四个步骤。

1）回顾目标，审视计划

正常情况下，我们开始做事时都会定下相应的目标，当事情快做完时，就会回顾一下我们当初定下的目标。

在整个计划中，如果我们的目标没有正常实现，你就可以思考这几个问题：第一，结果有没有偏离预定的目标；第二，执行计划是不是跟当初想的一样；第三，有无明显需要修改的问题；第四，有没有意外因素出现。

回顾目标的作用就是检查一下自己有没有按照既定的计划前进,例如原计划3天写10篇文章,结果到第三天下午时,你才写了5篇,这就说明偏离了预定的目标,需要复盘找出原因。

2)评估结果,对比目标

评估结果就是将实践结果与预定目标做一个对比,看看结果跟目标有哪些出入和差别,这些差别就是我们需要分析的要点。

结果和目标的比较,一般会出现以下4种情况:一是结果和目标完全一致;二是结果比目标更好;三是结果不达目标;四是结果虽然达到目标,但与预定计划有出入。

这些结果基本涵盖了目标与结果对比的所有情况,每一种情况背后都应有相应的影响因素。

3)根据差距,分析原因

当你找到结果与目标之间的差距后,就要根据这个差距,来分析产生差距的原因。分析原因应探寻问题的本质,而不是浮于表面,浮于表面的结论是没有价值的。

原因主要分为主观原因和客观原因。以前面的例子来说,计划是3天写10篇文章,结果3天快结束了,却只写了5篇文章。主观原因方面,可以问问自己,是自己执行得不够坚决,还是自己没这个能力。客观原因方面,可以分析一下,是不是突然停电、停网导致的。明确原因后,就可以考虑做优化和改善了。

4)总结经验,优化手法

在前三个步骤中,我们已经知道是什么原因导致了结果与目标之间的差距,现在就需要把导致差距的各种因素归纳起来,形成一定的"规律"。

例如,10篇文章,你最后只完成了5篇,暴露出了很多问题,但是根本原因还是自己犯了拖延症,那这就是一个"规律",就是说下次你只要不再拖延,就能正常完成计划,甚至是超额完成。

除了总结经验教训外,对于一些做得好的方面也要加以总结,例如自己按时完成了10篇文章，主要是因为每次写之前都列了大纲，所以逻辑思路清晰、效率很高，这一点就可以作为有益经验累积下来。

三、从“知道”到“做到”

从“知道”到“做到”中间是有一定距离的，这个距离的远和近，就决定了事情做出来的效果。“知道”与“做到”的关系，就是知与行的关系。从“知道”到“做到”，需要付诸行动，克服种种困难，切实做到不忘钻研、不忘“重复”、不忘专注、不忘磨炼、不忘渐进、不忘求精。

1. 不忘钻研

不忘钻研就是要深入研究。进入信息时代，许多人经常看微信、微博、网站，看的信息面很广，但看得不够精细，什么东西都是粗略一览，好像好多知识都知道，但大多数的人只是知道些皮毛，说到具体的内容就比较模糊了，记忆也不深刻，因此也难以去应用。要紧紧围绕自己的发展目标，坚持“少而精”的原则，更加深入地学习、研究、理解有关知识，从中找到解决问题的方法，并运用到实际工作和生活中去。

2. 不忘“重复”

不忘“重复”就是要不断重复。记忆曲线理论告诉我们，人善于遗忘，学习新知识，如果不在24小时内重新温习，会遗忘掉一半，1个月之后，所能记得的新知识不到5%。每学习一个东西时，要知道是如何学会的，然后不要再忘记，如果忘记了，要用重复的方法，而且是间隔性重复的方法，让学到的知识牢牢地记在自己的脑海里。

3. 不忘专注

不忘专注就是要专心致志。人的注意力总是有限的，消耗在琐事上的注意力越多,用在正事上的注意力就越少。更重要的是,你在琐事上投入的注意力时间越多,做琐事的能力自然就会提升,与之相对的做正事的能力就会减弱。要找准适合自己的发展目标和路径,发扬“安专迷”精神,沉下身、潜下心,干一行爱一行,钻一行精一行,专心致志、心无旁骛做好自己的事,在各自岗位、各自领域创造不平凡的业绩。

4. 不忘磨炼

不忘磨炼就是要在事上练。考虑一千次,不如去做一次,犹豫一万次,不如去实践一次。只有先行动起来,才能发现有哪些问题,边行动边思考,只有这样才能不断前进。要坚持把学到、知道的知识运用到实践中去,坚决防止学归学、知归知、做归做,切实做到学思践悟相统一,努力在实践中成长、在磨炼中成器、在逆境中成熟。

5. 不忘渐进

不忘渐进就是要循序渐进。俗话说:“一口吃不成一个大胖子”“心急吃不了热豆腐”。万事万物都是一点点积累起来的,要想做到知行合一,就一定要注意循序渐进。要坚决防止急于求成、急功近利的思想,按照“量力而行、尽力而为”的原则,一步一个脚印、稳扎稳打地向着既定目标不断迈进,最终实现积小胜为大胜的目标。

6. 不忘求精

不忘求精就是要精益求精。要大力弘扬“追求完美、创造极致”的工匠精神,坚持高标准、严要求,投入大量的时间和精力,对所要做的事情反复思考、反复琢磨、反复斟酌、反复推敲,切实做到不仅把所要做的事情做完,而且把所要做的事情做好、做到极致。

习近平总书记指出,要推动人们在眼界上、思想上、知识上、技术上走向开放,通过学习和应用世界先进知识和技术,进而不断把整个对外开放提高到新的水平。学习是文明传承之途、人生成长之梯、政党巩固之基、国家兴盛之要。学习要讲究方法，方法对头，事半功倍；方法不对，事倍功半。职场中，要养成一个好的总结复盘的习惯，不断总结有用经验，持续提升学习能力，这样才会使自己的职业发展之路越走越顺。

后　记

所在单位2021年首次申报即荣膺第十九届“全国质量奖”后，我就有一心愿，要把自己在卓越绩效模式方面的学习、思考、实践、感悟纳入《企业经管之道》。随着第二版《企业经管之道》付梓成册，我也算心随所愿了。

企业经管是个常说常新的大命题。企业发展中，会出现规模瓶颈、温差瓶颈、信任瓶颈等三大瓶颈，这些瓶颈如果不突破，企业很难走向卓越。要突破三大瓶颈，至少可从以下三个方面着手：

一是从同向、同力到同心。同向，就是企业要有明确的战略方向；同力，就是企业要有让员工之间协同出力、产生“1＋1＞2”效果的机制；同心，就是企业要打造优秀的企业文化，让全体员工心往一处想、劲往一处使，朝着一个目标共同努力。三者中同心是最核心的。

二是从数字、报表到业绩。企业要坚持用数字说话，各类目标尽量数字化；有了数字，还须对其予以加工并形成报表，即通过数据分析、数据加工发现数据背后的问题；报表反映了企业的收入、成本、费用、利润等，还要了解企业如何提高收入、降低成本、增加利润，这就是业绩。

三是从年度、月度到日度。看一个企业的经营水平，还要看其业绩发表时间（业绩数据的反馈周期），也就是经营分析会的召开频次。有的企业一年开一次，或者半年开一次；有的企业每月开一次；有的企业每日开一次。试想一下，每天反思经营业绩，每天改善经营业绩，日事日毕，日结日高，这样的企业能不走向卓越吗？……这些对企业经营管理实践的归纳总结，但愿对同行有所裨益。

非常感谢对外经济贸易大学原党委书记蒋庆哲教授倾情作序。非常感谢北京师范大学经济与工商管理学院院长、二级教授、博士生导师戚聿东博士，北京华夏智汇管理咨询有限公司创始人、首席咨询师胡昌全博士在百忙之中拨冗推荐。

非常感谢我的同事张贞记、周龙、徐阳等同志为本书再版付出的辛勤劳动。出版社的编辑们也为本书再版做了大量工作，在此一并致谢！

无论是编者还是作者，最需要的是读者。如果读者喜欢并从中受益，那是对我最大的奖赏！由于本书是对工作实践的总结提炼，不是对企业经管的学术探讨，其中错讹和不当之处在所难免，还请诸位读者批评指正。

何信文

2023 年 3 月 18 日

于湖北宜昌